中国近代领事裁判权问题与晚清法律改革

高汉成　宗恒◎著

中国法制出版社
CHINA LEGAL PUBLISHING HOUSE

图书在版编目（CIP）数据

中国近代领事裁判权问题与晚清法律改革／高汉成，宗恒著．—北京：中国法制出版社，2020.12
ISBN 978－7－5216－1564－7

Ⅰ．①中…　Ⅱ．①高…　②宗…　Ⅲ．①领事裁判权－中外关系－国际关系史－近代②法律－改革－研究－中国－清后期　Ⅳ．①D829.12②D929.52

中国版本图书馆CIP数据核字（2020）第265174号

责任编辑：靳晓婷　　　封面设计：周黎明

中国近代领事裁判权问题与晚清法律改革

ZHONGGUO JINDAI LINGSHI CAIPANQUAN WENTI YU WANQING FALÜ GAIGE

著者／高汉成　宗恒
经销／新华书店
印刷／北京虎彩文化传播有限公司
开本／880毫米×1230毫米　32开　　　印张／9　字数／175千
版次／2020年12月第1版　　　2020年12月第1次印刷

中国法制出版社出版
书号ISBN 978－7－5216－1564－7　　　定价：48.00元

北京西单横二条2号
邮政编码100031　　　传真：010－66031119
网址：http：//www.zgfzs.com　　　**编辑部电话：010－66034242**
市场营销部电话：010－66033393　　　**邮购部电话：010－66033288**

（如有印装质量问题，请与本社印务部联系调换。电话：010－66032926）

目　录
Contents

绪　论 …… 1

一、问题：正名与辨析 …… 3
二、进展：以《外国在华领事裁判权史稿》为例 …… 5
三、答案 …… 14
四、主要内容和写作思路 …… 21

第一章　领事裁判权、治外法权及其他
——基于语义学视角的历史分析 …… 27

一、1843—1863 年：处于事实描述性状态的“领事裁判权” …… 30
二、1864—1885 年：从“法行于疆外者”到“额外权利” …… 33
三、1886—1902 年：“治外法权”概念的出现及其双重含义 …… 38
四、1902—1904 年：《续议通商行船条约》与“允弃治外法权”条款 …… 46

五、1905—1912 年：领事裁判权与治外法权的概念
对立 …… 50
六、原因与解释 …… 57

第二章 “治外法权”词源释义考 …… 63

一、问题的缘起和争议焦点 …… 66
二、首见书证与双重含义 …… 68
三、词义重心转移与混用 …… 75
四、词源属性：固有词还是外来词 …… 77
五、小结 …… 92

第三章 晚清法律改革动因再探
——以张之洞与领事裁判权问题的关系为视角 …… 93

一、问题的提出：探求历史的真相 …… 95
二、《马凯条约》第十二款：张之洞主导的中国收回
领事裁判权的首次努力 …… 98
三、张之洞的考虑：政治意义大于实际价值 …… 105
四、历史的转变：张之洞自戳“盾牌” …… 109
五、小结 …… 112

第四章 托洋改制
——晚清刑事法律改革中的“危机论” …… 115

一、沈家本真的那么轻信吗？ …… 117

二、“修订刑律所以为收回领事裁判权地步”：
法理派收回领事裁判权问题的阐述 …………………… 118
三、“欺饰之计”：礼教派收回领事裁判权问题批判 … 122
四、理由：为什么说沈家本不是轻信？ ………………… 125
五、小结 ………………………………………………………… 133

余 论 …………………………………………………………… 137

附 录 …………………………………………………………… 143

参考文献 ………………………………………………………… 275

绪　论

一、问题：正名与辨析

治中国法律史近二十年，关注外国在华领事裁判权这个主题也很久了。1907—1911 年，随着晚清法律改革的深入，爆发了所谓的“礼法之争”，其中的两个核心争执问题①之一，就是领事裁判权和法律改革的关系，即为什么要启动法律改革、法律改革到底要不要以废除领事裁判权为优先选择的直接目标。一百多年来，所有以“中国法律传统的近代转型”和“中国法律传统的现代性转化”为“问题意识”的学者，领事裁判权问题都是“绕不过去的坎”。

这个问题，说简单也简单，说复杂也复杂。

简单地说，不管是治外法权，还是领事裁判权，都是指中国近代政府在双边条约中同意缔约国来华国民由缔约国政府按照本国法律进行司法管辖，不再由中国政府按照中国法律进行司法管辖的问题。即中国政府对来华外国人的司法管辖权问题，当时采取了属人主义的原则而不是现在的属地主义立场。作为制度存在，领事裁判权始于 1843 年 7 月 22 日中英《五口通商章程》，终于 1947 年 4 月 1 日中国外交部部长与葡萄牙公使就废除领事裁判权进行的换文。

说这个问题很复杂，也是有例可证。比如从晚清民国时期起，有两个问题一直在争执不已。一是“正名”，对于这个制度，到底应该称为“治外法权制度”还是“领事裁判权制度”，

① 另一个核心争执问题是法律和道德的关系。

尽管有许多文章对此专门进行探讨①，但一直没有定论。单以中国知网所收集的论文类研究文献为例（搜索时间为2016年4月29日下午1点），以“领事裁判权”和“治外法权”为“主题”搜索，分别有457条和468条记录，文献篇名中直接有“领事裁判权”和“治外法权”的也分别达到了87条和59条。这说明，目前学术界对这个制度的称谓，还完全没有形成统一的认识。二是“辨析”，1901年清政府决定进行变法修律，1902年上半年任命了沈家本、伍廷芳为修律大臣，下半年英国即在中英商约里做出了有条件放弃治外法权的承诺。“修律以收回领事裁判权”是治中国法律史学者很熟悉的一个说法和口号②，但2004年《清史研究》连续刊登两篇文章对这一观点进行了商榷③，认为1902年英国允弃治外法权的承诺与晚清法律改革的启动没有直接的因果关系，不应过分扩大领事裁判权问题在晚清法律改革中的影响和作用。但戏剧性的是，当时力主刊发这两篇文章的责任编辑张世明虽然很欣赏这两位学者的学术勇气，但实际上并不是很赞同

---

① 参见赵晓耕：《试析治外法权与领事裁判权》，载《郑州大学学报》（哲学社会科学版）2005年第5期；李洋：《治外法权，还是领事裁判权？——从民国以来学者论争的焦点切入》，载《历史教学问题》2013年第6期。

② 近些年还对此做过详细论证的代表性作品有——李启成：《领事裁判权制度与晚清司法改革之肇端》，载《比较法研究》2003年第4期；黄源盛：《法律继受与近代中国》，第二章“晚清法制近代化的动因及其展开”，黄若乔出版2007年版，第47—65页；公丕祥：《司法主权与领事裁判权——晚清司法改革动因分析》，载《法律科学》2012年第3期。

③ 陈亚平：《〈中英续议通商行船条约〉与清末修律辨析》，载《清史研究》2004年第1期；高汉成：《晚清法律改革动因再探——以张之洞与领事裁判权问题的关系为视角》，载《清史研究》2004年第4期。

这两篇文章的观点，其在2009年主编的《世界学者论中国传统法律文化（1644—1911）》一书和2013年《中国人民大学学报》发表的文章中①，认为晚清修律与取消领事裁判权之间的关系极为复杂，历史考据的方法要求全面考镜源流，传统的关于废除领事裁判权作为迫使中国法律近代化的诱因的观点并不过时。由此看来，一百多年了，有这么多的研究文献面世，结果还在一些基本问题上达不成共识，说明这个问题够复杂。

历史已经无数次证明，简单问题复杂化，总少不了人为的因素。正如北京的天空，天然是蓝色的，由于人为的原因，曾经变成了末日的灰色，时间久了，也许你就会认为天空的颜色本来就是灰色的。又如一座老房子，经历了无数次的整修和粉刷，其最初的模样反而就很难搞清楚了，一般人们就会误认为现在的样子就是这座老房子本来的样子。

所以，历史需要正本清源。

二、进展：以《外国在华领事裁判权史稿》为例

2014年7月，中国政法大学出版社出版了安国胜著《外国在华领事裁判权史稿》（以下正文简称《史稿》），这是一本可圈

① 张世明等主编：《世界学者论中国传统法律文化（1644—1911）》，法律出版社2009年版，第19页；张世明：《再论清末变法修律改革肇端于废除领事裁判权》，载《中国人民大学学报》2013年第3期。

可点的“奇人奇书”①，可谓代表了对这一问题的新理解。

除了郭成伟、曹康霖、王宏治、马志冰、李祝环诸先生的“序”以及作者的“前言”“后记”之外，《史稿》正文分为十二章，分别是：“中国涉外司法管辖的传统与嬗变”“鸦片战争前中国涉外司法：澳门模式”“鸦片战争前中国涉外司法：广州模式”“英美谋求在华领事裁判权的酝酿和准备”“外国取得领事裁判权的首批条约”“外国在华领事裁判权的扩大与深化”“领事裁判权的衍生品：观审与会审”“透过案例看领事裁判权”“中国对领事裁判权的认识与反应”“领事裁判权与清末法律改革”“北洋政府时期的收复法权运动”“外国在华领事裁判权的最终撤废”，后附“南京国民政府1928年与十二国签订的新约要点”“领事裁判权与治外法权之辨”“文献目录”。全书五百多页，约七十万字，放在手里，有一种沉甸甸的感觉，可谓洋洋大观。

《史稿》有如下一些特点：

1. 资料丰富、视野开阔，引证规范，新见迭出。

在今天书籍出版已经“眼花缭乱”的时代，取一书在手，我必定先从前言、后记和参考文献看起，如引起兴趣，才会继续

---

① 按照安国胜自己“语焉不详”且“欲言又止”的书面说法，他乃河北黄骅人士，1991年毕业于中国政法大学国际经济法专业，后攻读西南财经大学金融学博士学位。目前匿迹于四川南充，是曾经“做过大款、当过伙夫”，“人生阅历曲折而丰富”的商界人士，在一个“极其特殊的环境下”，“在体制外潜心研究领事裁判权问题”，短短几年就写出了与金融经济学专业“本不相干”的百余万言。在《外国在华领事裁判权史稿》之前，安国胜还出版了四十余万字的《西风落日：领事裁判权在近代中国的确立》（法律出版社2012年版）。

阅读正文。尤其通过参考文献，就基本可以了解论著研究的深度和广度。《史稿》一书使用了相关文献590种，其中主题文献190种，包括从1904年《东方杂志》第一卷的文章《政府谋收回治外法权》，到2010年《南通大学学报》姚远的文章《掠夺与对抗——上海公共租界审判权的变迁》，可以说，一百多年里有关领事裁判权的研究成果，基本网罗殆尽了。特别是二十世纪初的一批关于领事裁判权问题的相关资料和研究文献，如商务印书馆1915年出版的《华洋诉讼例案汇编》、1920年国务院法制局编的《日本废止领事裁判沿革志略》、1926年外交部条约司所译土耳其人阿皮杀刺的《土耳其恢复国权之经过》等，现在即使专业人士也"难得一见"了①。另外，参考文献还收集了从1892年到1925年的6篇英美学者研究中国治外法权的论文，这也是"相当难得"的。正如王宏治老师所说，"该书对外国在华领事裁判权的概念及理论进行认真辨析，对该研究领域进行系统的学术史考察，在继承前人研究成果的基础上开拓研究，既尊重前人研究的成果，又能提出自己的学术见解，严格遵守学术规范，持之有故，言之有据，反映出作者认真的学术态度，也体现出该研究成果的学术价值"，资料的全面性和视野的完整性，保证《史稿》一书达到了一般论著所难以达到的深度和广度。

在当下的中国学术界，关注领事裁判权问题的学者，大概不出历史学、政治学和法学三界，研究路径均是从主权角度出发，

① 《华洋诉讼例案汇编》辑录了1842年至1915年（道光二十二年至民国四年）涉外刑事、民事诉讼法规、法令及相关的国际条约和大量的案例。全国图书馆文献缩微复制中心（2009年）和大象出版社《民国史料丛刊》（2011年起）均有影印出版，但价格不菲。

认为西方列强通过不平等条约在中国攫取片面的领事裁判权，侵犯了中国的司法主权，随着中国主权意识的觉醒，二十世纪初展开了宏大的撤废领事裁判权运动。领事裁判权问题政治化研究的结果，使得法学界习惯于被动地把领事裁判权作为中国法律近代转型的既定背景条件来处理，而不再将其视为一个法律问题而纳入法律框架内进行全面、系统的研究。《史稿》有鉴于此，对中国自唐宋以来的涉外司法管辖权问题的“来龙去脉”作了系统、全面的梳理，在关于领事裁判权的一系列节点问题上取得了全新的认识，比如关于领事裁判权在中国的起源。

领事裁判权在中国的起源问题，涉及鸦片战争前发生在广州和澳门的中西司法冲突。外国学者通过一系列外人逃脱中国制裁的案例说明中国早在鸦片战争前就已经放弃了对来华外人的司法管辖，以此说明外国人取得在华领事裁判权的自然性和正当性；中国学者则用被中国处死的外国凶犯来证明中国仍保持着对外人有效的司法管辖，以此说明中国法权的丧失是鸦片战争后西方列强强取豪夺的结果。《史稿》认为，“在这个问题上纠缠不休其实没有什么意义。我们需要深入探究的是，在鸦片战争前发生在中国通商口岸的一系列中西司法冲突事件是否或在多大程度上成为日后英美等国谋求在华领事裁判权的原因”①，“纵观广州口岸一系列涉外命案的处理，可以看出大清帝国政府在执行自己的法律方面存在着致命的弊端，给了外人大量的可乘之机”，“即只有牵涉命案时中国官员方才贯彻他们的国家主权，而在所有其他

---

① 安国胜：《外国在华领事裁判权史稿》，中国政法大学出版社 2014 年版，第 85 页。

案件中，中国官员放任并且希望外国人对其本国国民行使司法管辖权，即使对命案疑凶的逮捕也是如此。在大多数情况下中国拒绝履行其完全国家主权的相应责任，只是在个别案件中有最低限度的主张，这样所造成的结果就是一种混乱的状况，外国人拥有一定的司法管辖权，但并没有充分的权力去维持一种秩序"①。该书认为，正是这些弊端成为之后西方人向中国索取领事裁判权的借口，也正是这一系列的案件让当时的清朝官员看到了对外国人行使司法管辖的麻烦。"鸦片战争后，为了维护来之不易的和平局面，在中英《南京条约》签字后的第三天，负责'抚夷'事务的钦差大臣耆英等人便向英国公使发出照会，主动要求嗣后英国人犯罪将由英国领事自行处置，由此便将中国对来华外人的司法权拱手相送，开外国在华领事裁判权之先河"②。

该书关于领事裁判权起源问题的研究，澄清了学术界一直以来的两大误解，一是鸦片战争后，西方列强凭借坚船利炮攫取了领事裁判权，二是中国谈判代表昧于主权观念而轻易允诺了领事裁判权。就前者而言，虽然鸦片战争后的一系列不平等条约确是坚船利炮逼迫的结果，但就领事裁判权条款本身而言，确是中国首先提出并主动让渡的。就后者而言，鸦片战争前中西司法冲突本身，已经表明大清王朝至少在命案问题上是坚决维护中国的司

---

① 安国胜：《外国在华领事裁判权史稿》，中国政法大学出版社2014年版，第136页。

② 安国胜：《外国在华领事裁判权史稿》，中国政法大学出版社2014年版，第223页。

法主权的①。而在鸦片战争后不得不开放口岸、外人大量涌入的情况下，为免司法冲突会导致战端再开，赋予西方列强“领事裁判权”就是“没有办法的办法”。“在地方官根本就没有能力对这些都桀骜不驯的夷人实施管理的情况下，请他们自己的官员出面便成为唯一的选项。其实这种思路一直以来都是清政府处理涉外刑事案件的基调，中国官员很自然而且根深蒂固地认为，夷目会和他们一样有权而且能够有效地管束自己的国民，‘督同夷目’、‘饬令交凶’的‘间接司法’模式直到林则徐处理‘林维喜案’时都无以改变”②。对于中国谈判代表如此轻易地把领事裁判权主动奉送给了外人，“我们不能简单归咎于耆英之流的昏聩与无知，甚至不能对他们加以指责，否则就是我们自己的无知”③。

2. 问题意识与忧患意识俱在，行文与观点酣畅淋漓，是“中国中心观”的典范之作。

二十世纪八十年代初，针对当时西方学术界的中国近代史研

① 本书认为，以1864年《万国公法》引进中国后才有“主权”概念而说明在此之前中国人没有主权观念并不是一个好的解释。否则就难以理解，鸦片战争前中西司法文化冲突到底在争什么。事实上，我们在解析许多由西方舶来、已经纳入主流学术话语的“概念”，说“中国从来没有”或者“与之有本质上的区别”的时候，需要特别小心，不要贸然下结论。真实的历史是，一切新知（制），哪怕是直接移植的新知（制），必定是植根于中国旧知（制）的基础上，通过吸收旧知（制）的营养而发展壮大的。否则，中国历史就是割裂的、不可知的。

② 安国胜：《外国在华领事裁判权史稿》，中国政法大学出版社2014年版，第199页。

③ 安国胜：《外国在华领事裁判权史稿》，中国政法大学出版社2014年版，第218页。

究，美国学者柯文批判了由于种族中心主义造成的在宏观分析框架上的三种歪曲，即“冲击—回应”模式、“传统—近代”模式、“帝国主义”模式，柯文概括这三种模式实际上同属“西方中心模式”，“它们都认为19、20世纪中国所可能经历的一切有历史意义的变化只能是西方式的变化，而且只有在西方冲击下才能引起这些变化，这样就堵塞了从中国内部来探索中国近代史社会自身变化的途径，把中国近代史研究引入狭窄的死胡同”①。针对这一弊端，柯文教授提出了中国近代史研究中的“中国中心观”，其核心思想是，“从中国而不是从西方着手来研究中国历史，并尽量采取内部的（即中国的）而不是外部的（即西方的）准绳来决定中国历史中哪些现象具有历史重要性”②，“19、20世纪的中国历史有一种从18世纪和更早时期发展过来的内在结构和趋向……呈现在我们眼前的并不是一个踏步不前、‘惰性十足’的‘传统’秩序，主要或只能从无力与西方抗争的角度予以描述，而是一种活生生的历史情势，一种充满问题与紧张状态的局面，对这种局面，无数的中国人正力图通过无数方法加以解决。就在此时西方登场了，它制造了种种新问题……但是它也制造了一个新的情境（context），一种观察理解老问题的新框架（framework），而且最后还为解决新、老问题提供了一套大不相同的思想和技术。但是，尽管中国的情景日益受到西方影响，这

① ［美］柯文著，林同奇译：《在中国发现历史：中国中心观在美国的兴起》（增订本），中华书局2002年版，“译者代序”第8页。

② ［美］柯文著，林同奇译：《在中国发现历史：中国中心观在美国的兴起》（增订本），中华书局2002年版，第201页。

个社会的内在历史自始至终依然是中国的”①。

请原谅此处如此大段摘引柯文的原著，这里只想说明，作为认识和理解中国问题的一种思路，基于“中国近代史”这一幕剧的“旁观者”和“解说者”的历史定位，柯文的“中国中心观”也许受到了“剧中人”赫德的启发。一百多年前，大约在1898年9月戊戌政变刚刚发生的时候，在一个中外高级别官员晚宴的场合，外方就把这个问题抛了出来：“中国发生的改革，是来自中国内部的要求，还是来自外部的影响?”据赫德回忆，包括在座的李鸿章和刑部尚书兼步军统领崇礼在内，没有人愿意冒险介入这个问题的讨论，“他们谨慎地保持着沉默，摆弄着自己面前的甜点，貌似忧郁地互相看着，他们特有的矜持、不动声色的儒家风度，使局外人难以判断，朝廷反对改革的命令引起的究竟是灰心丧气还是兴高采烈”②。1901年年初，面对义和团运动、八国联军入侵北京后的复杂中国局势和西方要求中国加快改革的局面，赫德苦口婆心地劝告西方人对中国的历史进程需要更多耐心，“难道慢一点，让它健康地逐渐变化以完成自身的自然进程不好吗？必须是觉得有需要，也只有觉得有需要，才能为增补真正需要增补的，或变革真正需要变革的，或抛弃真正需要抛弃的开辟道路，并且这必须是中国人自己真正感觉到的需要，而不是外国人认为的需要。如果提供需要的意图是受欢迎的而不是遭反对的，那么，这种意图将会获得成功而不会

① ［美］柯文著，林同奇译：《在中国发现历史：中国中心观在美国的兴起》（增订本），中华书局2002年版，第210页。

② ［英］赫德著，叶凤美译：《这些从秦国来——中国问题论集》，天津古籍出版社2005年版，第110—111页。

遭到失败”[①]。

二十世纪初、末的这两位英美人士[②]，虽然“喊话”的对象是西方世界，但对我们又何尝无益？遗憾的是，不管是“中国近代史”的本土“解说者”，还是“中国当代史”的“剧中人”，对于真正试图理解中国的“中国中心观”并没有很好地理解和吸收，柯文二十世纪八十年代所批评的西方解读中国的三种错误模式，自二十世纪八十年代以来，在中国学术界和思想界都出现过，有的还流行至今。领事裁判权问题作为横跨中国近代史的一个大问题，各种影响自不能免。《史稿》恰恰比较好地避免了这些影响，它既没有把领事裁判权问题简单视为西方列强侵略中国的结果和工具，把教案等各类问题的责任完全归咎于西方，也没有把领事裁判权问题“化为”中国传统向近代转型的“现代性因素”，视领事裁判权为破拆中国传统司法的“利器”。而是把领事裁判权问题化为一个“中国如何行使在华外国人的管辖权”的历史问题，上溯明清，下探当代，“指点江山，激扬文字”，“移情（empathy）”方法使用得极为纯熟，“如果编织历史的材料是个人经验，则理解历史实质上就是如何进入到历史演员们丰富多彩的直接经验之中的问题”[③]。《史稿》的写作风格，让笔者想起了黄健翔的足球解说，黄的足球解说个性鲜明、激情澎湃，

---

① ［英］赫德著，叶凤美译：《这些从秦国来——中国问题论集》，天津古籍出版社2005年版，第112页。

② 赫德所著《这些从秦国来——中国问题论集》于1901年在英国出版，柯文所著《在中国发现历史：中国中心观在美国的兴起》于1984年在美国出版。

③ ［美］柯文著，林同奇译：《在中国发现历史：中国中心观在美国的兴起》（增订本），中华书局2002年版，“译者代序”第21页。

被许多人视为经典，大概也是因为"移情"。所以，不管是足球解说，还是历史解说，"把'自我'全部渗入移情的对象之中"①都是不可缺少的成功因素。大家所看重的，就是"移情"之后所展示的真实——作者的和作品的。

一个成熟的民族，一定是一个敢于反思自己、勇于担当历史责任、善于吸取历史教训，不"诿过于人"的民族。《史稿》一书从一个中国和中国人的视角，把西方文明的"东渐"视为一个外因，集中精力于，由内部各种因素，在外因的作用下，如何演化出了中国近代史上的领事裁判权问题。正如作者自己所说，"心头滴血撰写前人的悲惨历史，是为了不让后人续写我们的悲惨历史"②，通读该书，既为作者明确的问题意识所佩服，又为作者深深的忧患意识所感动。

三、答案

对于上文第一部分所述的领事裁判权研究中的两个基本问题，本书试图作出这样的回答：

1. 领事裁判权就是一种治外法权（外国裁判权）。

领事裁判权作为制度确立于十九世纪四十年代，但条约里的

---

① ［美］柯文著，林同奇译：《在中国发现历史：中国中心观在美国的兴起》（增订本），中华书局2002年版，"译者代序"第22页。

② 安国胜：《外国在华领事裁判权史稿》，中国政法大学出版社2014年版，作者简介页。

规定只是事实描述①，在随后很长的时间里，并不存在一个专有名词来对此加以概括。按照《剑桥中国晚清史》的说法，王韬是最初提到它的学者之一，他使用了“额外权利”这样的说法。但是，黄遵宪使用的“治外法权”成了它的标准名词。十九世纪九十年代初期，陈炽也讨论过这个问题。他们都列举了治外法权给中国造成的有害影响，要求以公义之名废除它②。查黄遵宪《日本国志》所用“治外法权”一词，“谓所治之地之外而有行法之权也”③。而查1872年创刊的《申报》，第一次出现“治外法权”一词是1886年，“谓今后朝鲜国款待俄国当格外从优，凡法律刑名未能悉臻妥洽之前，所有俄国人民之住韩者，不能照治

---

① 如英国首先取得领事裁判权的条约依据是1843年的《五口通商章程》“英人华民交涉词讼一款”，原文如下：“凡英商禀告华民者，必先赴管事官处投禀，候管事官先行查察谁是谁非，勉力劝息，使不成讼。间有华民赴英官处控告英人者，管事官均应听诉，一例劝息，免致小事酿成大案。其英商欲行投禀大宪，均应由管事官投递，禀内倘有不合之语，管事官即驳斥另换，不为代递。倘遇有交涉词讼，管事官不能劝息，又不能将就，即移请华官公同查明其事，既得实情，即为秉公定断，免滋讼端。其英人如何科罪，由英国议定章程、法律发给管事官照办，华民如何科罪，应治以中国之法，均应照前在江南原定善后条款办理。”参见陈帼培主编：《中外旧约章大全》（第一分卷上册），中国海关出版社2004年版，第82页。

② ［美］费正清、刘广京编：《剑桥中国晚清史》（下卷），中国社会科学出版社1985年版，第196页。

③ 陈铮编：《中国近代思想家文库·黄遵宪卷》，中国人民大学出版社2014年版，第333页。目前学术界普遍认为黄遵宪首次提出“治外法权”一词，似不确。《日本国志》成书于1887年，刊行于1895年，而早在1886年《申报》上已经出现了“治外法权”一词，从黄遵宪“西人谓之治外法权”一语来看，应该不是他最早提出这一概念。

外法权绳之俄人"①，表达的意思是"本国管辖外国人的权力"，恰好和黄遵宪所使用的"治外法权"相反。所以，历史上的"治外法权"一词最初有两重意思：一个国家对在本国的外国人按照本国法律行使管辖权和一个国家对在外国的本国人按照本国法律行使管辖权②，它同时表达属地主义和属人主义两层意思，如何理解"治外法权"的含义，完全看行使权力的主体是谁。

也许鉴于"治外法权"内涵与外延过于宽泛而产生的不确定性，1906 年《申报》第一次使用"领事裁判权"一词，"外人游历内地，因有领事裁判权不服从中国法律……虽任意践踏，而媚外之风已成华人第二之天性。彼警察者，既不敢干涉，则立以作壁上观，警察权之难于实行，此其四"③。因此，从历史上看，"治外法权"包括但不限于领事裁判权，而领事裁判权毫无疑问是"治外法权"的一种形式。尽管随着英美在中国开设法院，通过专门的司法机构行使属人主义的"治外法权"，"领事裁判权"的概念自诞生起就名不副实，故在中国大学任教的日本学者今井嘉幸 1915 年就提出了"外国裁判权"的概念以取代"领事裁判权"。

至于把在十九世纪没有被讨论过的外国元首、外交官根据国

---

① 《朝鲜与俄国和约之附约密约》，载《申报》1886 年 6 月 6 日（光绪十二年五月初五）。

② 这可以部分解释，为什么直到 1903 年汪荣宝、叶澜编纂出版的《新尔雅》中，还将治外法权定义为"在甲国领土内之乙国人们，需服从甲国之法律者"，李洋在《美国驻华法院研究（1906—1943）：近代治外法权的殊相》一书中认为是汪荣宝等留日学生的"误读"，恐值得商榷。

③ 《论中国实行警察权之难及其原因》，载《申报》1906 年 2 月 6 日。

际法所享受的外交豁免权也纳入“治外法权”的含义，以此说明普通外国人在中国享受的“治外法权”的不义，进而在“治外法权”和“领事裁判权”的区别上大做文章，笔者至今也不完全明白二十世纪初以来的这部分学者“意欲何为”?

所以，个人认为，学术界把精力放在讨论“治外法权”还是“领事裁判权”的概念之争其实意义不大，如果一定要做出选择，“治外法权”可能比“领事裁判权”更合适、更接近历史的真相和历史的习惯用法。

2. 在治外法权制度在中国确立后的很长时间里，中国人并没有感受到危害。即使在 1902 年中英商约签订以后，中国主动出让治外法权仍时有发生。这说明，取消治外法权只是个口号，中国人并没有做好取消治外法权的心理准备和制度准备，从而治外法权问题和中国近代的法律改革处于同一时空，但并不同步，没有直接的因果关系。而在清末的很长时间里，领事裁判权问题一直是中国政府拒绝法律变革和内地开放的防御武器。

十九世纪四十年代条约制度初步确立后，当时的大清国上下也认为这是奇耻大辱，但舆论所最不能接受的是对外国开放通商口岸，准许外国人设置领事馆和外国人携带女眷居住，以及在外交活动中采用“平行”的交往礼节等这些今天看起来完全正常的条款，而“割地”“赔款”“领事裁判权”这些今天看起来的“奇耻大辱”，当时的舆论反倒认为是“小节”。翻阅 1872 年开始出版的《申报》，在 1902 年之前的三十年里，基本没有批评和讨论领事裁判权的文章，而在中英商约中英方作出有条件放弃治外法权的允诺后，《申报》上讨论治外法权的文章急剧增加，1902—1903 年的数省乡试甚至将治外法权问题作为考试题目，这就大大增加了全社会对治外法权的关注度，治外法权问题由此变成了一个公共话题。其中，我们必须看到时人废除领事裁判权话语的复杂性。

时人看到了领事裁判权对中国的危害，但对领事裁判权本身并不否定。就如今天有的人反对别人享有特权（你的特权反衬了我地位的卑下），但不反对自己享有特权（我上位了，一定好好享受特权）一样。

例证：

（1）在日本还不是列强的时候，1871 年《中日修好条规》确认了双向、对等的领事裁判权。说明当时中国人并没有认识到领事裁判权对国家主权的伤害。

（2）黄遵宪主张废除西方在华领事裁判权，但其在后来担任新加坡总领事期间（1891—1894 年）则积极行使领事裁判权。对越南、泰国等东南亚国家，中国也享有领事裁判权。甚至日本占领台湾后，还向日本讨要领事裁判权。

本书的初步看法是，从 1843 年领事裁判权制度确立到 1902 年英国有条件承诺允弃的漫长时间里，领事裁判权问题不仅仅是中国的麻烦，它还是中国当政者手里拒绝进行法律变革和拒绝外国人到中国内地游历、经商和传教的防御武器。

3. 晚清法律改革的真正动因并非治外法权问题。中国法律近代化的开端，其真正的起因到底是什么？外国在华治外法权问题作为中国近代条约制度的三大核心之一，在晚清法律改革中到底起了什么作用和影响？这些疑问，一直是中国近现代法律史学和法律现代化理论研究中的基本性命题。迄今，无论是治外法权制度，还是晚清法律改革本身，都已经有了非常成熟的研究成果，但两者的关系，目前法律史学界的主流认知仍然是二十世纪初法律改革启动时“修律以收回领事裁判权”的翻版，而这一改革派的说辞，在礼法之争中已经广受质疑。

这一认知潜在的最大的问题，是把晚清治外法权的观念史完全同质化，完全以民族主权国家理论和不平等条约的理念去看待晚清治外法权在中国的演变，完全忽视在不同的历史阶段中外双方对治外法权的认知和应对策略的不同和变化。（1）1843—1864年是“治外法权”的第一个阶段，开放五口通商并给予外国人“治外法权”，主要是从维护世界封贡体系的角度对外国人采取的“羁縻策略”，而外国人取得这一特权主要是为保障在华本国人民生命财产的安全而采取的积极防御策略，因而这一阶段的治外法权对中国法律的变化基本没有什么影响。（2）1864—1894年是“治外法权”的第二个阶段，《万国公法》引进的国际法知识已经使中国人知道领事裁判权与国家主权原则相冲突，并不符合国际法的一般原则。为了限制和拒绝外国政府进一步提出内地游历、通商和开矿的要求，取消“治外法权”就成了中国政府的抗辩理由。这一时期王韬、郭嵩焘和黄遵宪等思想家和洋务实业派都就取消治外法权提出主张，要求变革中国严酷的法律以便让外国人接受中国法律的管辖，但中国政府的主流态度依然是将治外法权问题作为对抗外国人要求中国进一步改革开放的工具。（3）1894—1912年是“治外法权”的第三个阶段，经过了中日甲午战争、义和团运动和八国联军进北京事件后，清政府被降伏，开始全面向国际社会开放并承认国际法秩序，清末新政是以“修律”的面目出现的。1902年中英商约谈判中，英方为了表示对中国法律改革的支持才做出了有条件放弃治外法权的承诺。

"修律以收回治外法权"就成了法律改革者推进法律改革的工具。但1906年"预备立宪"后，法律改革因政治理念的重大变迁而有了重大变化，礼法之争中围绕着治外法权问题和晚清法律改革的关系所进行的讨论，表明双方都是法律改革派，差别只在于革命还是改良。

1902年中英商约谈判时，张之洞主导制定了《马凯条约》第十二款关于英国有条件放弃治外法权的承诺，其目的在于推进国内向西方学习的进程；1907年后张之洞又否定了"修律以收回领事裁判权"说，其目的是反对沈家本过于"西化"的法律改革模式，以维护其"中体西用"的法律改革思路。而礼法之争中，就修律与收回领事裁判权关系问题的辩论表明，法理派清醒地认识到单纯修律本身并不能收回领事裁判权，但在礼教文化占主流地位而法理派本身又不敢正面否定礼教文化价值的情况下，只好拿"危机论"（即领事裁判权问题）作为推进中国法律近代化的手段。这本身表明以沈家本为首的法理派是认同和接受了西方法律文化精神和原则的，他们希望用西方法律的精神来改造中国传统法律文化。这一过程表明，领事裁判权问题始终只是晚清主持改革者推进法律变革的手段。事实上，晚清法律改革作为清末新政的一部分，也是服从和服务于新政这一整体政治局势的，它本身并没有自己额外的起因和目的。因此，清末修律中收回领事裁判权问题不过是手段，法律的近代化才是目的。手段和目的的不相协调，是导致晚清刑事法律改革出现诸多问题的主要原因。

对于晚清礼法之争这场争论，虽然有越来越多的对礼教派观点的同情和理解，但多数意见并没有对礼教派的意见给予足够的重视和反思，于是出现了在清末修律与礼法之争问题评价上的“悖论”。即一方面认为就事论事，礼教派在这一问题上的观点无疑是正确的，法理派轻信了西方列强关于变革法律即放弃领事裁判权的承诺，清末单纯修律本身并不能收回领事裁判权；但另一方面又认为，法理派坚持了法律变革的正确方向，对中国法律的近代成功转型有“筚路蓝缕”之功。一般说来，行为目的的实现与否，与行为评价本身有直接的相关性。如果我们真的认为沈家本轻信了西方列强的承诺，把收回领事裁判权作为修律的直接目的，那么这一目的没有实现，应该会影响对他主持修律的评价。但现在我们看到，对清末修律的评价中，并没有人提到这种影响。清末修律在一个错误的目的和动因引导之下，却坚持了一个正确方向并产生了良好结果，这是一件令人“奇怪”的事情。当然，这不是中国法律史的“奇怪”，而是中国法律史学研究的“奇怪”。

在法律史学界，“修律以收回领事裁判权”的学说不仅违背历史事实，而且在理论分析上属于典型的“刺激—反应”模式，这显然对纷纭复杂的中国近代史作了简单化处理。外因要通过内因起作用，对中国近代社会和法律变迁的任何解读，必须立足于“中国中心观”才能得到更为深刻的认识。

四、主要内容和写作思路

本书试图还原外国在华治外法权问题作为一个因国际双边或多边条约而出现的法律问题，在中国法律制度的内在变迁过程中所起的作用和影响。这既是本书的研究重点和难点，亦是最有可能创新的地方。

本书研究的主要内容：

1. 从语义学的视角，对中国近代对外关系上涉及来华外国人管辖的几个概念进行追根溯源的历史考察。中国历史上的“治外法权”一词最初同时表达“管辖外国人的法权”之属地主义和“治域之外的法权”之属人主义两层意思。就属人主义的性质而言，1864 年丁韪良译《万国公法》所谓“法行于疆外者”的表述就表明领事裁判权是治外法权的一种，1902 年《中英续议通商行船条约》将“治外法权”与“extra-territorial rights”相对应，就是这种观念的延续。而 1905 年后从日本传入中国的国际法学在引入“领事裁判权”概念的同时，却将“治外法权”概念硬性与“exterritoriality”相匹配，使得“治外法权”变成了与“领事裁判权”完全相区别的一个概念，从而在中文语境里造成了混用和混乱。在 1903 年中外条约中已经出现外交“特权与豁免”语词的情况下，继续使用“治外法权”来表述近代语境下的外国在华司法管辖权问题，也许更为恰当。

2. 从词汇学的视角，对“治外法权”概念的词源属性进行系统讨论。对“治外法权”概念进行追根溯源式的词源学考察，既有语言词汇史的价值，又有法律史的意义。就前者而言，“治外法权”首见书证的来源，可追溯至比《日本国志》更早的 1886 年 6 月 6 日《申报》报道《朝鲜与俄国和约之附约密约》，且其最初的含义是属地主义而非属人主义。其词源属性应是中国近代汉语固有词，而不单纯是一个日源外来词，这就用实证的方式证明了中国进入近代以后仍然向日本输出语言文化的一个事实。就后者而言，“治外法权”制度作为中国近代不平等条约制度的主要组成部分之一，一直是晚清政府丧权辱国的明证。而实际上晚清政府对主权是相当重视的，“治外法权”一词在中文中首先出现并表达属地管辖的含义，就是这种主权意识在语言词汇上的表现。

3. 1865—1902 年中国政府应对领事裁判权的思路和策略。1864 年《万国公法》出版以后，中国人已经知道领事裁判权是不符合西方国际法的，所以才有 1868 年文祥的抱怨，但不应视为出现了废除领事裁判权的意志和决心，事实上中国政府对治外法权制度止于批判而无解决的意愿和能力。治外法权问题之所以在晚清长时间处于僵持状态（西方以生命财产得不到保护为由拒绝放弃治外法权，中国则以西人有治外法权为由把西人局限在通商口岸、拒绝开放内地经商行船开矿等），中国的应对思路和策略是重要因素。给予洋人领事裁判权是把外国人限制在少数几个沿海开放口岸，抵制洋人进入内地居住、经商、航行、开矿和传教所必须付出的代价，也是武器。文祥的话也可以解读为：为了不让商人和传教士进入内地，宁肯给予领事裁判权以便把他们隔离在条约口岸。而修改中国的法律以便中外一体遵守，在“祖宗之法不可变”的情况下，根本不会成为可能。中国的思路类似于今天杀毒软件“病毒隔离”的思路。这一思路使得“治外法权”问题在晚清成了拒绝变法、拒绝进一步改革开放和拒绝完全融入国际社会的借口和武器。

4. 晚清法律改革动因再探，分别从张之洞和沈家本的视角，就礼法之争中的领事裁判权问题，以及晚清法律改革肇端的动机和原因进行正反两方面的审视。关于晚清法律改革的动因，学术界普遍认为与收回领事裁判权有直接关联。

本书拟采取的研究方法主要有两个：一个是历史考据法，一个是比较研究法。

历史考据法保证本书第一手历史资料的准确性和全面性，力求通过历史文献的阅读而达到对历史脉络的“触摸”。历史考据的重点在于：1843—1912 年的中外条约制度中的相关条款以及书面条款形成现实制度的过程和形态（资料来源主要有：王铁崖《中外旧约章汇编》，道光、咸丰和同治三朝《筹办夷务始末》和光绪、宣统两朝《清季外交史料》），晚清不同时期国人对外国在华“条约制度”的认识和评价（资料来源主要有：奏折、报刊文章、私人日记和笔记等，如 1872—1912 年《申报》、1904—1912 年《东方杂志》、1908—1912 年《政治官报》，以及郭嵩焘、王韬、曾纪泽、黄遵宪文集），晚清礼法之争中围绕着两者关系所展开的争论（资料来源主要有：沈家本、张之洞、吉同钧文集，《刑律草案签注》，劳乃宣《新刑律修正案汇录》）。

比较研究法保证本书研究视角的全面性，力求通过不同视角展现出研究对象的多面相。外国在华治外法权问题是中国近代史上中西文化冲突的产物，该制度诞生之初，中外双方对此的理解和应对之策就相去甚远。仅仅从中国和中国人的立场，显然无法全面、准确认知这一问题。因此，必须把外国和外国人的立场也纳入考虑的范围，才能把这一问题放到中西文明的冲突和交融的轨道上加以理解。比较研究法考察的重点有：对 1843—1912 年的中外条约制度中的相关条款外文版本的考察（资料来源主要有：海关总署《中外旧约章大全》编纂委员会的《中外旧约章大全》），丁韪良《万国公法》翻译研究（资料来源主要有：《万国公法》中英文版本），海关总税务司、英人赫德和美人马士、李佳白等的相关条陈和论著（资料来源主要有：《这些从秦国来——中国问题论集》，《中华帝国对外关系史》)。

本书的研究思路，就是在掌握中西学术界关于此问题的相关研究成果的基础上，力求全面考镜历史源流，通过历史考据法和比较研究法，全面梳理 1843—1912 年关于晚清领事裁判权和法律改革关系的源流，进而得出符合历史事实的结论。

第一章

领事裁判权、治外法权及其他

——基于语义学视角的历史分析

作为中国近代三大不平等条约制度之一①，简单地说，不管称之为“治外法权”，还是“领事裁判权”，都是指中国在双边条约中同意缔约国来华国民由缔约国政府按照本国法律进行司法管辖，不再由中国政府按照中国法律进行司法管辖的问题。即中国政府对来华外国人的司法管辖权问题，当时采取了属人主义的原则而不是现在的属地主义立场。作为制度存在，治外法权或者领事裁判权，始于1843年10月8日中英《五口通商附粘善后条款》（即《虎门条约》），终于1947年4月1日中国外交部部长与葡萄牙公使就废除该制度进行的换文，历史发展的线索相当清晰。

但是，这一制度一直存在着一个需要“正名”的问题。即对于这一制度，到底应该称为“治外法权”还是“领事裁判权”，从一百多年前的晚清修律时期开始就有争议，直到现在也没有定论。“名不正则言不顺”，称谓的不统一固然是由于历史形成的，但另一方面也反映了学术界对这一制度存在的真正内涵和历史认知还有模糊和混乱的地方。

在中外国际交流史上，关于外国人的法律管辖问题，曾经出现过三个主要中文名词概念：治外法权、领事裁判权、外交特权和豁免，分别对应英文的“extraterritoriality/exterritoriality”“consular jurisdiction”“diplomatic privilege and immunity”。按照国际条约和惯例，类似外国元首、政府首脑和外交使节进入中国境内，享有外交特权和豁免，一般不受中国的法律管辖。上述特殊人物的特权与豁免，不管是事实存在或者制度存在，在中国近代

---

① 另外两个是协定关税和最惠国待遇。

历史上基本不存在争议，也从来没有成为过集中讨论的话题。相反，在中国近代史上成为焦点问题的，是普通来华外国人的法律管辖，到底应该是由中国政府进行属地管辖，还是由外国政府进行属人管辖？因此，治外法权和领事裁判权这两个名词，都是围绕着普通来华外国人的法律管辖问题的讨论而出现的。从语义学的角度，基于其在中国语言中的历史流变，对这两个专有名词进行辨析和考察，是必要的，目前也是缺乏的。

一、1843—1863 年：处于事实描述性状态的“领事裁判权”

西方国家在华取得领事裁判权的第一个条约依据，是 1843 年 10 月 8 日（道光二十三年八月十五日）作为《虎门条约》附件的《五口通商章程》，其第十三条“英人华民交涉词讼一款”，中文文本规定如下：

> 凡英商禀告华民者，必先赴管事官处投禀，候管事官先行查察谁是谁非，勉力劝息，使不成讼。间有华民赴英官处控告英人者，管事官均应听诉，一例劝息，免致小事酿成大案。……倘遇有交涉词讼，管事官不能劝息，又不能将就，即移请华官公同查明其事，既得实情，即为秉公定断，免滋讼端。其英人如何科罪，由英国议定章程、法律发给管事官照办。华民如何科罪，应治以中国之法，均应照前在江南原定善后条款办理。①

该条英文文本“DISPUTES BETWEEN BRITISH SUBJECTS

① 王铁崖编：《中外旧约章汇编》（第一册），生活·读书·新知三联书店 1957 年版，第 42 页。

AND CHINESE”的规定如下：

Whenever a British subject has reason to complain of a Chinese, he must first proceed to the Consulate and state his grievance. The Consul will thereupon inquire into the merits of the case, and do his utmost to arrange it amicably. In like manner, if a Chinese have reason to complain of a British subject, he shall no less listen to his complaint and endeavour to settle it in a friendly manner. If an English merchant have occasion to address the Chinese authorities, he shall send such address through the Consul, who will see that the language is becoming; and if otherwise, will direct it to be changed, or will refuse to convey the address. If unfortunately any disputes take place of such a nature that the Consul cannot arrange them amicably, then he shall request the assistance of a Chinese officer that they may together examine into the merits of the case, and decide it equitably. Regarding the punishment of English criminals, the English Government will enact the laws necessary to attain that end, and the Consul will be empowered to put them in force; and regarding the punishment of Chinese criminals, these will be tried and punished by their own laws, in the way provided for by the correspondence which took place at Nanking after the concluding of the peace. ①

随后，就缔约国来华国民的法律管辖问题，1844年7月3日中美《望厦条约》第二十一款、第二十四款和第二十五款，

---

① 陈帼培主编：《中外旧约章大全》（第一分卷上册），中国海关出版社2004年版，第82页。

1844年10月24日中法《黄埔条约》第二十五款至第二十九款，1847年3月20日中国与瑞典、挪威签订的《五口通商章程：海关税则》第二十一款和第二十五款，均做了与中英条约大致相同的规定。这些条约的相关规定，构成了中国条约史上的领事裁判权制度的最初面貌。

对照这些条约的中外文版本以及条约谈判前后的历史文献记录，与中文“领事裁判权”相对应的英文“consular jurisdiction”，均没有出现在条约文本中。甚至这一制度的权力主体、英文中的“Consul”和“Consulate”，在1843年中英条约中分别被称为“管事官”和“管事官处”，直到1844年中美条约中，“Consul”才对应“领事”这个名词①。这说明，此一时期中外双边条约中的领事裁判权的规定，尚处于事实描述状态，并没有专有名词予以概括，因而其意义还很不明确，这也导致了对于这一制度安排，中外的理解并不一致。外国谈判代表固然已经有了明确的近代西方国际法体系下的领事裁判权意识和精神②，而中方谈判代表，基于羁縻和怀柔的策略，在传统封贡体系范围内意图用

① 陈帼培主编：《中外旧约章大全》（第一分卷上册），中国海关出版社2004年版，第119页。

② 典型如《望厦条约》谈判中的美国谈判代表顾盛，其在华整个谈判过程中，对在中国取得领事裁判权有着明确认知。1844年9月29日，他在给卡尔洪国务卿的信中，对在中国取得领事裁判权发表了长篇大论，论证了基督教国民在“野蛮国家”中享有领事裁判权的必要性，“在我们和野蛮国家签订的条约中，在我们和土耳其、马斯喀特签订的条约中，我有我们或多或少地排斥当地审判的先例……把这些原则延展到我们和中国的交往中，我获得了绝对的、无条件的领事裁判权”。参见吴孟雪：《美国在华领事裁判权百年史》，社会科学文献出版社1992年版，第62—63页。

“以夷制夷”的策略思维来理解和解决来华外国人的法律管辖问题，因而对领事裁判权的危害，相当一段时间内并没有引起国人的重视。

二、1864—1885 年：从“法行于疆外者”到“额外权利”

1864 年的《万国公法》，让中国人第一次系统了解了国际法框架下的“治外法权”和“领事裁判权”思想和理念。

《万国公法》是晚清时期最早翻译引入中国的西方国际法学著作。该书译自美国著名国际法学家亨利·惠顿（Henry Wheaton）的《国际法原理》（Elements of International Law）一书，主要由美国传教士丁韪良（W. A. P. Martin）在多位中国人的帮助下翻译完成，于 1864 年冬在总理各国事务衙门资助下由京都崇实馆刊印发行。

《万国公法》在中文语境中首创了“主权”的概念，按照一般主权原则，国家对疆域范围内的本国人和外国人，都有法律管辖权。“自主之国，莫不有内治之权，皆可制律，以限定人民之权利、分位等事，有权可管辖疆内之人，无论本国之民，及外国之民，并审罚其所犯之罪案，此常例也”①。但同时，一个主权国家往往会允许他国法律行于本国疆域之内，即“法行于疆外者”（Laws relating to the state and capacity of persons may operate extra-territorially... the municipal laws of the state, civil and criminal,

---

① ［美］惠顿著，［美］丁韪良译，何勤华点校：《万国公法》，中国政法大学出版社 2003 年版，第 84—85 页。

operate beyond its territorial jurisdiction)①。这有四种情况，除“第一种定己民之分位”“第二种就事而行于疆外者”外，“第三种就人而行于疆外者”指的是外国君主、钦差等国使、兵旅水师被一国允准过境或驻扎，则不受该国法律管辖，“第四种因约而行于疆外者”指的是领事裁判权，“如二国立约，许此国之领事等官住在彼国疆内，而行权于其本国人。住在彼国者，其权如何，必由和约章程而定”②。可以很明显地感觉到，惠顿在论述一个主权国家的“制定律法之权”部分提及“法行于疆外者”，显然是将这种现象作为“内治之权”的例外来看待。《万国公法》将“Laws… operate extra-territorially… operate beyond its territorial jurisdiction”译为“法行于疆外者”，“治外法权”的含义已经呼之欲出。

在惠顿的英文原著中，“Extraterritoriality”作为专有名词已经出现。其在第三卷论诸国平时往来之权第一章论通使之权(Part third international rights of states in their pacific relations Chapter Ⅰ rights of legation）第14节谈了国使权利（privileges of a public minister)，惠顿认为大使、特使、公使等“国使”之所以享有在所在国的完全司法管辖权豁免权（He is entitled to an entire exemption from the local jurisdiction, both civil and criminal)

① 杨焯：《丁译〈万国公法〉研究》(附录：丁译《万国公法》中英文对照研究)，法律出版社2015年版，第332页。

② ［美］惠顿著，［美］丁韪良译，何勤华点校：《万国公法》，中国政法大学出版社2003年版，第106—107页。

和人身神圣不可侵犯（His person is sacred and inviolable）①，就是因为国使代表国家的“主权和尊严”，虽然进入了另外一个国家，但仍然被假想为和其在本国疆域内完全一样，完全不受所在国法律的管辖。为了更生动地表达这种完全的管辖权豁免，国际法专门拟制了“Extraterritoriality”这一专有名词（To give a more lively idea of this complete exemption from the local jurisdiction, the fiction of Extraterritoriality has been invented）。② 对此，《万国公法》关于国使权利的翻译为“国使至外国者，自进疆至出疆，俱不归地方管辖，不得拿问。缘国使既代君国行权，即当敬其君以及其臣，而不可冒犯。其驻扎外国，权利与在本国等，所谓不在而在也”③。将“Extraterritoriality”译为“不在而在”，没有很好地体现出国使所享受的“治外法权”意蕴。

惠顿原著在讲述领事裁判权作为主权原则的第四种例外时，已经明确冠之以“consular jurisdiction”，但《万国公法》却将之译为“第四种因约而行于疆外者领事等官”④，完全没有将这个专有名词译出。而且原著第三卷第一章第 22 节标题为“consuls not entitled to the peculiar privileges of public ministers”，惠顿的论述重点在于阐述领事并不享有外交使节的特权和豁免，《万国

① 杨焯：《丁译〈万国公法〉研究》（附录：丁译《万国公法》中英文对照研究），法律出版社 2015 年版，第 444 页。

② 杨焯：《丁译〈万国公法〉研究》（附录：丁译《万国公法》中英文对照研究），法律出版社 2015 年版，第 444 页。

③ ［美］惠顿著，［美］丁韪良译，何勤华点校：《万国公法》，中国政法大学出版社 2003 年版，第 148 页。

④ 杨焯：《丁译〈万国公法〉研究》（附录：丁译《万国公法》中英文对照研究），法律出版社 2015 年版，第 372 页。

公法》却将本节标题更改为“领事权利”，突出“各处律例及合约章程或准额外赐以权利”，显然也并不符合惠顿的原意。这说明，《万国公法》此部分的翻译，淡化了领事裁判权作为一个专有名词背后所蕴含的文明冲突，强化了领事的地位和权利。

当然，《万国公法》在第三卷“论诸国平时往来之权”第一章“论通使之权”部分也明确指出，领事并不享有国使“不在而在”的外交特权与豁免，“领事官不在使臣之列，各处律例及合约章程或准额外赐以权利，但领事等官不与分万国公法所定国使之权利也。若无和约明言，他国即可不准领事官驻扎其国，故必须所往国君准行方可办事。若有横逆不道之举，准行之凭即可收回，或照律审断，或送交其国，均从地主之便。至有争讼罪案，领事官俱服地方律法，与他国之人民无所异焉”①。因此，1864年以后，领事与国使不同的国际法地位已经为人们所知，既然领事不享有国使“代君行权”“不在而在”的权利，更不天然享有裁判权，那么普通来华游历、经商、传教的外国人就更应该接受中国法律和司法机关的管辖。因此，从《万国公法》进入中国时，中国人就明白：领事裁判权并不符合国际法，如果中国愿意，完全可以通过修约的方式把已经授予外国领事的权利拿回来。故恭亲王奕䜣在出资五百银元帮助出版《万国公法》的奏折中认为这是一本有价值的书，“其中颇有制服领事官之法，

---

①［美］惠顿著，［美］丁韪良译，何勤华点校：《万国公法》，中国政法大学出版社2003年版，第154—155页。

未始不有裨益”①。

由于《万国公法》认为领事的权利并非像公使权利一样来自国际法的赋予，而是“各处律例及合约章程或准额外赐以权利”，此后中文语境中将国际交往中的这种约定的、非天然的权利，一度称为“额外权利”。1883 年，王韬在《除额外权利》一文中将“（来华）西人不归中官管辖”称为“额外权利”，“向者英使阿利国以入内地贸易为请，总理衙门亦以去额外权利为请，其事遂不果行。夫额外权利不行于欧洲，而独行于土耳机、日本与我中国。如是则贩售中土之西商，以至传道之士、旅处之官，苟或有事，我国悉无权治之”②。这一论述，与 1901 年赫德的说法相一致，“1868 年，在谈判后来从未被批准的《阿礼国条约》时，同一个文祥有一天说：‘废除你们的治外法权条款，商人和传教士就可以住在他们任何想住的地方；但如果保留它，我们必须尽我们的可能把你们以及我们的麻烦限制在条约口岸！’”③。王韬“额外权利”的说法，应该是中国人对“来华外国人不归中国法律管辖”这一现象的第一次概括和总结④。

---

① 《奕䜣等奏美士丁韪良译出万国律例呈阅已助款刊行折》，载中华书局编辑部、李书源整理：《筹办夷务始末》（同治朝三），中华书局 2008 年版，第 1184—1185 页。

② 王韬著，李天纲编校：《弢园文新编》，中西书局 2012 年版，第 53 页。

③ ［英］赫德著，叶凤美译：《这些从秦国来——中国问题论集》，天津古籍出版社 2005 年版，第 45 页。当然，1868 年文祥的原话还不可能使用“治外法权”一词，这是不言而喻的。

④ 但“额外权利”这一概念并非由王韬在 1883 年第一次使用，现在可以查到更早的使用为 1872 年《香港新报》报道鸦华火轮与伦拿船相撞一事的文章，详见本书第二章第四点。

三、1886—1902 年："治外法权"概念的出现及其双重含义

目前的一般看法，认为"治外法权"概念作为中文词汇，第一次出现在黄遵宪的《日本国志》中①。其卷七《邻交志下一·泰西》"外史氏曰"②，"在亚细亚，（理）［领］事得以己国法审断己民，西人谓之治外法权，谓所治之地之外而有行法之权也"③。很明显，黄遵宪这里所说的治外法权，就是领事裁判权，其本质指的是一国政府行使域外管辖权，法律属性是属人主义的。随后，1903 年由汪荣宝、叶澜编纂的《新尔雅》一书，将"治外法权"定义为"在甲国领土内之乙国人民，须服从甲国之法律者"④，这一定义依从主权原则，本质指的是一国政府行使地域管辖权，其法律含义是属地主义管辖。对于历史上存在的这两种完全相反的定义和解释，李洋认为"治外法权一词的最初创造者为英美等西方列强，而其所表达的最初意愿便在于'超越其领域之外依然保有法权'"，"治外法权正是经历由日语向汉语的

---

① 如费正清、刘广京认为"黄遵宪使用的'治外法权'成了它的标准名词"（《剑桥中国晚清史》（下卷），中国社会科学出版社 1985 年版，第 191 页）；李洋认为"其《邻交志》乃是最早引入'治外法权'这一概念的著述"（《美国驻华法院研究（1906—1943）：近代治外法权的殊相》，上海人民出版社 2016 年版，第 28 页）。

② 相当于"编者案"。

③（清）黄遵宪：《日本国志》（上册），岳麓书社 2016 年版，第 257 页。本书认为，此处校点者将原文"理事"改为"领事"，是不准确的和不必要的，并不符合当时中日之间语词上的实际情况。

④ 汪荣宝、叶澜编纂：《新尔雅》，上海明权社 1903 年版，第 29 页。

词语转借，但在引入及吸收过程中却经历着语际交流中不可避免的误读现象”。“‘治外法权’的含义终未脱离‘领域之外的治权’这一基本内涵，黄遵宪的解释显然恰合词语原意，也与日本学界通说极为妥帖，而留日学生所编《新尔雅》显然在此问题上并不精当，所作解释完全背离词语的原意、造成误读”①。这里的问题就在于，“治外法权”作为一个中文词汇，真的是黄遵宪在《日本国志》中第一次使用它，并且是受西语和日语的影响而转化来的一个“外来词”吗？本书是不同意这种看法的，下面以《申报》的报道为例予以说明。

《申报》创刊于1872年，是上海公共租界内较早的中文报纸。1886年6月6日（光绪十二年五月初五）《申报》中第一次出现“治外法权”一词，截至1902年9月中英商约签订之前，共有十二篇文章、二十二次提及“治外法权”一词，其中绝大多数都是属地主义，间有属人主义含义。具体情况列表如下：

报纸日期	报道主题	“治外法权”报道引文	“治外法权”法律属性
1886年6月6日	朝鲜与俄国和约之附约密约	谓今后朝鲜国款待俄国当格外从优，凡法律刑名未能悉臻妥洽之前，所有俄国人民之住韩者，不能照治外法权绳之俄人。	属地主义

① 李洋：《从词义到语境：“治外法权”误读、误用及误会》，载《社会科学》2015年第2期，第157—159页。

续表

报纸日期	报道主题	“治外法权”报道引文	“治外法权”法律属性
1895年9月29日	阅昨报书礼尚往来事试申言之	至于（中国驻日）领事，本有讯理华人词讼之权，乃李傅相定和约于马关，准日相伊藤氏之要求，忽改为日本治外法权全有，其意盖谓外人之寓日本者，日本有全权以治理之。	属地主义
1895年10月1日	杂记星使莅东后琐事	星使未到以前，华人之在日本犯事者，俱被日官拿治。……既而星使与外务省议妥，在日华商无论大小事件，不得援治外法权全有之说，径行定谳，仍须由驻日华官办理以持其平。	属地主义
1895年10月28日	领事未派	我大清派驻日本星使履任多时，各埠理事官至今尚未派出。据云星使欲争回理事自治其民之权，而日本外务省大臣执定李傅相在马关所订条约已允日本治外法权全有，不肯允从。	属地主义
1896年2月16日	商约未成	傅相谓日本所定治外法权不能承认，彼我居留人民宜视同一致，日商之在中国者，归驻华日领事管理。华商之在日本者，亦当归临日华领事管理。若日本以治外之法治及华商，则日商之至中国通商各埠者亦须归华官全权管辖，日官亦不得自为操纵。	属地主义

续表

报纸日期	报道主题	“治外法权”报道引文	“治外法权”法律属性
1896年10月5日	中国宜在台湾派设理事官论	或谓闻李傅相在下之关与日本伊藤侯所订条约，有“治外法权全有”一语。绎其义，似乎华人之客于日本各地者皆归日官管理，华官不得与闻。此说如真，则台湾虽设理事官，亦惟袖手一旁而已，不如不设之为佳。	属地主义
1896年12月6日	法日新例	法日新订通商条约，大旨谓法国在日本所有治外法权，应于三年内一律停止。所有两国通商利益，彼此均照最优待之国办理。	属人主义
1897年3月8日	中西会订普通刑律议	今者日本已改订和约，申明治外法权，凡外人之作客日东者，一切皆由日官办理。……矧刑既减轻，或可冀有操治外法权之一日。	属地主义
1897年7月12日	论日本不悦美国人收火奴鲁鲁岛国事	今一旦将其地归美人管辖，按之各国全得治外法权之例，势必遵守美人禁令，日官不得干涉其间，日人骤失利权，能不中心愤懑。	属地主义
1898年11月1日	公法禁邻国干预内政说	考江宁旧约，亦只曰设领事官管理商贾事宜与地方官公文往来而已，未尝曰有犯事者归彼惩办也。迨戊午岁西国与日本定约，得以己国法审断己民，谓为治外法权，于是因而及我。	属人主义

续表

报纸日期	报道主题	"治外法权"报道引文	"治外法权"法律属性
1902年5月24日	英廷新颁黄浦河道局专条	大英国大皇帝今照一千八百九十年之治外法权并皇帝应有之特权及众枢臣之奏议所定，特颁专条于下……第三条……凡应完纳之捐款，英国臣民若因此涉讼争论，应照大英国大皇帝在大清国境内治外法权，由驻外之英国刑署审判。	属人主义
1902年6月25日	书昨报纪修律志闻后	不能将旅居中国之西人治以中国之律，而公法家之所谓治外法权者，我中国遂不能有。……则中日二国何独不可操治外法权，……既而日本遣学生学律法于英，……而日人遂得规复其治外法权，各国商民由是皆受治于日本地方官而无或有訾警之者。……今者风气日关、交涉益繁，朝廷知非修辑通商律例终不能收回治外法权，不能收回治外法权，则事权不一，而龃龉之事必因之而丛启。……则各国以日本之改用西律而许其收回治外法权者。（岂）不能以中国之修改通商律例而亦许其收回治外法权乎？	属地主义

由《申报》的上述报道，我们可以得出如下结论：

1. 黄遵宪第一个提出"治外法权"概念的观点值得商榷。黄遵宪（1848—1905）于1877年年底至1882年春任驻日使馆参赞，最后一年开始撰写《日本国志》一书，于1887年5—6月始告竣。后又把《日本国志》稿本写成四份，分送总理各国事务衙门、李鸿章、张之洞和自存，李、张两位晚清重臣虽均予以推荐，但终未获总理衙门刊印，一直被束之高阁。该书在社会上产生很大影响，是1895年秋冬广州羊城富文斋书局正式出版以后的事。

而反观《申报》，早在1886年就出现了“治外法权”一词，虽然涉及的是朝鲜与俄国的关系，但其表达的“一国治域范围内对外国人有行法之权”的内涵是清楚的，这与1895年以后在中日交涉中日本以“治外法权全有”而主张对来日华人行使管辖权所表达的意思，完全一致。由于1872年中日商约中，中日互给对方领事裁判权，放弃了依据主权原则所应有的“治外法权”，故《马关条约》签订后，日本欲在本土行使“治外法权”却不愿意同时放弃在华领事裁判权，因而引起了中国的反弹，1896年2月中日新商约谈判期间，李鸿章表示：“日本所定治外法权不能承认，彼我居留人民宜视同一致，日商之在中国者，归驻华日领事管理。华商之在日本者，亦当归临日华领事管理。若日本以治外之法治及华商，则日商之至中国通商各埠者亦须归华官全权管辖，日官亦不得自为操纵。”① 由此可见，1886年起《申报》中出现的“治外法权”一词最初的意思，表达的是依据国家主权原则，一国对外国人行使的地域管辖权，即“治理外国人的法权”。这与1887年成书的《日本国志》里所表达的“所治之地之外而有行法之权”的意思，完全相反。显见《申报》和《日本国志》所使用的“治外法权”的概念，语源完全不同。

---

① 《商约未成》，载《申报》1896年2月16日。

考虑到《申报》的报道早于《日本国志》的成书时间（更早于《日本国志》的出版时间），因此，认为黄遵宪第一个提出和使用“治外法权”这一名词，或者认为第一次使“治外法权”成为标准名词的观点，都值得进一步商榷。就目前的材料而言，认为《申报》第一次提到了“治外法权”这一名词，也许更为准确。

2. 历史上“治外法权”概念具有双重含义，兼具属地主义和属人主义的法律属性。

1896 年，明治维新后的日本，挟甲午战争胜利之余威，法国承诺放弃在日本的领事裁判权。1896 年 12 月 6 日《申报》在报道法国和日本签订新的商约时，第一次在“治域之外而有行法之权”的意义上使用了“治外法权”的概念，“法日新订通商条约，大旨谓法国在日本所有治外法权，应于三年内一律停止。所有两国通商利益，彼此均照最优待之国办理”①。这一用法，与《日本国志》的意思完全相同。考虑到 1896 年《日本国志》已经出版，《申报》的用词不排除受到了黄遵宪的影响。但此后，一直到 1902 年 9 月的《申报》报道中，“治外法权”一词的使用，体现主权原则的属地主义和体现法律域外效力的属人主义交替出现，而且以属地主义的用法为多。这说明，历史上“治外法权”概念具有双重含义，而且其最初含义恰恰是表达体现国家主权原则的“治理外国人的法权”的属地主义。

这样的用法，比较好地概括了中国近代史上的“来华外国人的法律管辖”这一命题。一方面，如果站在中国政府的立场，基于国家主权原则和国家法，中国有对来华普通外国人行使法律管

① 《法日新例》，载《申报》1896 年 12 月 6 日。

辖的权力，这是中国的“治外法权”；另一方面，从1843年起，基于中外双边条约，中国政府又把对来华外国人的管辖权让渡给了各自所属国政府，因而使得各国政府在华有了对本国民众行使域外管辖的权力，这就是外国在华的“治外法权”。这样的用法，也适用于历史上曾经遭遇同样问题的朝鲜、日本等一些东亚国家，甚至这一概念的出现，首先是从关注朝鲜、日本等国家面临的对外国人的管辖权问题而产生的。黄遵宪在日本期间，正是日本明治政府以对内改革、对外开放的姿态，采取实质性步骤和措施解决日本的“治外法权”问题的时候，黄遵宪对此问题高度关注，并就中国的“治外法权”问题提出了意见和建议。在中国语境中，我们可以把“治外法权”概念理解为一枚硬币，“本国治理外国人的属地管辖权”和“对在国外的本国人行使属人管辖权”就是这枚硬币的两面。这两面结合在一起，才共同形成“来华外国人的法律管辖权问题”，至于这一概念表达哪一面的意思，完全看行使权力的主体是谁。

由此我们就可以理解，《新尔雅》对治外法权的定义，不存在误读。查《新尔雅》“治外法权”一词，出现在对“国际法”部分名词的解释中，这部分解释的都是国际法最基本的概念，依次是国际法、国际公法、国际私法、平时国际公法、领域权、治外法权、交通权、条约、战时国际公法、非交战者、休战、降服、局外中立。“治外法权”概念是和“领域权”放在一起被解释的，原文为“凡一国领土，他国俱不容置喙者，谓之领域权。在甲国领土内之乙国人民，须服从甲国之法律者，谓之治外法权”①。因

① 汪荣宝、叶澜编纂：《新尔雅》，上海明权社1903年版，第29页。

此，《新尔雅》中对“治外法权”的解释，应当与体现主权原则的领域权放在一起理解，即治外法权同样体现了主权原则，是对领域权的补充说明。这恰恰说明了中国海外留学生接受了源自西方的国际法，主权意识有了觉醒和提高。相反，属人主义含义的治外法权并不符合国际法主权原则，西方国家在东亚诸国所获得的治外法权只是一个特例，并不具有国际法的普遍性，很难想象《新尔雅》会对此加以专门注释。因此，认为汪荣宝、叶澜是留日学生，其编纂的《新尔雅》对新概念的定义，都受到了日本文化的影响，进而忽视了中国语词自身的演变逻辑和进路，硬性地将“治外法权”认定为外来语词，恐怕是失之偏颇的。

四、1902—1904 年：《续议通商行船条约》与“允弃治外法权”条款

根据 1901 年《辛丑条约》，订立新的通商行船条约是签订《辛丑条约》的列强所取得的权利之一。《辛丑条约》签字后三周，英国首先派出谈判代表马凯，与中国谈判代表吕海寰、盛宣怀在上海展开谈判，后经两江总督刘坤一、湖广总督张之洞的参与，《中英续议通商行船条约》于 1902 年 9 月 5 日（光绪二十八年八月初四）在上海签字。其后，《中美通商行船续订条约》《中日通商行船续约》《中葡通商行船条约》陆续签订，各国在条约中均有条件地承诺放弃在中国的治外法权。二十世纪初清政府与外国签订的若干商约中的这一相关条款，从此与中国的法律改革运动紧密相连。

正是在 1902 年的《中英续议通商行船条约》中，“治外法权”这一专有名词第一次出现于正式中外条约。其中文文本第十

二款规定：

中国深愿整顿本国律例，以期与各西国律例改同一律，英国允愿尽力协助，以成此举。一俟查悉中国律例情形及其审断办法及一切相关事宜皆臻妥善，英国即允弃其治外法权。

该款英文文本的相应表述是：

China having expressed a strong desire to reform her judicial system and to bring it into accord with that of the Westernnations, Great Britain agrees to give every assistance to such reform, and she will also be prepared to relinquish her extra-territorial rights when she is satisfied that the state of the Chinese laws, the arrangement for their administration, and other considerations warrant her in so doing. ①

这也是在中国所签订的条约中，“治外法权”第一次与“extra-territorial rights”（即“extraterritoriality”）画等号。② 其后，就此问题，中美、中日、中葡条约使用了基本相同的表述。

1900 年的八国联军入侵和 1901 年的《辛丑条约》，标志着

---

① 陈帼培主编：《中外旧约章大全》（第一分卷下册），中国海关出版社 2004 年版，第 1499 页。

② 关于“extra-territorial rights”与“extraterritoriality”的同义性问题，可参看《中英续议通商行船条约》（亦称《马凯条约》），在维基百科“Mackay Treaty”词条。针对《马凯条约》第十二款，评论如下：Article XII of the treaty dealt with the contentious issue of extraterritoriality, whereby foreigners were exempted from the jurisdiction of the Chinese legal authorities. At the instigation of Zhang Zhidong, the article, “without precedent in China's dealings with the west” affirmed. 翻译如下：条约第十二款涉及的就是有争议的治外法权问题，在这一制度下，外国人都免于中国政府的法律管辖。正是在张之洞的提议下，中西交涉中的这一史无前例的条款被确立起来。https://en.wikipedia.org/wiki/Mackay_Treaty，2017 年 4 月 8 日访问。

在中外关系中，中国被彻底制服。在中国国际地位达到令人沮丧的谷底阶段，英国却在西方列强中，率先作出放弃治外法权的承诺，这无疑让中国人感到振奋，“立自强之根，壮中华之气，实为意料所不及”①。从《申报》报道来看，不仅马上分三期连载《中英商约》，还发表了题为《商约既成喜而敬书于后》的社论，认为商约最大的成功就是关于治外法权的规定：“凡此各条皆足以上裨国计、下益民生，而尤善者，则莫如争回治外法权。虽现在不能骤见诸施行，然既有此议，他日不难执衷于中西律例，订一妥善之规则，一切审断之权自渐得操诸中国。”② 对于如何收回治外法权，《申报》连续发表了多篇文章予以讨论③，1902 年中秋节前后的江南乡试④、浙江乡试⑤，1903 年上海格致书院春季官课⑥、天津校士馆夏季官课和上海求志书院冬季课，以及恩科湖北、广东、山东乡试，均将如何收回治外法权作为考试题目。外国人在中国的“治外法权问题”，从一个在十九世纪晚期

---

① 苑书义、孙华峰、李秉新主编：《张之洞全集》，河北人民出版社 1998 年版，第 2251 页。

② 《商约既成喜而敬书于后》，载《申报》1902 年 9 月 12 日。

③ 如 1902 年 10 月 2 日《增改现行律例议》，1902 年 10 月 3 日《增改现行律例议》（续昨稿），1902 年 10 月 24 日《中外刑律互有异同自各口通商归繁交涉应如何参酌损益妥定章程令收回治外法权策》（作者为江南乡试第一名曹清泉），1902 年 12 月 18 日《中国亟宜收回治外法权论》。

④ 江南乡试二场题首题：中外刑律互有异同，自各口通商日繁，交涉应如何参酌损、妥定章程，令收回治外法权策。

⑤ 浙江乡试二场题三题：西国法律原于罗马，沿革若何？今法律之学，为科凡几？自治外法权行于通商口岸，受病甚深，规复主权，宜有良策。

⑥ 国家变法，经纬万端，以何者为最先？何者为通行而无弊？试详言其策改弄律以收治外法权策。

仅仅限于少数洋务运动知识分子所关心的话题，迅速在二十世纪初转化为一个非常热门的社会话题，“修律以收回治外法权”便变成了一个主流观点，所谓全国上下“自此而议律者，群措意于领事裁判权”①。

但是，即便在中外条约中明确将“治外法权”与“extra-territorial rights”挂钩，“治外法权”概念所含有的“管理外国人之法权”的这一面含义仍然保留并被继续使用，“争回治外法权”，“修律例以收治外法权”，“收回治外法权”，一时不绝于耳，《申报》为此还发表评论《中国亟宜收回治外法权论》，1905年伍廷芳、沈家本所呈《删除律例内重法折》，1908年张之洞签注新刑律草案的学部奏折等晚清修律中的各种文献，均将“收回”与“治外法权”搭配，几乎不见“取消治外法权”的用法。对此，李洋认为“收回治外法权”的说法是一种误用，“治外法权必然是建立在西方国家放弃的基础上，但西方国家放弃并未必然意味着中国收回，在此语的运用上必然不能简单以一来一往、一失一得的形式表述，倘若如此，则曲解了词语的含义。西方国家所主张‘治域之外的法权’可以由其放弃、废除、取消、收回，这是基于西方国家作为第一人称所属国可以采取的基本表述，但对于中国这一饱受压榨的所在地国基于特定语境却不可使用‘收回’表述，以‘取消’或者‘废除’此种制度表述方属恰当”②。其实，如果意识到“治外法权”并不是一个外来语词，

① 赵尔巽等撰：《清史稿》（第十五册），中华书局1976年版，第4187页。

② 李洋：《美国驻华法院研究（1906—1943）：近代治外法权的殊相》，上海人民出版社2016年版，第33—34页。

在中国语境演变中并不是只有属人主义一种含义属性，而是共同指向“在华外国人的管辖权”由哪一方行使这一核心问题，那么英国“允弃治外法权”，中国“收回治外法权”，就是非常对仗、非常通顺的语句存在，也符合治外法权的历史演变。

鸦片战争以前，中国对来华外国人是行使属地管辖权的，鸦片战争以后通过双边条约，中国把这项权力让渡给了各国政府，1902 年以后西方各国又通过双边条约，纷纷表示待中国法律完善后即放弃这一权力，西方国家放弃了在中国行使属人主义的域外管辖权，当然同时意味着中国可以行使对外国人的属地管辖权。在汉语中，“收回”最基本的含义为“把送出去的（东西）又拿回来”，同时又有“取消、撤回”的意思。因此，不管基于汉语习惯，还是基于中国历史，“收回治外法权”的汉语搭配没有任何问题①。

五、1905—1912 年：领事裁判权与治外法权的概念对立

虽然早在 1836 年惠顿的《国际法原理》原著中已经有了“consular jurisdiction”这一专有名词，但 1864 年的《万国公法》并没有将其译为一个相应的专有名词。直到 1905—1906 年前后，“领事裁判权”的说法才开始见诸报端和公牍。目前所见，1905 年 9 月 26 日《岭东报》发表的《论今日新政之缺点》一文首先使用了“领事裁判权”的概念：“中国刑法之苛暴，为各国冠。

---

① 甚至更进一步说，收回本身就有取消的意思，“收回领事裁判权”的说法也同样没有任何问题。

西人每訾为非人理，故对我独设有领事裁判权，不受我国法律范围。"[①] 两个月后（1905年11月25日发行的）《东方杂志》转录了这篇文章，这也是《东方杂志》上第一次出现"领事裁判权"的字样。随之，天津知府凌福彭在调查日本监狱习艺情形并上呈直隶总督袁世凯的报告中，就"日本狱制改革之缘起"而谈到了"领事裁判权"问题，"日本德川氏时，美人以兵劫盟立约，将紾金印，美使巴尔兰士告知曰，'约中所载，寓居日本商民归我领事管辖，此为领事裁判权，两国皆有不便。然东方刑律太重，非西人所能堪。今日不能不尔，愿自今发奋自强，修明法律，后日改订此约，美当为各国倡'。是为日本狱制改革之缘起"[②]。《申报》上第一次出现"领事裁判权"概念是在1906年2月6日《论中国实行警察权之难及其原因》一文中，"外人游历内地，因有领事裁判权不服从中国法律……虽任意践踏，而媚外之风已成华人第二之天性。彼警察者，既不敢干涉，则立以作壁上观，警察权之难于实行，此其四"。此后，"领事裁判权"概念开始在中国媒体和公牍文书中大量出现。

由于在中国语境中同时出现了"治外法权"和"领事裁判权"两个概念，并且其含义都指向了外国人在其所在国的法律管辖问题，因此，如何区分这两个概念，是"领事裁判权"概念

---

① 《论今日新政之缺点》，载《东方杂志》1905年第11期"社说"，第228页。《东方杂志》表明该篇文章"录（自）乙巳八月二十八日《岭东报》"。经查，《岭东报》应该是1902年5月3日在汕头埠创刊的《岭东日报》。

② 《天津府凌守福彭调查日本监狱习艺详细情形呈直隶总督袁禀》，载《东方杂志》1906年第2期"内务"，第64—65页。

出现后即产生的问题。1906年11月27日（光绪三十二年十月十二日），《北洋官报》发表《论治外法权与领事裁判权性质之异同》一文，专门就这两个概念进行了辨析："治外法权者，我国许彼国代表之人，免我法治之权也；领事裁判权者，我国许彼驻我之领事，用彼国裁判权以断其民之狱讼也。"① 其区别在于：（1）权利主体不同。享有治外法权者，"凡八种，一国家、二元首、三公使、四领事、五罗马教皇、六军舰、七商船、八军队"；"领事裁判权，则普及于人民，不独彼居留我国之民不受我法庭之裁判，即我民与彼交涉事件，亦遂多窒碍之端"②。（2）权利范围不同。"治外法权之范围，其包涵颇广。苟无此权则已，凡有此权者，其人民与物产，俱有不服从所居国法律之特别利益；若夫领事裁判权，则其范围极狭，即使领事所居之国允给此权，亦仅止裁判一事不受所居国之审断与辖治而已"③。（3）权利来源和消灭方式不同。"治外法权，因国际之礼让、互相尊重而成。而领事裁判权，则由权利之扩张条约之规定"，故治外法权是国际法规定的，而领事裁判权不具有国际法的正当性，"中国今日当以日本为法，必待撤去此权，然后有自强之望"④。（4）权利属性不同。领事裁判权属于古代的属人主义，治外法权则是近代

---

① 《论治外法权与领事裁判权性质之异同》，载《东方杂志》1906年第13期"外交"栏目，第232页。

② 《论治外法权与领事裁判权性质之异同》，载《东方杂志》1906年第13期"外交"栏目，第233—234页。

③ 《论治外法权与领事裁判权性质之异同》，载《东方杂志》1906年第13期"外交"栏目，第233页。

④ 《论治外法权与领事裁判权性质之异同》，载《东方杂志》1906年第13期"外交"栏目，第235页。

属地主义的例外。由此观之，1902 年中英商约第十二款“约中所云治外法权”属于“沿误”①，英国是不可能允弃治外法权的。文章进而认为，这个错误，源于《日本国志》从日本语中误译的结果，“吾国之误用此名词，实肇源于日本十余年前之东籍殆靡不沿袭混合者……推最初误用之原因，盖由东籍之释‘治外法权’，解为立于所驻国法治之外。吾国之作为领事裁判权者，则又以‘治外’二字之义其表面之解释，有合乎西人之领事裁判，故据中国文义以解日本名词。欲通两驿之邮，遂致六州之错”②。

目前所见，该文应该是中文世界里最早系统区分“治外法权”和“领事裁判权”这两个概念的理论文章。这一区分很快就为晚清修律主持者和参与者所接受，1907 年 10 月沈家本在上呈《大清新刑律草案》的奏折中就指出，“国家既有独立体统，即有独立法权，法权向随领地以为范围。各国通例，惟君主大统领、公使之家属从官及经承认之军队、军舰，有治外法权。其余侨居本国之人民，悉遵本国法律之管辖，所谓属地主义是也。独对于我国，藉口司法制度未能完善，予领事以裁判之权。英规于前，德踵于后，日本更大开法院于祖宗发祥之地。主权日削，后患方长，此毖于时局不能不改者也”③。以至于到了资政院审议《大清新刑律草案》时，董康和劳乃宣还围绕着这个问题展开讨

① 《论治外法权与领事裁判权性质之异同》，载《东方杂志》1906 年第 13 期“外交”栏目，第 232 页。

② 《论治外法权与领事裁判权性质之异同》，载《东方杂志》1906 年第 13 期“外交”栏目，第 234 页。

③ 《修订法律馆奏刑律草案告成分期缮单呈览并陈修订大旨折》（光绪三十三年八月二十六日，1907 年 10 月 3 日），载高汉成：《〈大清新刑律〉立法资料汇编》，社会科学文献出版社 2013 年版，第 19 页。

论，“劳君曰：试问新刑律颁行，收回治外法权果能操券与否，应令编纂之人任其责。(董康)① 答曰：治外法权乃指外国君主、皇族、使节、军队而言，是永无收回之理，若领事裁判权，果能法律美备、审判厅诉讼机关完善，亦无永不收回之理。查英、美、日、葡四国条约，均定明中国法律如能与各国改同一律，弃其领事裁判权，初次开馆谕旨即令案照交涉情形，是朝廷以统一法权期诸条约而先皇帝复以修订方针颁诸纶涣，若从事编纂之人不能尽编纂预备收回领事裁判权法律之责任，是为违制，是为溺职”②。董康的回答表明，在部分晚清法律人思想中，领事裁判权和治外法权已经成了两个完全不同的概念。

用“领事裁判权”来替代“治外法权”，并且把“治外法权”专属定义为与“外交特权和豁免”同等的内涵，这显然是受日本法学影响的结果。对于缔约国来日国民不接受属地管辖的现象，在1858年日美条约以后的很长时间里，日本也是称之为“治外法权”③。但最迟到二十世纪初，日本法学界已经非常明确地把“治外法权”和“领事裁判权”相区分。1904年5月，为

---

① 括号内“董康”二字为引者所加，原文无。

② 《董科员答劳议员论新刑律》，载《申报》1910年12月20日、12月26日。

③ 证据有二：一是1877—1882年，黄遵宪担任驻日使馆参赞期间，日语语境里也是用“治外法权”概念来表达“领事裁判权”的含义，具体可见黄遵宪在《日本国志》卷七《邻交志下一·泰西》中对日本“治外法权”的论述。二是1878年8月20日，日本上野公使在万国公法会上祈求西方国家废止在日本的“治外法权”的发言，其间“治外法权”与“领事裁判权”并用，无区别。具体可见赖俊楠：《国际法与晚清中国：文本、事件与政治》，上海人民出版社2015年版，第55—57页。

中国留日学生专门开办的法政速成科开学，关于治外法权和领事裁判权的问题就是国际公法课的重点讲授内容，其卒业试验屡屡出现如“论述治外法权、领事裁判权与混合裁判权”“列举公使不享有治外法权之情形”“说明领事裁判权行使之理由，及领事裁判权之范围”“说明公使享有之治外法权”等类似题目①。随之，在北京1906年开办的京师法律学堂，日本人岩井尊闻讲授国际公法课程，也重点辨析了治外法权和领事裁判权这两个概念，并明确指出“领事裁判权与治外法权不同之点有三”，“学者有以领事裁判权认为治外法权者，误也”②。《北洋官报》的《论治外法权与领事裁判权性质之异同》一文主旨观点和用语，与京师法律学堂笔记的相关内容基本一致，这说明他们有共同的知识渊源。其目的，就是要用“领事裁判权”一词取代原来的“治外法权”，而把“治外法权”专属定义为与“外交特权和豁免”等义。

由上可见，二十世纪初随着国际法学的兴起，原来不加区别的、笼统的“来华外国人”的概念被区分为依据一般国际法享有特权的“元首、使节和军队”和依据中外双边条约享有额外权利的“普通民众”，前者享有的权利应被称作“治外法权”，是正当的、合乎国际法的，后者享有的权利应被称作“领事裁判

① 日本法政大学大学史资料委员会编：《清国留学生法政速成科纪事》，广西师范大学出版社2015年版，第89页、第99页、第102页、第114页。

② ［日］岩井尊闻口述，熊元翰、熊元襄编，李伟芳点校：《清末民国法律史料丛刊·京师法律学堂笔记：国际公法》，上海人民出版社2013年版，第116页。

权”，是在特定历史条件下中国政府让渡给外国政府的权利，且不符合一般国际法，应当予以撤销和收回。这种法学理念上的区分，既可以使中文的“治外法权”“领事裁判权”与英文本意的“exterritoriality”“consular jurisdiction”相衔接和一一对应，又可以将普通外国人在中国的管辖权问题，与早已在国际法上不具有正当性地位的领事裁判权制度相挂钩，从而为对外国人的属地管辖创造法律和舆论道德的制高点。

这一尝试和努力，从历史发展来看，并不成功。1906—1911年，随着晚清修律向纵深发展，法律改革的动机和目标成了礼法之争的两大核心问题之一，“修律以收回治外法权”或者“修律以收回领事裁判权”成了当时许多修律文献中的常用短语。从当时争论的文献来看，固然不乏可以区分两者而只使用“领事裁判权”者①，但更多的情况是，“治外法权”与“领事裁判权”基本上处于混用状态，一般人并不刻意区分这两个概念。以至于到了民国时期，这种混用的状态仍然存在。为了不致产生误会，1918年中国和瑞士签订的《通好条约》附件特别把两者并列，“关于领事裁判权（即治外法权），瑞士国领事应享有现在或将来允与最惠国领事之同等利权。俟中国将来司法制度改良有效时，瑞士国即与他缔约国同弃其在中国之领事裁判权”②。这是

---

① 如河南签注清单第2条，“修改刑律应以撤去领事裁判权为唯一之目的，中英、中日等条约载明‘中国深欲整顿本国法律，以期与各国刑法改同一律，一俟妥善，即允弃其治外法权’。其治外法权即指领事裁判权而言”。1910年《修正刑律按语》第289条，“修订刑律所以为收回领事裁判权地步”。

② 王铁崖编：《中外旧约章汇编》（第二册），生活·读书·新知三联书店1959年版，第1374页。

领事裁判权概念第一次出现在正式中外条约中，也同时用正式条约确认了两者等义和混用的合理性。对此，1922 年周鲠生便指出，“欧洲大陆与日本法学界，把领事裁判权与这样意思的治外法权两个名词，都分得很严……，但是英美习惯及我国倾向，却喜用治外法权的名词，常把治外法权，当做领事裁判权说”①。这一现象，一直延续到这一制度在中国被废除之日。

六、原因与解释

对于很长时间里，领事裁判权这一名词不能取代治外法权而成为描述这一制度现象的唯一名词，或者说，“治外法权”这一名词不能成为称呼外交使节所享特权与豁免的通行概念的原因，大致可以从以下几个方面进行解释。

第一，中文“治外法权”的语境，前期与英美法中的“extra-territorial rights”相联系，强调的是西方列强法权的域外效力，具有积极的性质。后期受日本影响，实际上与“exterritoriality”挂钩，强调的是外交官员豁免于所在国的法律管辖，具有消极的性质。按照《元照英美法词典》的解释，“extraterritoriality”“exterritoriality”这两个英文单词虽然都译为“治外法权”，但实质上是有区别的。前者“指一国法律的域外适用。即该国法律对该国境外的个人、权利及法律关系的适用”，该词既可以表示一国给予进入该国的外国外交官员、军舰等免受该国法律管辖的权利，也可以指一国依据条约或通过其外交使节、领事在外国领土

---

① 周鲠生：《领事裁判权问题》，载《东方杂志》1922 年第 19 卷第 8 号，第 9 页。

上行使对本国人的法律管辖①。后者的字面意思虽然也是“指一国的法律在其境外实施”，但在国际法上，该词专指外国官员、外国元首，以及经同意进入领海的外国军舰、军队等所享有的各种外交豁免权及其他特权。只有在这个语词和意义下，“治外法权与领事裁判权［consular jurisdiction］不同”②。二十世纪初以后从日本国际法语境中脱胎而来的“治外法权”，指的就是后者。1906 年京师法律学堂由日本人岩井尊闻主讲的国际公法、1927 年由朝阳大学出版的李祖荫编辑之《法律词典》、1934 年由大东书局出版的汪翰章主编之《法律大辞典》，均在解释“治外法权”一词时将“exterritoriality”与之并列③。这说明，作为与“领事裁判权”相区别的“治外法权”概念，与英语世界里的“exterritoriality”相匹配，表达豁免管辖的消极意义。而此前中文语境里所使用的“治外法权”概念的初始含义，却是与“extra-territorial rights”“extraterritoriality”相对应，表达治域之外而有行法之权的积极意义。不论是从语词的结构和演化史，还是中文的语言习惯来看，“治外法权”概念更适合表达积极意义的概念属性。

---

① 薛波主编：《元照英美法词典》，北京大学出版社 2014 年版，第 522 页。

② 薛波主编：《元照英美法词典》，北京大学出版社 2014 年版，第 519 页。

③ 参见［日］岩井尊闻口述，熊元翰、熊元襄编，李伟芳点校：《清末民国法律史料丛刊·京师法律学堂笔记：国际公法》，上海人民出版社 2013 年版，第 113 页；李祖荫编，谢坤点校：《法律词典》，上海人民出版社 2013 年版，第 104 页；汪翰章主编，陈颐点校：《法律大辞典》，上海人民出版社 2013 年版，第 445 页。

第二，1902 年《中英续议通商行船条约》以及后来的中日、中美、中葡商约中的相关条款，均用“治外法权”来指称这些国家在华取得的对本国人的司法管辖权及其相关制度，中国所使用的领事裁判权概念始终没有得到在华享有治外法权国家的普遍认可。在 1919 年的巴黎和会、1920 年的华盛顿会议和 1926 年法权调查委员会上，无论是中方代表要求西方国家取消在中国的治外法权（领事裁判权），还是西方国家的反馈意见，使用的都是“治外法权”而非“领事裁判权”字样。所以，不管是治外法权还是领事裁判权，尽管使用的名词可有不同，但在中国近代史上所指称的对象和内容却是高度一致和确定的，都指向的是西方国家在中国所拥有的不公平、不合理的域外司法管辖权，名词的更迭并没有带来讨论内容上的实质变化。因此，“学者们聚焦于治外法权与领事裁判权的区分，在很大程度上仅仅是民族主义情结体现的一种特殊方式，实际上并无实质意义”①。

第三，第一次鸦片战争以后，中国政府放弃了对来华外国人的法律管辖权，中外条约明定由领事等官行使这一权力，比较符合欧洲国家最初在土耳其获得的领事裁判权的特征。随着历史的发展，这一制度体系变得越来越严密、庞大和复杂。领事不再仅仅有权约束本国侨民，还逐渐染指与本国侨民有关系的中国人的法律管辖，所谓“外人不受中国之刑章，而华人反就外国之裁判”②。特别是，1865 年英国在上海设立“英王在中日最高法

---

① 李洋：《从词义到语境：“治外法权”误读、误用及误会》，载《社会科学》2015 年第 2 期，第 162 页。

② 赵尔巽等撰：《清史稿》（第十五册），中华书局 1976 年版，第 4216 页。

院”（H. B. M's Supreme Court for China and Japan）①，逐步建立起了包括领事法庭、最高法院和上诉法院，警事法庭和监狱在内的一套严密而完整的在华司法机构和体系。1906 年美国也如此炮制，设立“美国在华法院”（U. S. Court for China）②。这就大大超出了领事裁判权的范围，因而在民国以后遭到了中国方面的批判，“英国高等审判所（俗名英按察司）之第一审、第二审，依其组织言之，已非领事裁判，实系在中国行使司法权，设立完全司法机关，较之领事裁判制度更进一步矣”③，“在他国领土以内，直接设立高等法庭，则其权固不仅所谓领事裁判权，直不啻其国家直接行使之特别司法权，且不啻视居留地为属地矣”④。正是由于“领事裁判权”这一概念越来越名不副实，中华民国北京政府为撤废领事裁判权，于 1926 年在北京与在华拥有领事裁判权的国家举行法权会议，针对“各国委员所送达委员会关于调查治外法权的文件，仅记载各该国在华领事裁判权一节”，中方委员王宠惠特别指出，“‘在中国治外法权现在之实行状况’。

---

① 英国于 1858 年在日本取得领事裁判权，该法院管辖英国在中国和日本的司法事务。1890 年后日本废除了领事裁判权，该法院又改称“英王在华最高法院”，中文时称“英国按察使署”。

② 美国的这一举动当时就遭到了中国舆论的批评，有文章认为，早年英国在上海设立法院，“初非漫然出之也，而实以条约为依据。……（中国）当时虽受欺莫察，而彼固得执条约所应允者以为言也”，而美国“未得条约允许之故，不能辄效英国所为”，“美国不等允许，辄设司法官署于我邦，其蔑视主国之权实甚，此而受之，则此后将无不可甘受之事”。《东方杂志》1906 年第 8 期。

③ 李秀清、陈颐主编：《清末民国法律史料丛刊·朝阳法科讲义》（第八卷），上海人民出版社 2013 年版，第 118 页。

④ 赫立舆：《领事裁判权问题》，商务印书馆 1930 年版，第 34 页。

其范围较‘领事裁判权’为宽，实际上受治外法权之支配者，远出‘领事裁判权’范围之外”①。

因此，相较于领事裁判权，治外法权一词显然更具有包容性、涵盖性与确定性。从黄遵宪“西人谓之治外法权，谓所治之地之外而有行法之权也”这样一个定义来看，治外法权包括但不限于领事裁判权，而领事裁判权显然是治外法权的一种。考虑到领事裁判权概念并不能完全概括西方列强在中国近代所享有的不平等法权事宜，而且早在1903年外交人员“所享一切特权并优例及豁免利益”已经在中外条约中有了明确说法②，“治外法权”反而比“领事裁判权”更合适用来表达外国管辖在华本国人的权利。

---

① 《调查法权委员会报告书》“附件一”《中国委员对于在中国治外法权现在实行状况之意见书》，载章伯锋主编：《北洋军阀（1912—1928）》（第五卷），武汉出版社1990年版，第125页。

② 在中外条约中，具有特定官方身份的来华外国人应享有特权和豁免，很早就有相应规定。第二次鸦片战争结束以后，1858年6月26日《中英天津条约》第四款和第七款，不仅规定了钦差大臣等外交使节所享有的外交特权和豁免（free movements/行动自由，full liberty to send and receive his correspondence/通信自由，letters and effects sacred and inviolable/信件和财产神圣不可侵犯，enjoy the same privileges/外交特权），也赋予了领事人员享有外交特权和豁免（enjoy the same privileges and immuities as the consular officer/作为领事人员享受特权与豁免），并且规定“领事、署领事与道台同品，副领事、署副领事及翻译与知府同品”。1903年10月8日《中美通商行船续订条约》第一款：现照公例，并因中国钦差办理交涉大员应得驻扎美国京城，其所享一切特权并优例及豁免利益均照相待最优之国所派之相等钦差办理交涉大员一体接待享受。参见王铁崖编：《中外旧约章汇编》（第二册），生活·读书·新知三联书店1959年版，第182页。

第二章

“治外法权”词源释义考

在中国近代史和国际法学领域，“治外法权”概念并不是一个陌生词汇，尤其在涉及中国近代不平等条约制度时，“治外法权”更是一个和“协定关税”及“片面最惠国待遇”形成“三足鼎立”的高频词。但作为一个中文法学词汇，自二十世纪初以来，其概念释义就一直聚讼纷纭、歧义频出，直到现在也没有定论。如国内最新的专业学术词典，就给出过如下解释：“治外法权，一般指有特定身份的外国人所享有的不受所在国法律管辖的特权或豁免。如外交官、国家元首、政府首脑、联合国官员，皆可不受所在国或所在地的法律管辖，而享受各种特权，包括人身和住宅的不可侵犯、不受当地法庭审判、不服役、不纳捐税等。一国的军舰、军队根据有关协议通过他国国境时，也享有治外法权。”① 按照这一解释，“治外法权”和同页另一个概念“外交特权和豁免”② 其实是一回事，根本不必各自解释。而且在中国近代史上，“外交特权与豁免”意义上的“治外法权”从来就不是热议的话题和焦点问题。大家所关心的，是因十九世纪四十年代以后有约国普通来华外国人的管辖问题而产生的法律现象和制度现象。概念释义上的混乱，表明学术界对“治外法权”概念的

① 夏征农、陈至立主编，曹建明、何勤华编著：《大辞海·法学卷》(修订版)，上海辞书出版社2015年版，第666页。

② 夏征农、陈至立主编，曹建明、何勤华编著：《大辞海·法学卷》(修订版)，上海辞书出版社2015年版，第666页。

辨析，仍然很不够①，尤其词源学意义上的追根溯源式的考察，迄今仍然缺乏。若从这一角度和视野，进行较为细致和系统的研讨，可加深我们对这一概念和制度的认识和理解。

一、问题的缘起和争议焦点

对于“治外法权”一词在汉语语境中的出现，郝延平、王尔敏认为最早是在黄遵宪的《日本国志》中，“虽然中国接受了治外法权的思想，但是最初没有中文专门名称。王韬是最初提到它的学者之一，他使用了‘额外权利’这样的说法。但是，黄遵宪使用的‘治外法权’成了他的标准名词”②，对此，近年来中国学者安国胜、李洋亦表达了同样的看法，“19 世纪末黄遵宪在《日本国志》中首先使用‘治外法权’”③，“使日参赞黄遵宪所撰《日本国志·邻交志》乃是最早引入‘治外法权’这一概念的著述”④。查《日本国志》，其卷七《邻交志下一·泰西》，

① 目前所见，仅有赵晓耕的《试析治外法权与领事裁判权》[《郑州大学学报》(哲学社会科学版) 2005 年第 5 期]、李洋的《从词义到语境：“治外法权”误读、误用及误会》(《社会科学》2015 年第 2 期)、高汉成的《治外法权、领事裁判权及其他：基于语义学视角的历史分析》(《政法论坛》2017 年第 5 期) 对此作过讨论和分析，这些文章聚焦中外历史上治外法权和领事裁判权的概念辨析，是观念史和语义学层面的研讨，尚没有展开对这两个概念在词汇史和词源学层面的系统考察。

② [美] 费正清、刘广京编：《剑桥中国晚清史》(下卷)，中国社会科学出版社 1985 年版，第 190—191 页。

③ 安国胜：《外国在华领事裁判权史稿》，中国政法大学出版社 2014 年版，第 503 页。

④ 李洋：《从词义到语境：“治外法权”误读、误用及误会》，载《社会科学》2015 年第 2 期，第 157 页。

“外史氏曰：泰西诸国，互相往来，凡此国商民寓彼国者，悉归彼国地方官管辖，其领事官不过约束之、照料之而已。唯在亚细亚，理事得以己国法审断己民，西人谓之治外法权，谓所治之地之外而有行法之权也”①。考虑到《日本国志》的研究对象和黄遵宪1877—1882年担任驻日外交官的经历，黄遵宪所使用的“治外法权”一词，在语言属性上一直被学术界视为一个日源外来词，其法律属性是属人主义的，与破坏近代国家主权原则的“领事裁判权”一词具有相同的含义并被混用至今。

根据现有文献资料，“治外法权”一词在汉语语境中还有另外含义。1903年在上海出版的、由留日学生编纂的《新尔雅》一书，对“治外法权”概念就做过另一种解读，“在甲国领土内之乙国人民，须服从甲国之法律者，谓之治外法权”②。显然，此处对“治外法权”的理解，是一国治理外国人的法权，表达的是一国依据近代国家主权原则对外国人的司法管辖权，其法律属性是属地主义的，这与“领事裁判权”属人主义的含义完全相反。

在十九世纪末、二十世纪初的中国，《日本国志》和《新尔雅》都有相当的影响力，对于两者在“治外法权”概念释义上的分歧，李洋最早予以了关注。他认为，黄遵宪在《日本国志》中的词语转借以及对治外法权的定义是正确的，而《新尔雅》的编纂者日文不精，“基于‘和文汉读法’望文生义将治外法权

① （清）黄遵宪：《日本国志》（第一册），朝华出版社2017年影印版，第342页。

② 汪荣宝、叶澜编纂：《新尔雅》，上海明权社1903年版，第29页。

误读为‘治理外国人的法权’”①。考虑到1902年《中英续议通商行船条约》“英国即允弃其治外法权”② 后，治外法权问题在1902—1903年已经成为中国一般媒体和各级官员、学子热议的话题，此时发生“依照汉语的语法与词语结构在分析‘治外法权’这一词语时确实会产生背离原意的解释，使得原本属人主义延续的词语平白无故成为属地主义的代名词”③ 的可能性很小。因此，更大的可能是，“治外法权”是个多义词，《日本国志》和《新尔雅》所使用的这一词汇有不同的词源。

二、首见书证与双重含义

在近现代汉语新词研究中，发现首见书证是第一项工作，对此沈国威指出，“首见书证告诉我们某一词最先出现于何种文献（时代、著者、种类），如果是新造词，可以由此把握造词者和造词理据的情况；如果是借词，可以了解借入者和借入的途径。首见书证是一个新词的源头，其重要性是自不待言的”④。“治外法权”作为一个中文近现代新词，应该说语言学界很早就给予了关注。1915年出版的《辞源》是我国第一部以语词为主兼及百科的综合性新型辞书，是中国近代史上第一部大型汉语语文工具

① 李洋：《从词义到语境：“治外法权”误读、误用及误会》，载《社会科学》2015年第2期，第152页。

② 陈帼培主编：《中外旧约章大全》（第一分卷下册），中国海关出版社2004年版，第1499页。

③ 李洋：《从词义到语境：“治外法权”误读、误用及误会》，载《社会科学》2015年第2期，第159页。

④ 沈国威：《近代中日词汇交流研究：汉字新词的创制、容受与共享》，商务印书馆2010年版，第9页。

书，其中就收入了“治外法权”一词，但给出了释义，却未提供书证和出处[①]。2001 年《近现代汉语新词词源词典》收词 5275 条，主要是十九世纪初至二十世纪中期中国近现代历史时期的新词，其中包括“治外法权”词条，其书证为 1899 年 6 月 28 日梁启超在《清议报》的文章《论内地杂居与商务关系》[②]，其中提到“杂居以后，日本政府收回治外法权，一切外国人，皆受治于日本法律之下”[③]。在此基础上，2010 年《近现代辞源》收词增加到 9500 多条，其中“治外法权”词条的书证提前到了“1890 年《日本国志》”[④]。此外，沈国威认为 1896 年 8 月 9 日在上海创刊的《时务报》是最早引入日语词汇的中文媒体之一[⑤]，其“东文报译”栏目在提供日本报纸信息的同时，为了新概念的表述，引入了一批或一套新词语，这些词语，从词源上看并不都是日制词，但广泛用于当时日本的学术著作中，其中就包括

---

① 陆而奎主编：《辞源》（大本 12 册），商务印书馆 1915 年版，巳集四画第 50 页。

② 香港中国语文学会统筹：《近现代汉语新词词源词典》，汉语大词典出版社 2001 年版，第 342 页。

③ 梁启超：《论内地杂居与商务关系》，载《清议报》（影印合订本，全六册），中华书局 1991 年版，第 1200 页。

④ 黄河清编著：《近现代辞源》，上海辞书出版社 2010 年版，第 966 页。最早出版的《日本国志》扉页上有“光绪十六年羊城富文斋刊版”字样，但光绪十六年（1890 年）并非实际出版时间，对此李长莉在《黄遵宪〈日本国志〉延迟行世原因解析》（《近代史研究》2006 年第 2 期）中专门做过解析。

⑤ 沈国威：《近代中日词汇交流研究：汉字新词的创制、容受与共享》，商务印书馆 2010 年版，第 27 页。

"治外法权"一词[①]。查黄遵宪的《日本国志》，完稿于1887年（光绪十三年），1890年（光绪十六年）交羊城富文斋刊刻，1895年年底至1896年年初（光绪二十一年冬）初刻本面世[②]，而《时务报》"东文报译"栏目的稿件均为日本人古城贞吉所译，在时间上晚于《日本国志》的出版时间。属人主义的"治外法权"一词，其首见书证来源于1895年年底至1896年年初出版的《日本国志》，应该是目前学术界所能追溯的最早来源了。

而对《新尔雅》所释义的属地主义"治外法权"概念以及其书证追溯，国内外学术界基本没有关注。郝延平、王尔敏在《剑桥中国晚清史》（英文版）第三章"国人对中西关系认识的转变"中提及治外法权时曾经采用过"管理外国人之法权"的说法[③]，查此处英文文本为：

Although China had accepted the idea of extraterritoriality, at first it did not have a specific name for it in Chinese . One of the first scholars to name it was Wang T'ao who used the expression o-wai-cb'üan-li, or "extra-ordinary rights" . However, it was Huang tsun-hsien's term, cbib-wai-fa-cb'üan or "the legal right to govern aliens",

---

① 沈国威：《近代中日词汇交流研究：汉字新词的创制、容受与共享》，商务印书馆2010年版，第395页。

② （清）黄遵宪：《日本国志》，上海古籍出版社2001年影印版，前言第21页。

③ 李洋首先关注到这个问题，参见李洋：《从词义到语境："治外法权"误读、误用及误会》，载《社会科学》2015年第2期，第159页。

that has become the standard expression. ①

从英文版来看，郝延平、王尔敏所理解的黄遵宪使用的“治外法权”一词是包含“管理外国人之法权”的含义的，可惜1985年《剑桥中国晚清史》在国内翻译出版时，却径译为“但是，黄遵宪使用的‘治外法权’成了他的标准名词”，漏译了“管理外国人之法权”一层意思②。吊诡的是，翻遍《黄遵宪全集》③，除了《日本国志》卷七《邻交志下一·泰西》所体现的属人主义含义外，并未找到有在属地主义层面上使用“治外法权”概念的语句和段落。郝延平、王尔敏作为治学严谨的大家，虽不排除因没有深究黄遵宪文集而出错的可能性，但其理解“治外法权”一词有属人主义和属地主义两层意思的问题，应非空穴来风，想必其所阅读的相关文献中有此意义上的使用情况，这提示我们应该作进一步的追溯和探究。目前所见，《申报》上即有相关使用书证。

1886年6月6日（光绪十二年五月初五），《申报》第一次出现“治外法权”一词，表达的意思是“本国管辖外国人的权力”。截至1902年9月中英商约正式确立治外法权的属人主义含义之前，提及“治外法权”的报道共有12篇，“治外法权”一词共出现20次，其中绝大多数含义都是属地主义（包括文章9

---

① J. K. Fairbank and K. C. Liu, The Cambridge History of China, Volume Ⅱ, Late Ch'ing, 1800 - 1911, Part 2, Cambridge University Press, 1980, p. 195.

② ［美］费正清、刘广京编：《剑桥中国晚清史》（下卷），第三章“中国人对西方关系看法的变化，1840—1895年”，中国社会科学出版社1985年版，第191页。

③ 陈铮编：《黄遵宪全集》（全两册），中华书局2005年版。

篇、词频16次)，上述《申报》关于“治外法权”使用情况的书证表明：

1. 黄遵宪的《日本国志》并非“治外法权”首见书证的来源。《日本国志》一书虽于1887年5—6月告竣，但到1895年年底至1896年年初富文斋版正式出版前，谈不上有什么社会影响。因此，《日本国志》作为书证出现的时间，只能从1895年年底至1896年年初算起。退一步说，即使《日本国志》作为书证的时间从1887年5—6月完稿时算起，《申报》首次出现“治外法权”一词的时间也比《日本国志》要早。在更早的书证发现前，将1886年6月6日《申报》报道“谓今后朝鲜国款待俄国当格外从优，凡法律刑名未能悉臻妥洽之前，所有俄国人民之住韩者，不能照治外法权绳之俄人”，作为“治外法权”一词的首见书证，是合适的。

2. 作为中文词汇的“治外法权”，其最初的含义是属地主义的。虽然1886年《申报》提及“治外法权”一词的报道涉及的是朝鲜与俄国的关系，但其表达的“一国治域范围内对外国人有行法之权”的内涵是清楚的，这与1895年以后在中日交涉中日本以“治外法权全有”而主张对来日华人行使管辖权所表达的意思，完全一致。《申报》所说的“治外法权全有”，与中国近代外交史上所说的“主权全有”概念，所表达和所关心的地方，完全一致。这表明，中国人最初使用“治外法权”的概念，是要表达对来华外国人的司法管辖权，是主权意识萌生的表现。

3. “治外法权”的属地主义和属人主义含义，各有独立的词源。属人主义的“治外法权”语词使用，目前来看确实以《日本国志》的使用为最早。1895年年底至1896年年初富文斋版正式出版以后，1897 年富文斋改刻本、1898 年浙江书局重刊本、上海图书集成印书局本和汇文书局本相继问世，引起了极大的社会反响。后有人把黄遵宪发表评论的“外史氏曰”部分单独摘出予以出版，其卷七《邻交志下一・泰西》部分被冠以“论治外法权”的标题①，说明黄遵宪关于治外法权问题的意见和评论引起了格外重视。属人主义含义的“治外法权”一词在《申报》上第一次出现的时间为 1896 年 12 月 6 日，报道主题为日本和法国签订了废止治外法权的新条约，“法日新订通商条约，大旨谓法国在日本所有治外法权，应于三年内一律停止。所有两国通商利益，彼此均照最优待之国办理”②。同样含义的“治外法权”第二次在《申报》出现是 1898 年 11 月 1 日的一篇批评外国干预中国内政的评论，“考江宁旧约，亦只曰设领事官管理商贾事宜与地方官公文往来而已，未尝曰有犯事者归彼惩办也。迨戊午岁西国与日本定约，得以己国法审断己民，谓为治外法权，于是因而及我。致举十数国之法律，并行于开港市场一隅之地”③。其中的词句、语气和观点，明显受了《日本国志》的影响。这与图书集成局从 1898 年 4 月 17 日起至 1898 年 12 月 29 日止共 15 次在《申报》上刊登《日本国志》的出版售卖广告，是遥相呼应的。这也说明，《日本国志》对大众舆论形成重大影响，是从 1898 年开始的。截至 1902 年 9 月中英商约正式确定“治外法权”一词的属人主义含义之前，《申报》共有 3 篇报道、

---

① （清）黄遵宪：《国朝黄遵宪〈日本国志〉序论》，国家图书馆藏，未标出版年份，上有（长乐）郑振铎藏书章。

② 《法日新例》，载《申报》1896 年 12 月 6 日。

③ 《公法禁邻国干预内政说》，载《申报》1898 年 11 月 1 日。

3 次在属人主义属性上使用“治外法权”一词，其使用频次完全无法和属地主义属性相比。这说明，属地主义的“治外法权”概念，不仅早于属人主义属性在大众媒体中出现，而且 1902 年以前的使用以属地主义为主，两者应该有着截然不同的词源。

4.《新尔雅》对“治外法权”一词的释义，不存在错误。查《新尔雅》“治外法权”一词，出现在对“国际法”部分名词的解释中，这部分解释的都是国际法最基本的概念，依次是国际法、国际公法、国际私法、平时国际公法、领域权、治外法权、交通权、条约、战时国际公法、非交战者、休战、降服、局外中立，共 13 个名词。“治外法权”概念是和“领域权”放在一起被解释的，“凡一国领土，他国俱不容置喙者，谓之领域权。在甲国领土内之乙国人民，须服从甲国之法律者，谓之治外法权”①。这说明，《新尔雅》中对“治外法权”的解释，是对领域权的补充说明，即治外法权同样体现了国家主权原则。这正好说明了中国海外留学生接受了源自西方的国际法，主权意识有了觉醒和提高。而属人主义含义的治外法权并不符合国际法，西方国家在东亚诸国所获得的治外法权只是一个特例，并不具有国际法的普遍性，《新尔雅》应该不会对此加以专门注释。《新尔雅》赋予“治外法权”属地主义的含义，并非如李洋所说属于“误读”，这反而说明，在十九世纪末、二十世纪初的中国语境中，在属地主义层面上使用“治外法权”一词，是一个普遍而非个别的现象。

---

① 汪荣宝、叶澜编纂：《新尔雅》，上海明权社 1903 年版，“释法·国际法”，第 29 页。

三、词义重心转移与混用

1902年9月5日（光绪二十八年八月初四），《中英续议通商行船条约》在上海签字。“治外法权”这一专有名词第一次出现在正式中外条约中。其中文文本第十二款规定：

中国深愿整顿本国律例，以期与各西国律例改同一律，英国允愿尽力协助，以成此举。一俟查悉中国律例情形及其审断办法及一切相关事宜皆臻妥善，英国即允弃其治外法权。

其英文文本的相应表述是：

China having expressed a strong desire to reform her judicial system and to bring it into accord with that of the Westernnations, Great Britain agrees to give every assistance to such reform, and she will also be prepared to relinquish her extra-territorial rights when she is satisfied that the state of the Chinese laws, the arrangement for their administration, and other considerations warrant her in so doing. ①

这是在中国所签订的条约中，“治外法权”第一次与“extra-territorial rights”（即“extraterritoriality”）画等号。其后，在《中美通商行船续订条约》（1903年10月）、《中日通商行船续约》（1903年10月）、《中葡通商行船条约》（1904年11月）陆续签订过程中，就中国的法律改革与各国允弃治外法权问题，均使用了与中英商约基本相同的表述。

但是，即便在中外条约中明确将“治外法权”与“extra-

① 陈帼培主编：《中外旧约章大全》（第一分卷下册），中国海关出版社2004年版，第1499页。

territorial rights”挂钩，“治外法权”概念所含有的“管理外国人之法权”的这一面含义仍然保留并被继续使用，甚至在同一篇文章中出现混用的情况也并不鲜见。1903 年 7 月 9 日，《外交报》刊出《论外交治本之法》一文，认为有无治外法权是中西外交的最大区别，“列国惟各有治外法权之故，故一国之中，所来之外人其能为外国之代表者惟使臣而已，其为本国权力所不能至者惟使馆与泊口外之兵船而已，此外之外人固无不守本国之律法而为地方官所治理者也，故外部之外无所谓外交官。中国惟无治外法权之故，来一外人，无论其为何等人，均可以代表其国；所涉足之地，无论其为何地，均变而为使馆与兵船……于是一切之事，无不成为交涉之事；一切之官，亦无不成为外交之官矣”，“综而论之，其最要害最致命之病源非他，曰他国得行其治外法权也；即最扼要最效验之方非他，曰收回治外法权也”①。《申报》1905 年 1 月 27 日刊出《中国亟宜考订交涉刑律论》，指出：“夫华律从重，西律从轻，当烟台订约之初，华官未悉此中参错情形，遽允中西人犯法各归本国惩办，于是华人犯罪受中国重刑，西人犯罪受本国轻刑，中国治外法权遂因之而失。”此处所使用的“治外法权”，都是和“治内法权”的含义相对应的。甚至到了 2014 年刘禾的中文版著作中，在翻译引用辜鸿铭 1900 年为中国辩护的英文文章时，仍然能够看到在属地主义属性上使用“治外法权”这样的用法，“中国难题的最主要和最关键的一点

---

① 《外交报》第 49 期，参见张枬、王忍之编：《辛亥革命前十年间时论选集》（第一卷上册），生活·读书·新知三联书店 1960 年版，第 321—322 页。

在于，外国列强必须明确而果断地决定，要么接管中国政府的职责，要么就将这个职责交给清廷。如果列强决定直接统治中国，那就请便了。但是如果列强要求清政府来担负良治的责任，那么列强的义务很简单，就是要绝对认可和尊重清朝政府代表自主国家的所有权利——在目前，尚不包括对外国臣民的治外法权”①。

这说明，虽然1902年以后，“治外法权”的概念属性发生了从属地主义向属人主义的重心转移，但属地主义的含义却从来没有消失过。

四、词源属性：固有词还是外来词

关于“治外法权”的词源属性，长时间以来学术界一直视其为日源外来词。曾在清末出任“编订名词馆”总纂的严复，1905年在一篇文章中指出，“案‘治外法权’四字名词，始于日本。其云治外，犹云化外；其云法权，即权利也”②，其意包括国际公法所规定的外交使节所享受的特权和不平等条约制度下普通外国人所享受的领事裁判权。1915年版《辞源》没有给出“治外法权”一词的词源和书证，且释义只指向了国际公法所规定的外交使节所享受的特权，同时单列“领事裁判权”一词，“治外法权”和“领事裁判权”成为两个含义截然不同的概念。

① 刘禾：《帝国的话语政治：从近代中西冲突看现代世界秩序的形成》，生活·读书·新知三联书店2014年版，第246页。

② 严复：《论国家于未立宪以前有可以行必宜行之要政》，原载1905年9月20日至10月4日（光绪三十一年八月二十二日至九月初六）《中外日报》，参见孙应祥、皮后锋编：《〈严复集〉补编》，福建人民出版社2004年版，第49页。

1958年，高名凯、刘正埮将“治外法权”归入“日语来源的现代汉语外来词”，并指出是“先由日本人以汉字的配合去‘意译’（或部分的‘音译’）欧美语言的词，再由汉族人民搬进现代汉语里面来，加以改造而成的现代汉语外来词”，即走了（英）extraterritoriality—（日）chigaihoken—（汉）的治外法权之演化流程①。王晓秋也认为“治外法权”是引进中国的“日语新词汇”，“二十世纪初以来，大量日文书的翻译，在中日文化交流史上，还起到了两个重要的促进作用，一是改进了中国的印刷出版事业，二是引进了大量日语词汇，丰富了汉语的词汇”，“当日本人接触到西洋文化的时候，尤其是明治维新以后，大量引进西方文化科学时，除了用日语片假名直接音译西洋外来语之外，还利用汉字用意译法创造了不少新词汇。其中不少是在明治初年翻译西方书籍尤其是专门术语时，由一些日本学者苦心经营推敲创造出来的”，其中就包括“治外法权”。② 据此，日本学者实藤惠秀将“治外法权”列为844个“中国人承认来自日语的现代汉语词汇”之一③，并从构词法的角度进行了分析，认为“治外法权”属于复合词④。上述关于“治外法权”是日源外来词的观点，只关注了甲午战争以后日本文化对中国

① 高名凯、刘正埮：《现代汉语外来词研究》，文字改革出版社1958年版，第88—89页。

② 王晓秋：《近代中日文化交流史》，中华书局1992年版，第429—433页。

③ ［日］实藤惠秀著，谭汝谦、林启彦译：《中国人留学日本史》（修订译本），北京大学出版社2012年版，第275—278页。

④ ［日］实藤惠秀著，谭汝谦、林启彦译：《中国人留学日本史》（修订译本），北京大学出版社2012年版，第239页。

的影响，而没有关注到甲午战争以前中国文化对日本的影响，尤其忽视了十九世纪六十年代至八十年代“同光中兴”期间中国对日本的文化输出，因而视“治外法权”为日源外来词的观点值得重新探讨。

朱维铮曾经指出，“同光时期思想中一个现象是，‘世界主义’的普及和‘民族主义’的发生有共生关系。王韬一面倡导‘西法’、‘西学’，一面也为国人争利权，设法为中国取得应有的国际地位。他恐怕是最早提出要求取消‘治外法权’的人”①。查王韬提出要求取消“治外法权”的主张，是在《弢园文录外编》中的《除额外权利》一文：“向者英使阿利国以入内地贸易为请，总理衙门亦以去额外权利为请，其事遂不果行。夫额外权利不行于欧洲，而独行于土耳机、日本与我中国。如是则贩售中土之西商，以至传道之士、旅处之官，苟或有事，我国悉无权治之。此我国官民在所必争，乃发自忠君爱国之忱，而激而出之者也。故通商内地则可不争，而额外权利则必屡争而不一争，此所谓争其所当争也，公也、直也。”② 这一论述，与 1901 年赫德的说法相一致，“1868 年，在谈判后来从未被批准的《阿礼国条约》时，同一个文祥有一天说：‘废除你们的治外法权条款，商人和传教士就可以住在他们任何想住的地方；但如果保留它，我

① 王韬著，李天纲编校：《弢园文新编》，中西书局 2012 年版，（朱维铮撰）导言第 13 页。

② 王韬：《弢园文录外编》（五卷本），光绪九年（1883 年）香港弢园老民铅印本，卷三末篇《除额外权利》。

们必须尽我们的可能把你们以及我们的麻烦限制在条约口岸！’”①。而《弢园文录外编》最早的出版时间和地点，为光绪九年（1883 年）夏秋之交的香港②。该文实际完稿的时间，应该不晚于 1877 年③。王韬在此所使用的“额外权利”一词，应当是中文世界里对“西人不归中官管辖”④ 这一现象的第一次概括和总结。

“额外权利”一词的出现，与《万国公法》提供的知识和语言背景密切相关。在第三卷“论诸国平时往来之权”第一章“论通使之权”部分，《万国公法》明确指出，领事并不享有国

---

① ［英］赫德著，叶凤美译：《这些从秦国来——中国问题论集》，天津古籍出版社 2005 年版，第 45 页。赫德在 1901 年以英文转述文祥的话，并不能直接证明 1868 年文祥的原话已经使用了中文“治外法权”一词，这是不言而喻的。同样的情况还出现在 1875 年赫德应总理衙门的要求所上的《总税务司条陈改善对外关系》中，这份作为《中华帝国对外关系史》（［美］马士著，张汇文等译，上海书店出版社 2000 年版）第二卷附录四的文件，有大量“治外法权”的字眼和论述，但由于看不到或者不确定该条陈上呈总理衙门时是否有中文版本，今天的译本也无法证明“治外法权”一词在当时中文中的使用情况。

② 该书本身没有明确的出版日期，王韬在该书中“自序”后署时间为“光绪九年夏四月浴佛前两日”（1883 年 5 月 12 日），该书在《循环日报》第一次广告时间为光绪九年七月初九（1883 年 8 月 11 日），《申报》第一次广告时间为光绪九年七月十四日（1883 年 8 月 16 日）。关于《弢园文录外编》版本之流变及篇目来源，可参考萧永宏：《王韬与〈循环日报〉：王韬主持〈循环日报〉笔政史事考辨》，学习出版社 2015 年版，第 159—195 页。

③ 该文中，1868 年《阿礼国协约》谈判事被称为“向者”，而 1876 年 9 月签订的《烟台条约》开放口岸事被称为“今我朝廷已准英使所请，增埠各口”。据此《除额外权利》的实际写作时间应在 1876—1877 年。

④ 王韬：《弢园文录外编》（五卷本），光绪九年（1883 年）香港弢园老民铅印本，卷三末篇《除额外权利》。

使“不在而在”的外交特权与豁免，“领事官不在使臣之列，各处律例及合约章程或准额外赐以权利，但领事等官不与分万国公法所定国使之权利也。若无和约明言，他国即可不准领事官驻扎其国，故必须所往国君准行方可办事。若有横逆不道之举，准行之凭即可收回，或照律审断，或送交其国，均从地主之便。至有争讼罪案，领事官俱服地方律法，与他国之人民无所异焉”①。1864年以后，领事与国使不同的国际法地位已经为人们所知，领事不享有国使“代君行权”“不在而在”的权利，更不天然享有裁判权，普通来华游历、经商、传教的外国人更应该接受中国法律和司法机关的管辖。领事裁判权并不符合国际法，如果中国愿意，完全可以通过修约的方式把已经授予外国领事的权利拿回来。由于《万国公法》认为领事的权利并非像公使权利一样来自国际法的赋予，而是“各处律例及合约章程或准额外赐以权利”，此后中文语境中将国际交往中的这种约定的、非天然的权利，一度称为“额外权利”。

但由此认为“额外权利”这一概念由王韬在1883年第一次使用，恐怕也不符合历史事实。现在可以查到更早的使用为1872年《申报》转录《香港新报》报道鸦华火轮与伦拿船相撞一事的文章，“鸦华轮以自己为邮轮，按1856年9月24日英法所立合约第五款：倘两国船系传递邮报者，无论皇家船或皇家租赁之船，俱照兵船一体相待。又无论船到两国之埠，兵船所能领

① ［美］惠顿著，［美］丁韪良译，何勤华点校：《万国公法》，中国政法大学出版社2003年版，第154—155页。

之额外权利者，邮船亦可能领”①。这里说的“额外权利”，虽与王韬所言的以领事裁判权为实质内容的“额外权利”在近代国际法上的权力来源有所不同，但不管是兵船、邮船，还是普通来华外国人，“额外权利”指的都是不受当地法律管辖的属人主义属性的权利②。

由此可见，在黄遵宪将属人主义属性的“治外法权”引入中文语境之前，表达主权意识的属地管辖含义的“治外法权”和表达属人主义属性的“额外权利”概念，均已经在中文语境中出现了。一方面，如果站在中国政府的立场，基于国家主权原则和国家法，中国有对来华普通外国人行使法律管辖的权力，这是中国的“治外法权”，“治外法权全有”就是“主权全有”的同义词；另一方面，从 1843 年起，基于中外双边条约，中国政府又把对来华外国人的管辖权让渡给了各自所属国政府，因而使得各国政府在华有权对本国民众行使域外管辖，这就是外国在华的“额外权利”。这样的用法，已经在语言学领域比较好地概括了中国近代史上的“来华外国人的法律管辖”这一命题。作为日源外来词的“治外法权”进入中文语境，才使得对来华外国人法律管辖的语言表达变得复杂起来。

中日间的文化交流源远流长，历史上汉字对日本文字的形成

---

① 1872 年 5 月 21 日《申报》（第 18 号）“附录《香港新报》：鸦华火轮与伦拿船相撞一事”。

② 此后，《申报》在 1895 年 4 月 1 日报道中日谈判、1904 年 1 月 22 日报道日俄谈判、1917 年 11 月 15 日报道中日关系时，在相同含义上使用了“额外权利”一词，这说明“额外权利”和“治外法权”在表达属人管辖意义时有相当长的时间是并存的。

产生了深远的影响，同时日本文字对近现代汉语的形成又产生了重大影响。关于“治外法权”在语词、含义上的复杂问题，第一步首先需要解决的就是，作为中文和日文中的同形词，“治外法权”一词在中日词汇交流史上有着怎样的互动关系。

关于“治外法权”一词在日本语言中的使用情况，刘凡夫认为“幕末、明治时期，日本依照汉语的构词规则，创建了数量众多的汉字新词”，其中就包括“治外法权”①。目前所见，1881年4月（明治14年4月）由井上哲次郎作序的《近代日本学術用語集成》已经收入了归入“法理学”类目下的“治外法權”及其英文对应词“Exterritoriality”②，考虑到一个词语从第一次出现到编入词典，应该有一个时间过程，因此“治外法權”在日文中的出现肯定早于1881年4月。一个非直接的材料表明，至少在1878年前后，“治外法權”一词已经在日语中形成并得到了广泛使用③。黄遵宪1877—1882年担任驻日使馆参赞，其在

① 刘凡夫：《以黄遵宪〈日本国志〉（1895）为语料的日语借词研究》，载《日语学习与研究》2012年第3期，第12页。

② 《近代日本学術用語集成》（第1卷），明治14年4月，“哲學字彙”部分第33页。（日本）龍溪書舍1988年影印版。

③ 根据1878年国际法学会会议记录，日本代表在大会发言时，已经明确提出了取消治外法权的要求，“具体到我的国家，存在着两个原则性的问题，我请求将这两个问题提交到本次聚会上：第一个问题是……另一个问题已经引起你们的注意，而且占据着极重要的地位，亦即治外法权问题。东西方国家都有必要获得一个正确认识，亦即这种管辖权在保护一方权利的时候，不应当侵犯另一方的权利。在亚洲的欧洲人的正义不能导致欧洲人对亚洲人的不正义”。但由于会议记录为英文，无法查到日本代表发言的原稿，因此这一材料只能算非直接证据。但由于此处为会议记录，和前面提及的赫德的相关论述又有所不同。具体请见赖俊楠：《国际法与晚清中国：文本、事件与政治》，上海人民出版社2015年版，第56—57页。

《日本国志》中直接把日语中的“治外法權”词汇引入汉文之中而成为汉文“新词”①。这些都说明在十九世纪七八十年代，“治外法权”一词已经在日文中出现，这与自1876年前后起日本就向西方列强不断提出取消领事裁判权要求的历史事实，是相互印证的。

受限于近代历史文献的阅读范围和近代词汇史的研究广度与深度，目前还无法做到对“治外法权”一词的来龙去脉作精确的描述。亦即我们现在看到的中日文献中的书证材料，都是“治外法权”一词在其中所留下的“只鳞片爪”，无法仅依靠这些材料就拼出一幅全息的图像。我们所能做的，就是依据这些“语言考古残片”，加上中日语言交流史的知识背景，做出大致的方向判断。比如“治外法权”在中日语言中的创制和在中日文中的互动关系，理论上存在着如下可能性：（1）独立起源。即两国语言独立且相互不受影响地创制了“治外法权”一词，然后经由黄遵宪的《日本国志》从日文输入了中文。（2）中文创制。即该词首先在中文出现，表达“治理外国人的法权”的属地主义含义，然后传入日本，语义变为“治域之外行法之权”，表达属人主义含义，该含义又经由黄遵宪的《日本国志》从日文输入了中文，走了中文—日文—中文的路径。（3）日文创制。即该词首先在日文出现，表达“治域之外行法之权”的属人主义含义，然后传入中国，语义变为“治理外国人的法权”，表达属地主义含义，而日文原有的属人主义含义经由黄遵宪的《日本国

① 沈国威：《近代中日词汇交流研究：汉字新词的创制、容受与共享》，商务印书馆2010年版，第330页。

志》从日文输入了中文，走了日文—中文—中文的路径。若依据首见书证出现时间的线索，属地主义含义的首见书证在中国出现于1886年，而属人主义含义的首见书证在日本出现于1881年，则独立起源说和日文创制说都有可能。但在中日语言词汇史上，中日两国相互不受影响地独立创制出一个同形词，含义虽有不同却聚焦于同一社会现象，这不仅没有先例，而且有些匪夷所思。而日文创制说的解释困难，主要在于十九世纪七八十年代，日文是否已经开始具有了反哺中文的能力和实践，值得怀疑。1885年3月，福泽渝吉发表著名的“脱亚入欧论”，主张日本应该放弃中国思想和儒教的精神而吸收学习西方文明，中国文化对日本的影响才开始被有意识地切断，但日本文化对中国的反影响，则是从甲午战争以后开始的。从第一任驻日公使何如璋的《使东述略并杂咏》（1877年）、王韬《扶桑游记》（1879年）到傅云龙《游历日本图经余记》（1887—1889年）、黄遵宪的《日本杂事诗》（1890年定本）来看，“19世纪70、80年代所撰写的有关日本的著述里使用的日本词汇和现代汉语中的日语借词之间存在着断层，两者是一个非连续的事件”①，傅云龙、黄遵宪等人的个人借用，没有成为中国语言社会的一般现象。属人主义的“治外法权”一词在1887年《日本国志》定稿时已经出现，但直到1896—1897年才在《申报》《时务报》等报纸上出现，说明1886年在《申报》上出现的属地主义含义的“治外法权”一词，一定不是一个日语借词，日文创制说的可能性很小。

---

① 沈国威：《近代中日词汇交流研究：汉字新词的创制、容受与共享》，商务印书馆2010年版，第226—227页。

依据目前的书证材料以及中日文化、文字交流的历史背景，可以做如下逻辑推演：（1）刘凡夫曾指出，包括“治外法权”在内的一批中日同形词，“在幕末以前，无论是汉语的，还是日语的资料，均未能找到使用例”①，这说明不管在日文中，还是在中文中，“治外法权”都是一个近代词汇，是1843年《中英虎门条约》和1858年《日美条约》签订后出现的领事裁判权现象在语言领域的反映。（2）“治外法权”一词在中日文中的创制受到了1864年出版的《万国公法》的影响。《万国公法》出版以后，不仅在中国的对外交往中发挥了重要作用，而且当年即传入日本并得到了远比在中国更广泛的重视。虽然丁译《万国公法》并没有能够将惠顿原书中已经出现的“extraterritoriality”“consular jurisdiction”这两个重要概念译为相对应的中文专有名词，但无疑为中日两国国际法语言的发展打下了共同的基础。在汉语中，“治外法权”由“治外”和“法权”两个单词组成，在语言习惯上，“治外”往往与“治内”相对应，属于动宾结构②，而在日语中，“治外”变成了修饰法权的“定语”。从语言习惯上看，中国人更容易将“治外法权”理解为“治理外国人的法

---

① 刘凡夫：《以黄遵宪〈日本国志〉（1895）为语料的日语借词研究》，载《日语学习与研究》2012年第3期，第12页。

② 关于中文文献中1886年以前“治外”与“治内”相对应使用的例子，可见：“所与共天下者，其人皆取之于草莽，忽使治内，忽使治外，忽使治民，忽使治兵，无一人专治事者”（《申报》1875年1月13日《论才》）；“且治内者，治外之本也。京城各官中，尤多泄沓之习”（《申报》1878年4月30日《詹事府左庶子臣黄体芳跪奏，为灾深患迫宜急筹拯民应元之方》）。但中文文献中未查到在1886年之前在“治域之外”和“治域之内”意义上使用“治外”“治内”的书证材料。

权”而不是“治域之外的法权”。因此，更大的历史可能是，“治外法权”一词首先在中文中创制，表达属地主义的含义，然后被引入日语之中转化为表达属人主义，再在甲午战争后又被引回中文之中，从而使得该词在中文中具有了属地主义和属人主义两种完全不同的含义。

这样的逻辑分析，当然不是信口开河、无所依凭。如对于黄遵宪的“误用”与“误译”，很早就有批评的声音。1906 年 11 月 27 日（光绪三十二年十月十二日），《北洋官报》发表《论治外法权与领事裁判权性质之异同》一文，专门就这两个概念进行了辨析，讨论的核心是不能把外交使节所享有的“治外法权”和普通来华外国人所享有的“领事裁判权”混为一谈，文章认为，1902 年中英商约第十二款“约中所云治外法权”属于“沿误”①（英国是不可能允弃治外法权的）。这个错误，是《日本国志》从日本语中误译的结果，“吾国之误用此名词，实肇源于日本，十余年前之东籍，殆靡不沿袭混合者。黄氏《日本国志》有云，‘西人于所治之地之外而有行法之权，谓之治外法权’，窃谓此说颇欠明晰。夫治外法权之解释，乃谓本国之民有不受他国法治之权利，非谓居留他国而有能行本国法治之权利也。方针一误，途径遂歧。推最初误用之原因，盖由东籍之释‘治外法权’，解为立于所驻国法治之外。吾国之作为领事裁判权者，则又以‘治外’二字之义，其表面之解释，有合乎西人之领事裁

---

① 《论治外法权与领事裁判权性质之异同》，载《东方杂志》1906 年第 13 期“外交”栏目，第 232 页。

判，故据中国文义以解日本名词。欲通两驿之邮，遂致六州之错”①。该文作者认为，最初日本也是将领事裁判权和治外法权混为一谈的，黄遵宪的《日本国志》又直接将领事裁判权的内容译为“治外法权”，从而出现了错误。1914 年，中国最早的近现代语言学家、中国第一部普通语言学专著《国语学草创》的作者胡以鲁就在《庸言》杂志上刊文，批评日语对汉文的“误用”和黄遵宪的“误译”：“日人误用我故有名者，则名实混淆，误会必多，亟宜改作。例如经济……场合……又如治外法权，就吾国语章法解之，常作代动字之‘治’字下，缀以‘外’字者，宜为‘外国’或‘外人’之隐名。若以‘外’为状词，其上非常用为名字者不可（例如‘化外’）。黄遵宪译日本国志序，治外法权概译为领事裁判权，固其所也，然则译作‘超治法权’或‘超治外法权’，何如？”② 胡以鲁认为，“治外法权”是中文的固有名词，日语中将“领事裁判权”的内容称为“治外法权”，属于“误用”。因为按照中文的语言习惯，动词“治”后应加名词“外”，如将“外”理解为表达“之外”的状语，则其前应加名词。黄遵宪的《日本国志》照搬了日语的用法，实际上正确的翻译应该是“超治法权”或“超治外法权”。

正如上文所言，将“治外法权”与“领事裁判权”混为一

① 《论治外法权与领事裁判权性质之异同》，载《东方杂志》1906 年第 13 期“外交”栏目，第 234 页。

② 胡以鲁：《论译名》，载《庸言》杂志第 2 卷第 1、2 号合刊（1914 年 2 月 15 日发行），本篇第 9 页。该文收入《国语学草创》一书时，行文部分修正为“就吾国语章法解之，常作他动字之‘治’字，下缀以‘外’字者，宜为‘外国’或‘外人’之隐名”。胡以鲁：《国语学草创》，山西人民出版社 2014 年影印版，第 135 页。

谈，并非中国肇端。用“领事裁判权”来替代“治外法权”，并且把“治外法权”专属定义为与“外交特权和豁免”同等的内涵，也是后来受日本法学影响的结果。对于缔约国来日国民不接受属地管辖的现象，在1858年日美条约以后的很长时间里，日本也是称之为“治外法权”。但最迟到二十世纪初，日本法学界已经非常明确地把“治外法权”和“领事裁判权”相区分。1904年5月，为中国留日学生专门开办的法政速成科开学，关于治外法权和领事裁判权的问题就是国际公法课的重点讲授内容，其卒业试验屡屡出现如“论述治外法权、领事裁判权与混合裁判权”“列举公使不享有治外法权之情形”“说明领事裁判权行使之理由，及领事裁判权之范围”“说明公使享有之治外法权”等类似题目。随之，在北京1906年开办的京师法律学堂，日本人岩井尊闻讲授国际公法课程，也重点辨析了治外法权和领事裁判权这两个概念，并明确指出“领事裁判权与治外法权不同之点有三”，“学者有以领事裁判权认为治外法权者，误也”。《北洋官报》的《论治外法权与领事裁判权性质之异同》一文主旨观点和用语，与京师法律学堂笔记的相关内容基本一致，这说明他们有共同的知识渊源。其目的，就是要用“领事裁判权”一词取代原来的“治外法权”，而把“治外法权”专属定义为与“外交特权和豁免”等义。由此，二十世纪初，随着国际法学的兴起，原来不加区别的、笼统的“来华外国人”的概念被区分为依据一般国际法享有特权的“元首、使节和军队”和依据中外双边条约享有额外权利的“普通民众”，前者享有的权利应被称作“治外法权”，是正当的、合乎国际法的，后者享有的权利应被称作“领事裁判权”，是在特定历史条件下中国政府让渡给外国政府的权利，并不符合一般国际法，应当予以撤销和收回。这种法学理念上的区分，既可以使中文的“治外法权”“领事裁判权”与英文本意的“exterritoriality”“consular jurisdiction”相衔接和一一对应，又可以将普通外国人在中国的管辖权问题，与早已在国际法上不具有正当性地位的领事裁判权制度相挂钩，从而为对外国人的属地管辖创造法律和舆论道德的制高点。

对于在十九世纪七八十年代的中国，只能将“治外法权”一词理解为“治理外国人的法权”而不能理解为“治域之外而有行法之权”，还可以从中国与国际社会的互动以及对国际法的接受程度方面加以理解。1840—1842 年的鸦片战争，虽因虎门销烟而起，但本质的冲突，还是对来华英国人的法律管辖问题。1843 年《虎门条约》开始确立的领事裁判权制度，是中方基于羁縻和怀柔的策略，在传统封贡体系范围内意图用“以夷制夷”的思维来理解和解决来华外国人的法律管辖问题而主动提出来的解决方案。1864 年《万国公法》引入国家主权概念以后，中国人才意识到领事裁判权是有损国家主权的，故恭亲王奕䜣在出资五百银元帮助出版《万国公法》的奏折中认为这是一本有价值的书，“其中颇有制服领事官之法，未始不有裨益”①，“制服领事官”，指的肯定不是对领事官的人身约束，而是对领事官所享有的领事裁判权的权利约束。由于《万国公法》认为领事的权利并非像公使权利一样来自国际法的赋予，而是“各处律例及合

① 《奕䜣等奏美士丁韪良译出万国律例呈阅已助款刊行折》，载中华书局编辑部、李书源整理：《筹办夷务始末》（同治朝三），中华书局 2008 年版，第 1184—1185 页。

约章程或准额外赐以权利”，“额外权利”既然是恩赐的结果，自然就不是主权层面上的行法之权。1865 年以后，中国人已经知道领事裁判权是不符合西方国际法的，所以才有 1868 年文祥的抱怨。文祥的抱怨当然不意味着清政府已经出现了废除领事裁判权的意志和努力，但其抱怨同样也表明，在国家主权问题上，晚清政府也没有我们以往理解得那么愚昧无知和软弱可欺。治外法权问题之所以在 1864—1894 年长时间处于僵持状态而得不到解决（西方以生命财产得不到保护为由拒绝放弃治外法权，中国则以西人有治外法权为由把西人局限在通商口岸、拒绝开放内地经商行船开矿等；双方相当长时间里互不相让），中国决策层内部特有的应对思路和策略是重要原因。中国的策略和思路就类似于今天杀毒软件“病毒隔离”的思路，把外国人和外国制度文化的影响局限在通商口岸，防止“治外法权”对主权的损害进一步向内地蔓延。这样处理问题的思路，与明治以后的日本大力制度变革、向外人开放内地等措施以实现“治外法权”的收回，确乎不同。但从 1904 年甲辰会试第二场的考试题目来看①，即使到了晚清新政提倡向西方学习的时期，聘用外人也要牢牢把握主权，要吸取埃及因外人而亡国的命运。这说明，晚清政府对主权是相当重视的，“治外法权”一词在中文中首先出现并表达属地管辖的含义，就是这种主权意识在语言词汇上的表现。

① 第二场考各国政治，共五道题目，其中第三题为“日本变法之初，聘用西人而国以日强，埃及用外国人至千余员，遂至失财政裁判之权而国以不振。试详言其得失利弊策”。

五、小结

对“治外法权”概念进行追根溯源式的词源学考察，既有语言词汇史的价值，又有法律史的意义。就前者而言，“说实在话，对每一个词的词源探讨，有如追寻长江黄河的源头一般，都可能是一项长期而艰巨的工作，都可能体现为一篇论文；不，可能是一系列论文”①。通过 1895 年年底至 1896 年年初出版的《日本国志》，黄遵宪第一次将属人主义的“治外法权”一词引入中国。但“治外法权”首见书证的来源，可追溯至更早的1886年6月6日《申报》报道“朝鲜与俄国和约之附约密约”，其最初的含义是属地主义的。“治外法权”兼有属地主义和属人主义双重含义，其词源属性应是中国近代汉语新词，而不单纯是一个日源外来词，这就用实证的方式证明了中国进入近代以后仍然向日本输入语言文化的事实。就后者而言，“治外法权”制度作为中国近代不平等条约制度的主要组成部分之一，一直是晚清政府丧权辱国的明证。而实际上晚清政府对主权是相当重视的，“治外法权”一词在中文中首先出现并表达属地管辖的含义，就是这种主权意识在语言词汇上的表现。治外法权问题久拖不决，原因在于晚清政府的应对思路和策略，而非缺乏主权意识。

---

① 黄河清编著：《近现代辞源》，上海辞书出版社 2010 年版，（姚德怀）前言第 4 页。

第三章

晚清法律改革动因再探

——以张之洞与领事裁判权问题的关系为视角

一、问题的提出：探求历史的真相

近代晚清法律改革，是二十世纪九十年代至今法律史学界的一个热点问题（乃至法理学界也有人参与）。其中自然不乏“仁者见仁，智者见智”之处。但在谈及晚清法律改革缘何而起时，人们的看法却似乎惊人的一致。人们大都会提到领事裁判权问题，一个普遍的看法是：西方列强在中国拥有领事裁判权的原因，借口就是中国法律的落后和野蛮。1902 年前后西方列强在以《马凯条约》为代表的双边条约中，做出了有条件放弃领事裁判权的承诺。这成了晚清进行以西方为取向的法律移植的诱因。如 2003 年《比较法研究》第四期发表《领事裁判权制度与晚清司法改革之肇端》一文，专门探讨了此问题。结论就是“晚清司法改革的主要动力来自于领事裁判权对清政府维护其统治所造成的巨大危害，列强适时表达其态度恰恰构成此改革的主要契机”①。在清华大学出版社出版的《探索与抉择——晚清法律移植研究》一书中，也是把“晚清政府争取主权独立的要求”（即收回领事裁判权）作为晚清法律移植的三大动机之一②。

这当然是有原因的。首先，在于研究者本身，法律史学者在接触这段历史时，是从研究清末修律大臣沈家本开始的，而在沈家本连篇累牍的奏稿中，有大量的关于收回领事裁判权的必要性、重要性以及可能性的论述。既然沈家本被视为清末修律的主

---

① 李启成：《领事裁判权制度与晚清司法改革之肇端》，载《比较法研究》2003 年第 4 期，第 16—28 页。

② 张德美：《探索与抉择——晚清法律移植研究》，清华大学出版社 2003 年版，第 150—162 页。

持人，他的话自然就给人一种印象，即晚清朝廷进行法律制度的改革，目的就是收回领事裁判权。其次，在于那段特定的历史本身。“庚子事变”后慈禧太后被迫“西狩”，还差点被西方列强定为“祸首”而丧命。无奈之下，不得不接过维新志士的旗帜而推行比洋务运动更深入的改革。此后不久，《马凯条约》签订，大英帝国第一次做出了有条件放弃领事裁判权的承诺。就对改革理由的阐述而言，具有维护国家主权与独立色彩的收回领事裁判权的观点比“时移世易”的传统变法观更容易说服已经有了国家主权意识的中国人，从而减少改革的阻力。因此，清末修律伊始，凡是主张变法的人无不把收回领事裁判权作为嚆矢，为改革鸣锣开道以壮改革的声威。故《清史稿·刑法志》里讲，“二十八年（指光绪二十八年即 1902 年），直隶总督袁世凯、两江总督刘坤一、湖广总督张之洞，会保刑部左侍郎沈家本、出使美国大臣伍廷芳修订法律，兼取中西。旨如所请，并谕将一切现行律例，按照通商交涉情形，参酌各国法律，妥为拟议，务期中外通行，有裨治理。自此而议律者，乃群措意于领事裁判权”①。因此，领事裁判权问题与清末修律有着密切的联系，这当是历史的客观存在。问题在于，这种密切的联系到底是一种什么样的联系？两者有直接的关系吗？实际上就这个问题，早在清末修律的过程中，清朝统治集团内部就存在着较大的争论。众所周知，其时礼法之争的两个焦点之一，就是修律与领事裁判权的关系，即修律的目的和宗旨是不是收回领事裁判权以及修律能不能收回领

---

① 高潮、马建石：《中国历代刑法志注释》，吉林人民出版社 1994 年版，第 1011 页。

事裁判权。以沈家本、杨度为首的法理派认为，西方列强在中国拥有领事裁判权的原因，借口就是中国法律的落后和野蛮。中国只要改良法律而与各列强齐一，各列强就会按照条约自动放弃领事裁判权，因此必须采撷西法以收回领事裁判权。而以张之洞、劳乃宣为首的礼教派认为，领事裁判权能否收回，关键在于国家实力的强弱，不单单是一个法律制度能否与外国相同的问题（而且西方各列强的法律本不齐一），因此修律应该以我为主，目的应在于革除旧律的积弊，非全袭西法以讨好西方列强。对于这场争论，早在《清史稿·刑法志》里就批评了沈家本把收回领事裁判权问题仅仅视为一个法律问题的立场："夫外交视国势之强弱，权利既失，岂口舌所能争？故终日言变法，逮至国本已伤，而收效卒鲜，岂法制之咎与？"①

目前法史学界也有越来越多的人认识到：就事论事，张之洞比沈家本要高明。很多人注意到了张之洞在礼法之争中反对"修律以收回领事裁判权为目的"的言论和理由，却忽视了这样一个历史事实：张之洞是"修律以收回领事裁判权说"的首先倡导者，正是在他的主持和坚持下，才有了 1902 年《马凯条约》中关于英国有条件地放弃其治外法权的承诺。所以我们不禁要问：《马凯条约》第十二款到底怎么回事？如何解释张之洞在这个问题上前后态度的变化和矛盾？它反映了什么？解决这些问题，可能会有利于我们深化对晚清法律改革的认识。

---

① 高潮、马建石：《中国历代刑法志注释》，吉林人民出版社 1994 年版，第 1060 页。

二、《马凯条约》第十二款：张之洞主导的中国收回领事裁判权的首次努力

庚子事变后，1901 年9 月7 日，战败了的清政府被迫与十一国签订《辛丑条约》，其中第十一条规定：“大清国国家允定，将通商行船各条约内，诸国视为应行商改之处，及有关通商各地事宜，均行议商，以期妥善简易。”① 9 月 28 日，英国政府首先派出代表团赴中国进行商约谈判，成员包括首席代表马凯（James Lyle Mackay）以及戈颁、德贞等人。中国方面的谈判代表是吕海寰和盛宣怀，参与会商的还有湖广总督张之洞和两江总督刘坤一。谈判于1902 年1 月10 日在上海正式开始，历经八个月，双方代表于9 月 5 日签订《中英续议通商行船条约》（即《马凯条约》）。其中第十二款规定“中国深欲整顿本国律例，以期与各西国律例改同一律，英国允愿尽力协助以成此举。一俟查悉中国律例情形及其审断办法及一切相关事宜皆臻妥善，英国即允弃其治外法权”②。随后，1903—1904 年，美国、日本、葡萄牙等国也相继在与中国签订的条约中做出类似表示。这大致就是一些中国法制史教科书和文章所说的“启动晚清全面变法修律活动”的收回领事裁判权问题的由来。

就中英谈判而言，马凯一开始提出了商约草案二十四款，其中第六款要求洋人在中国内地的永久居住权，第十二款要求制定

① 王铁崖：《中外旧约章汇编》（第一册），生活·读书·新知三联书店 1957 年版，第 1007 页。

② （清）朱寿朋编，张静庐等校点：《光绪朝东华录》（第五册），中华书局 1958 年版，第 103 页。

适用于开放口岸的海上律例并设商律衙门，均遭到了中国方面的拒绝。“盛宣怀认为提出这一要求时机过早，而且只要治外法权存在一天，中国决不能答应。他说中国的法律不久即将修订，以与各国的法律更相接近。将来外国人如能像在日本一样受地方官吏的管辖，即可准给这项权利”①。后来的几次会议上，“马凯坚持必须把中日《马关条约》所允准的权利推广。他请中国代表们再考虑他所提出的条款，中国代表们也可以指出须怎样修改才能接受。中国代表们表示不能再多给权利，并且不肯讨论任何修正”②。这表明，在中英谈判的初期，整顿律例以收回治外法权问题并不在清政府的考虑之内。尽管针对英方的草案，中方顾问、总税务司赫德曾提出“商律衙门海上律例云云。此议亦属甚善，若拟专条定约，应添载云：‘俟律例定妥，衙门开设后，即将不归管辖各条删除’”③；“曾定条约虽载明英国民人应按英国律例由英官定办，惟英国商民不能援引此条以为不归地方官管理，即作毋庸遵守中国律例之据。凡华民照例不准行者，英国人民亦应一律遵守，以昭公允。且中国因此亦可愿意。凡华洋争讼事出，均于各处一律办理。故拟由外洋聘请有名律师督同熟悉中国律例者编纂律法，在通商口岸特设公堂，以便俟英国允准后华英人民所有词讼案情，均由该公堂按律办理。如中国尚未有本国

① 中国近代经济史资料丛刊编辑委员会：《辛丑和约订立以后的商约谈判》，中华书局1994年版，第20页。

② 中国近代经济史资料丛刊编辑委员会：《辛丑和约订立以后的商约谈判》，中华书局1994年版，第49页。

③ 中国近代经济史资料丛刊编辑委员会：《辛丑和约订立以后的商约谈判》，中华书局1994年版，第5页。

熟悉新定律例之官员派充听审，或愿聘请英国律师在于公堂代为听审，亦无不可。且准华人听便，或到地方官处申诉，或到该公堂请办”①。赫德的思路是，中方应积极地应对英方的要求，以便把片面的治外法权收回来。但考虑到这个问题的复杂性，在实际的谈判过程中，赫德的意见并没有被采纳，中方的盛、吕采取了消极抵抗的方式，即中方不提在华洋人归我管辖的问题，英方所提的内地居住权和制设海商法与商律衙门问题也不予考虑。

《马凯条约》中关于治外法权的条款是在武昌会谈以后新增的。由于商约谈判中的裁厘方案主要涉及长江流域的几个省份，并非封疆大吏的盛、吕根本不敢做主，英方代表又急着回国。故上海谈判在经历了长时间的僵局以后，马凯不得不于 1902 年 7 月移至南京、武昌与刘坤一、张之洞面谈。正是在武昌期间，会谈有了较大的进展，关于裁厘的一系列悬而未决的主要障碍被突破。在武昌会谈的最后一天，张之洞提出了条约中关于治外法权的条款。1902 年 7 月 17 日马凯在武昌纱厂与张之洞讨论此问题的会谈记录如下：

梁敦彦：您费了八个月时间并没有能解决什么！而在这几天内已经谈妥了很多款！人们会说盛吕两位大人很慎重，而张制军容易说话，答应了您的一切条件！张制军说，您必须让他能有可以拿出来的东西。他提出两款来。一款是关于治外法权的。我们想修订我们的法律，我们即将指派委员研究。您是否可以同意，

---

① 中国近代经济史资料丛刊编辑委员会：《辛丑和约订立以后的商约谈判》，中华书局 1994 年版，第 13 页。

在我们的法律修改了以后，外国人一律受中国法律的管辖。另外一款是关于传教的。从来还没有纯粹的传教条约，只是在通商条约内包括关于传教的规定。您是否愿意讨论这两款而取得协议呢?

马凯：你们是否可以用书面提出呢?

张之洞：在最初几年内中国也许要聘用外国法官。

马凯：我不能讨论传教问题。法国永远不会答应，这会使整个修约受影响!

张之洞：关于传教问题，我并不想对教士严加限制。我也不愿使你为难。以前的通商条约内都没有纯粹传教的条款。

马凯（递过拟好的英文条款）：这是不是他所要求的意思?（梁敦彦朗读并翻译）。我想你们从来没有那样的条约。我也应当电告我的政府，请特准把这一条放进去。我也要说明这是经张制军特别要求的。

张之洞：自然你须向你的政府请示，但希望能在请示的时候说明你赞成增加这一款。

马凯：我必定向兰士丹勋爵说明这是张制军提出的。我本人也必定极力赞助这件事。……

张之洞：你答应这几款，使我省了很多事。有不少人会指责我，但是我可以说马凯爵士很讲道理，我也必须对他讲道理。……

会上也一致同意马凯爵士应电请英国政府授权在条约内增加一款如下：“中国深欲整顿本国律例以期与各西国律例改同一律，英国允愿尽力协助，以成此举，一俟查悉中国律例情形，及其审断办法，及一切相关事宜皆臻妥善，英国即允弃其治外法权。”①

应该说，片面的领事裁判权在中国实行六十年，给中国带来的危害是巨大的，同时也意味着给西方各国带来了巨大的“利益”。现在中国方面提出要取消它，那无论对谈判的哪一方来说都事关重大，需要认真对待。按照常理，谈判双方必定唇枪舌剑、讨价还价一番。一个裁厘方案，盛宣怀和马凯在上海谈了半年、开了 19 次会议也还没有结果。那取消治外法权的条款，也一定要费一番周折。但历史的事实完全不是这样，历史给我们的印象是：张之洞和马凯就像两个老朋友，在张之洞比较痛快地解决了一些令马凯头痛的问题以后，张之洞提出了治外法权问题，马凯没有犹豫，立刻表示赞成，报告英国政府并立刻得到批准。随后其他的国家就更加痛快地接受了这个条款。这么重大的一个问题，居然解决得如此顺利，实在令人匪夷所思。如果你不相信天上会掉馅饼，那就得承认其中必定另有奥妙。

这“奥妙”就在于：各国承诺放弃在华治外法权是有条件的。条件有二：一是中国的法律制度按照西方的标准进行改革并且“皆臻妥善”。二是中国完善与否的最终解释权、判断权在于西方各国。按照条约，且不论中国的律例及其审断办法能否按照西方各国的模式进行完善，即使有一天真的完善了，西方各国届时仍然有权利拒不承认从而不放弃治外法权。所以，西方各国虽然做出了放弃治外法权的承诺，但实际上条约对各国并没有任何

---

① 中国近代经济史资料丛刊编辑委员会：《辛丑和约订立以后的商约谈判》，中华书局 1994 年版，第 137—139 页。张制军即张之洞，梁敦彦是其幕僚和翻译。

法律的拘束力。对中国来说，西方各国的承诺只是镜中花、水中月，是不可能实现的。由于条件所限，笔者无法查到反映签订商约时各国政府对此条款真实心态的档案材料。但考虑到直到二十世纪三十年代初，南京国民政府全面建立具有近代意义的六法体系之时，西方列强仍没有放弃领事裁判权。只能说，历史已经证明：西方各国根本就没打算去践诺。

西方各国的承诺固然是“虚伪”的，那么中国方面是不是就“幼稚”地相信并因此发起了一场声势浩大的法律改革运动呢？以前就多有学者认为，清末修律起因于西方列强的许诺，清政府在得到列强的允诺后，“为帝国主义故作的姿态所迷惑，受宠若惊，充满幻想”，“随即发布了修律上谕，并建立了修订法律馆”①。但笔者却要说：“未必。”

第一，这个观点从因果关系上看是错误的，因为它颠倒了清末修律的启动与《马凯条约》签订的时间先后顺序。《马凯条约》签订于1902年9月5日，但早在1901年1月29日，慈禧在流亡的路上就发布了“变法诏”，决心表示要破锢习，更法令，取外国之长，补中国之短，为晚清的政治改革，并为随之而来的变法修律敲响了开场锣鼓。1902年3月11日，清廷发布了第一道决定修律上谕，5月13日就又发布了任命沈家本、伍廷芳为修订法律大臣的上谕。这说明早在列强的许诺之前，清政府就已经决定修律，并就修律的指导思想、机构设置、人员调配做了实际的工作。此时的中英上海谈判，正陷入僵局，中方的立场

① 徐晓光等：《清末法制变革及其历史意义》，载《社会科学辑刊》1992年第6期。

是：既然我认定你不可能放弃治外法权，那么与此相关的任何条款都不予考虑讨论。这种“守势”的立场表明：清末修律启动的时候，中方根本就没在谈判中谋求领事裁判权的收回，更谈不上受了帝国主义的“诱惑”。

第二，清政府正式的官方文件也没有明确地表明这种关系。为了启动修律，清政府曾经颁过两道谕旨。1902 年 3 月 11 日清廷发布的第一道修律上谕说，“中国律例，自汉唐以来，代有增改。我朝《大清律例》一书，折衷至当，备极精详。惟是为治之道，尤贵因时制宜，今昔情势不同，非参酌适中，不能推行尽善。况近来地利日兴，商务日广，如矿律、路律、商律等类，皆应妥议专条。著各出使大臣，查取各国通行律例，咨送外务部，并著责成袁世凯、刘坤一、张之洞，慎选熟悉中西律例者，保送数员来京，听候简派，开馆编纂，请旨审定颁行。总期切实平允，中外通行，用示通变宜民之至意”①。显然，清政府主要还是从内政的角度来谈修律的理由的。5 月 13 日，清廷又颁布了一道上谕，“现在通商交涉，事益繁多，著派沈家本、伍廷芳，将一切现行律例，按照交涉情形，参酌各国法律，悉心考订，妥为拟议。务期中外通行，有裨治理。俟修定呈览，候旨颁行”②。这两道谕旨都没有提到领事裁判权的问题。至于有人认为所谓“交涉情形”即指当时清政府与各国谈判签订通商行船条约中提出的收回领事裁判权问题③，本书认为恐怕也是“误解”，正如

① 《德宗景皇帝实录》，中华书局 1987 年版，第 536—537 页。

② 《德宗景皇帝实录》，中华书局 1987 年版，第 577 页。

③ 李贵连：《近代中国法制与法学》，北京大学出版社 2002 年版，第 139 页。

前面分析的，此时的清政府，根本就没有在谈判中提出领事裁判权问题的想法，此问题是在1902年7月的武昌会谈时首次由张之洞提出的。所谓“交涉情形”似宜作广义理解，即中国与西方各国在经贸、外交各方面的交往而非特指领事裁判权问题。

第三，就《马凯条约》第十二款而言，既然各国承诺放弃在华治外法权是有条件的，中国如果真的希望收回治外法权的话，那就应该在中外条约中对成立条件作出更详尽的规定。但翻遍《马凯条约》的19个附件，无一与此有关，随后清政府签订的中外条约中也看不到针对该条款的细则性规定。一句话，条约虽然签了，但中国似乎并不关心它的实施。条款本身不具可操作性，又没有相应的实施细则加以配套。那就只有傻子才会相信它的实现。而此时的清政府已经有了跟西方各国六十年直接“打交道”的经验，盛宣怀和张之洞都是当时中国的干才，把他们想象成“傻子”并不切合实际情形。合理的解释只能是：清政府压根儿也没真的相信靠这短短的一个条款就能收回失去了六十年的治外法权。

三、张之洞的考虑：政治意义大于实际价值

既然西方各国的承诺是虚伪的，清政府也不相信通过法律制度的改革就能收回领事裁判权，那为什么在没有朝廷授意的情况下，张之洞在中英谈判快结束的时候提出这一要求并写进了条约呢？现在看来，张之洞主要有如下考虑：

首先是为了条约的顺利签订和批准。与《辛丑条约》等以前的不平等条约不同，《马凯条约》没有类似割地赔款这样明显

的侵略性和侮辱性条款，谈判总的说来是建立在平等互利的基础上的。“比起总督们和外务部来，盛宣怀是比较愿意迎合马凯的意见的；这些意见，有些接受了（对中国）是有好处的，有的是应当拒绝的”①，但朝廷里的御史上书弹劾盛宣怀“卖国”，外务部、户部和总督们又多方牵制，使得盛宣怀根本做不了主，也不敢做主。谈判移至武昌后，张之洞魄力决断了许多事情而使谈判不至于破裂。他虽然不怕御史的弹劾，但为了让朝廷顺利批准条约，仍然必须说明：向英国人做出了那么多“让步”后，我们得到了什么？显然，单纯地述说中国会从条约中得到多少经济利益已不足以说明问题，于是民愤极大的“治外法权”问题和“教案”问题便纳入了张之洞的视野。但他深知这两个问题的复杂性和解决的艰巨性，于是就采取了条约中我们所看到的“避重就轻”、非实质性规定的手法。这就是张之洞在谈判中说的，“我也不愿使你为难”（不会让英国的利益受到实质性损害），但“您必须让他能有可以拿出来的东西”（取消治外法权的政治意义足以堵住反对签约者的嘴）。武昌会谈结束以后，张之洞马上屡电北京，要求从速批准条约，电文中除说明“此约中国毫不吃亏”外②，还特别强调了治外法权条款的政治意义，“查日本三十年前，始创修改法律管辖西人之谋，商之于英，赖英首允其议，彼国君臣从此极力明法修政，有志竟成。至今西人竟皆遵其法令，日本遂与欧美大国抗衡。依中国今日国势，马使竟允此

① 中国近代经济史资料丛刊编辑委员会：《辛丑和约订立以后的商约谈判》，中华书局1994年版，第61页。

② 苑书义、孙华峰、李秉新编：《张之洞全集》，河北人民出版社1998年版，第8849页。

条，立自强之根，壮中华之气，实为意料所不及”①。所以，张之洞提出治外法权条款，首先是为了回应对商约谈判的各种批评，以便清廷尽快签订和批准条约。

其次是为了推进国内的变法改革进程。1901 年 1 月，清政府在西安下诏变法，新政开始。但此时的慈禧太后仍心存疑虑，不愿督抚们在覆奏中言“西法”，致使初期督抚们或驻足观望不覆奏，或覆奏空洞无物。对此张之洞极为不满，屡电军机大臣鹿传霖，坚持应提“西法”，“去腊变法谕旨，海内欢欣鼓舞，咸谓中国从此有不亡之望矣……嗣闻人言内意不愿多言西法……不觉废然长叹，若果如此，变法二字，尚未对题，仍是无用，中国终归澌灭矣”。他认为，“欲救中国残局，唯有变西法一策”②。七八月间，为了推动新政的进程，由张之洞主稿，与刘坤一联衔所上《江楚会奏变法三折》，迫使慈禧于 10 月 2 日再次下诏强调变法并肯定了会奏中整顿中法、采用西法的具体措施，但改革的阻力仍然存在。所以，接着进行的中英商约谈判，中方代表便注意把条约的内容与国内的改革联系起来，希望借助国际条约的力量推进新政事宜。事实上，《马凯条约》中的一些条款，如裁撤厘卡以整顿国内税制、统一币制和度量衡、整顿律例、商标的注册与保护等，的确有利于中国的政治、经济制度走向国际化，对中国社会的发展具有进步意义。这一点，外人也意识到了。赫德就说新商约“是一个好的条约，如果列强全部接受、中国充分执

① 苑书义、孙华峰、李秉新主编：《张之洞全集》，河北人民出版社 1998 年版，第 2251 页。

② 中国人民大学清史研究所：《清史编年》（第十二卷），中国人民大学出版社 2000 年版，第 253—254 页。

行该约，其结果将会是改良”①。所以西方列强在不损害自己根本利益的情况下做出放弃领事裁判权的承诺，显然也是出于对中国改革与西化倾向的鼓励和对革新派的支持。两者结合，才破天荒地出现了这样的局面：虽然中方拒绝了英方关于内地居住权和制设海商法与商律衙门两项要求，但英方还是答应了中方的请求并做出了有条件放弃领事裁判权的承诺。

最后是为了对外宣示争取国家主权独立的愿望和要求。随着中西交往的深入，近代国际法上的国家主权观念和平等思想也为越来越多的中国人所接受。中英谈判中，盛宣怀、张之洞、刘坤一屡屡提及挽回“主权”“利权”“财权”“治权”。“利权”“财权”指的是维护国家的经济利益和国家对财政税收的控制权，“治权”指的是国家属地管辖的司法权，也就是要收回治外法权，它们实际上都是国家主权的组成部分。“尽管清政府官员谈及主权时遣词多有分歧，表明他们对这一理论的把握尚显浮浅”②，但这丝毫也掩饰不了他们国家主权意识的觉醒。在对外的意义上，主权则意味着民族独立、平等与尊严，面对着近代史上一个个丧权辱国的不平等条约，晚清仁人志士追求主权独立的愿望反而更加强烈。在中国愿意按照国际通行的规则行事的条件下，要求西方列强平等相待，放弃在华片面的治外法权，也是非常自然的。但张之洞清楚，挽回和维护国家主权，最终要靠国家力量的强大。因此，他提出这一条款，主要也是

① 卢汉超：《赫德传》，上海人民出版社1989年版，第289页。

② 张德美：《探索与抉择——晚清法律移植研究》，清华大学出版社2003年版，第158页。

基于对外宣示主权的象征意义。当然，这一象征意义还是有价值的，虽不是如张之洞所说的“立自强之根，壮中华之气”，但毕竟是中国收回领事裁判权漫长征途上的第一步，其筚路蓝缕之功，自不待言。

综上所言，单就修律以收回领事裁判权问题而言，《马凯条约》第十二款是张之洞有意制造的一面“政治盾牌”。张之洞所追求的，主要是其政治意义而非其实际价值。实际上，历史的评价也是这样。

四、历史的转变：张之洞自戳“盾牌”

恰如《清史稿》所言，自1902年中国政府决定修订法律和签订《马凯条约》以后，“自此而议律者，乃群措意于领事裁判权”，中国的法律改革就在许多人“修律以收回领事裁判权”的“幻觉”中前行。但从1907年开始，张之洞放弃了自己首倡的这一说法。在1907年9月3日的《遵旨核议新编刑事民事诉讼法折》中，张之洞详尽批驳了沈家本、伍廷芳在《进呈诉讼律拟请先行试办折》中所阐述的立法理由，其中尤其反对“修律以收回领事裁判权”说，指出：“近年与英、美、日本订立商约，彼国虽允他日弃其治外法权，然皆声明‘俟查悉中国律例情形、审断办法及一切相关事宜皆臻妥善’等语。是已失之法权，不能仅恃本法为挽救，其理甚明。所谓一切相关事宜皆臻妥善十字，包括甚广。其外貌则似指警察完备，盗风敛戢，税捐平允，民教相安等事。其实则专视国家兵力之强弱，战守之成效，以为从违。观于日本实行管束外国商民，实在光绪二十年以后，可以晓然。”① 1908 年 6 月 5 日，已经是军机大臣兼管学部的张之洞，在以学部名义覆奏新刑律草案折中又指出，“盖收回治外法权，其效力有在法律中者，其实力有在法律外者。日本改律在明治二十三年，直至明治二十七年以后，各国始允其请，是其明证”②。张之洞的意见为，第一，单纯修律本身并不能收回治外法权，中外双边条约中的相关条款是靠不住的，收回法权最终要依靠国家强大的实力；第二，日本收回治外法权的历史也证明了第一点。这两点意见，恰恰和几年前商约谈判时致电中央所表达的思想形成鲜明的对比。

张之洞态度的变化，缘于法律改革进程的变化。一般认为，清末十年的法律改革分为两个阶段。1902—1905 年为第一阶段，这个阶段的法律改革主要是删削旧律，内容和工作不出《江楚会奏变法三折》的范围；但自 1906 年 7 月清政府决定“仿行宪政”、实施“预备立宪”之后，清末的法律改革便进入第二阶段，开始向纵深发展，国家致力于建立新的法律体系、实行司法独立。由是，异议蜂起，并进而从具体法律条款的争辩发展到追究修律的目的和宗旨，形成了分别以张之洞和沈家本为首的礼法之争。鉴于沈家本在上奏新法律草案、阐述立法理由的时候，总是言必称“修律以收回领事裁判权”一说，张之洞要取得论争的胜利，首先就必须戳穿沈家本的这个理由和“盾牌”。由此可见，正是在法律改革的一系列重大原则、基本指导思想上，张之

① 吴剑杰编：《中国近代思想家文库·张之洞卷》，中国人民大学出版社 2014 年版，第 463 页。

② 高汉成主编：《〈大清新刑律〉立法资料汇编》，社会科学文献出版社 2013 年版，第 189 页。

洞和沈家本出现了不可调和的分歧，才迫使张之洞对领事裁判权问题的态度发生变化。所以在论争中，对于领事裁判权问题，除了上述两点意见外，他还总是强调第三点：退一步说，即使修律能收回领事裁判权，沈家本的草案也是不行的。对于《刑事民事诉讼法草案》，张之洞认为不切合中国的实际，单纯模仿西方的诉讼法只会使事情更坏，“在法律大臣之意，变通诉讼制度，以冀撤去治外法权，其意固亦甚善。惟是各国侨民所以不守中国法律者，半由于中国裁判之不足以服其心，半由于中国制度之不能保其自家财产。外国商民冒险远至，其本国欲尽保护之职分，不得不计其身家性命之安危。乃因各省伏莽充斥，盗贼横行，官吏虽多而不能保民；警察虽设而不能遍及，致为外人窃笑。而谓变通诉讼之法，即可就我范围，彼族能听命乎？……若果不查情势，贸然举行，而自承审官、陪审员以至律师证人等无专门学问，无公共道德，骤欲行此规模外人貌合神离之法，势必良懦冤抑，强暴纵恣，盗已起而莫惩，案久悬而不结。此臣所谓难挽法权而转滋狱讼者也”①。对于《大清新刑律》，张之洞认为完全没有必要为了收回领事裁判权而抛弃与中国纲常伦纪有关的条款，“查外人所以深诋中国法律必须改变者，约有数事：一刑讯无辜、一非刑惨酷、一拘传过多、一问官武断、一监羁凌虐、一拖累破家。果能将此数端积弊严禁，而国势实力日见强盛，然后属地主义之说可以施行，外人自不能干我裁判之权。并非必须将中国旧律精义弃置不顾，全袭外国格式文法，即可立睹收回治外法权之

---

①　吴剑杰编：《中国近代思想家文库·张之洞卷》，中国人民大学出版社2014年版，第463页。

效也"①。正是这第三点，才是张之洞真正想表达的。所以我们才可以理解，为什么礼法之争达到"肉搏"阶段时，礼教派会直指法理派坚持此说的动机，认为那不过是废弃纲常名教、一意摹仿外国的借口，"收回领事裁判权之说，道德法律不当浑而为一之说，乃说者恃以抵制纲常名教之说之坚垒也"②。"臣料宪政编查馆诸员，亦自知领事裁判权决无收回之望。各国刑律互相歧异，万无改同一律之理，不过藉此欺我皇上耳"③。

礼法之争所体现的，是两种法律改革模式的争论，本身无好与坏、保守与进步之分。在中国应该向西方学习这一点上，两者的观点是一致的。这也就是为什么他们曾经共同祭起"修律以收回领事裁判权说"这杆大旗的原因（因为那时还有真正的保守派在阻碍改革，他们面临着共同的敌人）。1902 年为了向西方学习而倡"修律以收回领事裁判权说"，1907 年为了反对法律改革中的"冒进"而倡纲常礼教这类"本土资源"（这里借用苏力先生的概念），应该视为张之洞法律思想的自然发展而非倒退。

五、小结

《辛丑条约》签订以后，在西方列强放弃了瓜分中国和推翻慈禧最高统治者的企图之后，清政府所要做的就是如何收拾国内

---

① 高汉成主编：《〈大清新刑律〉立法资料汇编》，社会科学文献出版社 2013 年版，第 189 页。

② 劳乃宣：《修正刑律草案说贴》，转引自高汉成编著：《〈大清新刑律〉立法资料补编汇要》，中国社会科学出版社 2017 年版，第 21 页。

③ 胡思敬：《奏将新律持平覆议折》，载（清）刘锦藻撰：《清朝续文献通考》，浙江古籍出版社 1988 年影印版，第 9936 页。

的残局。“欲救中国残局，唯有变西法一策”。清末十年的变法就是在这样的背景下展开的，修律作为新政的一部分，也是服从和服务于清末这一整体政治局势的。清末修律并没有自己额外的起因和目的。否则，我们难以想象，在战争刚刚过去，国内局势百废待兴的情况下，清政府会首先想到这个棘手的问题并认真加以解决。联系到张之洞 1902 年说签订了这条“立自强之根，壮中华之气”的条款，“实为意料所不及”，以及后来所言能否收回领事裁判权不在法律本身而在国家实力的强弱这句话来看，《中英续议通商行船条约》第十二款是颇可玩味的。列强的承诺当然是虚伪的，但中国政府也没有真的把它当作可以很快实现的东西。只不过对刚刚受尽屈辱的中国政府来说，它是体面的，可以就此向国人大肆炫耀其国际地位的提高，回应孙文等革命党人所谓“洋人的朝廷”的谴责。不管是张之洞，还是后来的沈家本，都把收回领事裁判权作为修律的嚆矢，目的在于用爱国主义旗帜凝聚已经涣散了的人心，统一思想以减少改革的阻力。所以我们看到，清末十年法律改革的起伏是与国内政治改革的进程同步的，而与对外如何收回领事裁判权问题无关。在分析清律法律改革的启动时，笔者不反对把领事裁判权问题作为历史背景来分析，但把它视为启动的主因或直接原因就显然是错误的。

第四章

托洋改制

——晚清刑事法律改革中的“危机论”

一、沈家本真的那么轻信吗?

众所周知，在清末修律的过程中，围绕着《刑事民事诉讼法草案》《大清刑律草案》的内容，在清朝统治集团内部曾经发生了一场较大规模的争论。其时礼法之争的两个焦点之一，就是修律与收回领事裁判权的关系，即修律的目的和宗旨是不是收回领事裁判权以及修律能不能收回领事裁判权。以沈家本、杨度为首的法理派认为，西方列强在中国拥有领事裁判权的原因，借口就是中国法律的落后和野蛮。中国只要改良法律而与各列强齐一，各列强就会按照条约自动放弃领事裁判权。因此必须采撷西法以收回领事裁判权。而以张之洞、劳乃宣为首的礼教派认为，领事裁判权能否收回，关键在于国家实力的强弱，不单单是一个法律制度能否与外国相同的问题，而且西方各列强的法律本不齐一，因此修律应该以我为主，目的应在于革除旧律的积弊，非全袭西法以讨好西方列强。

对于这场争论，目前法史学界有越来越多的人承认：尽管法理派坚持了法律变革的正确方向，但就事论事，礼教派在这一问题上的观点无疑是正确的，法理派轻信了西方列强关于变革法律即放弃领事裁判权的承诺，清末单纯修律本身并不能收回领事裁判权。这一观点无疑推进了人们对礼教派的认识和客观评价，但主要的问题不在这里。

应该指出，礼教派的首领张之洞，既是清末修律的先行者①，又是清末收回领事裁判权的实际倡导者②。在清末应该修律和应该收回领事裁判权的问题上，礼法之争的双方的意见是一致的。但是，为什么会在修律与收回领事裁判权的关系问题上产生如此大的争议呢？为什么当时张之洞能一眼就看穿的问题，沈家本他们却一再坚持、“执迷不悟”呢？难道沈家本真的如此轻信、幼稚？纵观清末修律和礼法之争的全过程，本书认为，问题没有如此简单。就法理派对这一问题的表面阐述和背后的真实目的进行剖析，个人的结论是：如同中国历史上大多数改革派“托古改制”的思路一样，收回领事裁判权问题只不过是法理派推进中国法律近代化的手段和回应反对改革者的挡箭牌，不同的只是“托洋改制”罢了。

二、“修订刑律所以为收回领事裁判权地步”：法理派收回领事裁判权问题的阐述

在清末变法修律的过程中，收回领事裁判权问题一直为法理派所“津津乐道”。就目前所见，光沈家本的奏折中（部分为与伍廷芳合奏）就有：

1. 光绪三十一年三月二十日（1905 年 4 月 24 日），沈家本等上著名的《删除律例内重法折》，这个奏折除报告奉命修订法

① 1901 年（光绪二十七年）时任湖广总督的张之洞与两江总督刘坤一上著名的《江楚会奏变法三折》，开启了清末变法修律的实际进程，随后又与袁世凯、刘坤一连衔举荐沈家本、伍廷芳为修订法律大臣。

② 正是在张之洞的主持和坚持下，才有了 1902 年《中英续议通商行船条约》（即《马凯条约》）中关于英国有条件地放弃其治外法权的承诺。

律以后所做的工作外，着重阐述了应当废除凌迟、枭首、戮尸以及缘坐、刺字等酷刑重法的理由。沈家本首先提到了领事裁判权问题："中国之重法，西人每訾为不仁。其旅居中国者皆借口于此，不受中国之约束。夫西国首重法权，随一国之疆域为界限，甲国之人侨寓乙国，即受乙国之制裁，乃独于中国不受裁制，转予我以不仁之名。此亟当幡然变计也。方今改订商约，英、美、日、葡四国，均允中国修订法律，首先收回治外法权，实变法自强之枢纽。"并且警告说："以上三事，皆中法之重者。参诸前人之论说，既多议其残苛，而考诸今日环球各国，又皆废而不用，且外人訾议中法之不仁者，亦惟此数端为最甚。此而不思变通，则欲彼之就我范围，不亦南辕而北辙乎？"①

2. 同日上《议覆江督等会奏恤刑狱折》请求禁止刑讯，被批准。到了五月，御史刘彭年奏请恢复部分被废除的刑讯，沈家本等为此上奏《核议御史刘彭年恢复刑讯折》，从收回领事裁判权的角度再次阐述禁止刑讯的理由："惟泰西各国无论各法是否俱备，无论刑事、民事大小个案均不用刑讯。此次修订法律原为收回治外法权，故齐一法制，取彼之长，补我之短，实为开办第一要义。惟中外法制之最不同者，莫如刑讯一端。"②

3. 废除刑讯的谕旨下达后，上海会审公堂拒不执行，继续刑讯。光绪三十一年九月十六日（1905 年 10 月 14 日），上奏《申明新章折》，请求朝廷重申禁止刑讯。奏折起句即为"臣等

① 李贵连编著：《沈家本年谱长编》，山东人民出版社 2010 年版，第 115—117 页。

② 李贵连编著：《沈家本年谱长编》，山东人民出版社 2010 年版，第 127 页。

奉命修订法律，本以收回治外法权为宗旨”；最后一句为“上海通商最久，观瞻所系，总期行法得人，庶将来颁布新律，可以推行无阻，而收回治外法权，其端实基于此矣”①。

4. 光绪三十二年四月初二（1906 年 4 月 25 日），沈家本等上《虚拟死罪改为流徒折》，奏折起句即为：“窃臣等奉命修订律例，参酌各国刑法，以冀收回治外法权。”同日上《进呈诉讼律拟请先行试办折》并附中国第一部《刑事民事诉讼法草案》，在阐述了应该建立陪审员制度和律师制度后指出，“以上二者，俱我法所未备，尤为挽回法权最重之端，是以一并纂入”②。

5. 光绪三十三年八月二十六日（1907 年 10 月 3 日），《大清新刑律草案》告成，沈家本上《刑律草案告成分期缮单呈览并陈修订大旨折》，阐述刑律修订理由，第一条即为领事裁判权问题。“国家既有独立体统，即有独立法权，法权向随领地以为范围。各国通例，惟君主大统领、公使之家属从官及经承认之军队、军舰，有治外法权。其余侨居本国之人民，悉遵本国法律之管辖，所谓属地主义是也。独对于我国，藉口司法制度未能完善，予领事以裁判之权。英规于前，德踵于后，日本更大开法院于祖宗发祥之地。主权日削，后患方长，此毖于时局不能不改者也”③。此折起，沈家本开始区分治外法权与领事裁判权两个概念。

---

① 李贵连编著：《沈家本年谱长编》，山东人民出版社 2010 年版，第 131—132 页。

② 李贵连编著：《沈家本年谱长编》，山东人民出版社 2010 年版，第 134—138 页。

③ 高汉成主编：《〈大清新刑律〉立法资料汇编》，社会科学文献出版社 2013 年版，第 19 页。

6. 宣统元年十二月二十三日（1910 年 2 月 2 日），按照部院督抚大臣对刑律草案的签注意见和清廷当年正月明刑弼教的修律宗旨，上奏《修正刑律草案》。第一点修正理由仍是领事裁判权问题："而处今日不宜墨守旧日之范围者，更有数端：海禁大开，商埠林立，各国商民、牧师侨居内地者，实繁有徒。治外法权之说，初本限于君主、公使、军舰、军队等项，因法律不同之故，推而齐民亦享其利，并改其名曰'领事裁判权'。同居率土之中而法权则互分彼我，同列讼庭之上而惩戒则显判重轻，损失国威，莫此为甚。今幸续订商约，英、美、日、葡等国均允于改良刑律之后，侨民悉归我审判，歃血未寒，时机讵容坐失。此鉴于国际条约之必应变通者一也。"①

除了沈家本之外，杨度、冈田朝太郎、吴廷燮、宪政编查馆大臣奕劻也在礼法之争中表达过同样的看法。综合法理派在这个问题上的观点，其思路是：片面的领事裁判权极大地危害了中国主权，因此不能不收回。而收回的办法，唯有修改中国旧律以求同于西方法律之一途。按照西方列强在条约里的承诺，只要中西法律"齐一"了，中国就一定能收回领事裁判权。因此，修订法律，应当以收回领事裁判权为目的和宗旨。即使违背中国的传统礼教纲常，那也是没有办法的事，因为修律的目的和宗旨就是收回领事裁判权。

---

① 高汉成主编：《〈大清新刑律〉立法资料汇编》，社会科学文献出版社 2013 年版，第 471 页。

三、“欺饰之计”：礼教派收回领事裁判权问题批判

法理派的上述观点，很快就遭到了礼教派的猛烈批判。张之洞在《遵旨核议新编刑事民事诉讼法折》《学部覆奏新刑律草案有妨礼教折》中，劳乃宣在《修正刑律草案说帖》《管见声明说帖》中，对此作了系统论述。综合礼教派的观点，他们反对把修律与收回领事裁判权挂钩的理由主要有：第一，收回领事裁判权问题不单纯是一个法律问题。礼教派认为，收回领事裁判权主要靠国家实力的日渐强大，而不仅仅是法律的改革。因为它不单纯是一个法律问题，“其效力有在法律中者，其实力有在法律外者”①，“其实则专视国家兵力之强弱，战守之成效，以为从违”②，“并非必须将中国旧律精义弃置不顾，全袭外国格式之法，即可立睹收回治外法权之效也”③。因此，修律的目的应当是有裨于国家治理从而使国家强盛，进而收回领事裁判权，而不是直接将收回领事裁判权作为修律的目的。第二，法律问题也不单纯是立法修律问题。礼教派认为，近年与英、美、日本订立商约，的确有他日放弃领事裁判权的承诺，但那是有前提条件的。即“俟查悉中国律例情形、审断办法及一切相关事宜皆臻妥善”等语，而“所谓一切相关事宜皆臻妥善十字，包括甚广。其外貌

① 高汉成主编：《〈大清新刑律〉立法资料汇编》，社会科学文献出版社2013年版，第189页。

② 吴剑杰编：《中国近代思想家文库·张之洞卷》，中国人民大学出版社2014年版，第463页。

③ 高汉成主编：《〈大清新刑律〉立法资料汇编》，社会科学文献出版社2013年版，第189页。

则似指警察完备，盗风敛戢，税捐平允，民教相安等事。其实则专视国家兵力之强弱，战守之成效，以为从违”①。所以，单就条约本身和西方列强的承诺而言，也是很复杂的。律例情形并非仅指新刑律，审断办法并非仅指刑事民事诉讼法，“一切相关事宜”包括的范围就更广了。绝非法礼派所言“今幸续订商约，英、美、日、葡等国，均允于改良刑律之后，侨民悉归我审判”。第三，“改同一律”并非事事相同。对于条约中的“改同一律”，礼教派认为只求大体条款相同而非所有条款一一相同。因为“罪名条款东西各国之律，本自各不相同”，既然法理派都认为“统计法系约分英、法、德三派”，那么“是同于英者未必同于法，同于法者未必同于德”。西方法律并无一个统一的版本，中国法律规定欲求和他们一一尽同是不可能的，也没有必要。礼教派还以日本明治维新时期法律改革先学法国、后学德国而仍无碍于收回领事裁判权为例，说明中国法律中不同于西方的有关纲常伦纪条款的存在，并不会妨碍领事裁判权的收回，法理派所谓的“修订法律所以为收回领事裁判权地步，刑律中有一、二条为外国人所不遵奉，即无收回裁判权之实”② 是站不住脚的。

应该指出，礼教派并非一开始就质疑收回领事裁判权问题。1905 年沈家本在《删除律例内重法折》中首先提及修律以收回领事裁判权问题，礼教派就没有提出异议。原因在于当时的改革措施，是在旧律基础上的修改，没有立法原则上的根本变化，从

---

① 吴剑杰编：《中国近代思想家文库·张之洞卷》，中国人民大学出版社 2014 年版，第 463 页。

② 李贵连编著：《沈家本年谱长编》，山东人民出版社 2010 年版，第 269 页。

而能获得普遍好评，所谓“旨下，中外称颂焉”①。但自1906年7月清政府决定“仿行宪政”、实施“预备立宪”之后，清末的法律改革便开始向纵深发展，致力于建立新的法律体系、实行司法独立。由是，异议蜂起，并进而从具体法律条款的争辩发展到追究修律的目的和宗旨。

1906年4月，新编《刑事民事诉讼法草案》由沈家本等上奏后，朝廷出于慎重，发往全国各地讨论。结果遭到了各将军督抚和都统的反对，其中尤以湖广总督张之洞的意见最有代表性。在《遵旨核议新编刑事民事诉讼法折》中，针对采撷西法修订法律以收回领事裁判权的主张，张之洞系统阐述了单纯修律收不回领事裁判权的观点。结果，草案由于“各督抚多议其窒碍，遂寝”②。1907年10月，沈家本将《大清刑律草案》上呈后，清廷分发各地要求督抚们签注意见。张之洞以军机大臣兼管学部的身份，首先对沈家本如此“不思悔改”“变本加厉”进行了全面和严厉的批判。好在张之洞比较开明，又一向赏识沈家本的才能，所以最后才“对事不对人”，没有追究沈家本坚持把修律与收回领事裁判权挂钩的动机。但随后宪政编查馆参议劳乃宣又领头出来与法理派展开大论战的时候，则直指法理派坚持此说的动机，认为那不过是废弃纲常名教、一意摹仿外国的借口，“收回领事裁判权之说，道德法律不当浑而为一之说，乃说者恃以抵制

① 高潮、马建石主编：《中国历代刑法志注释》，吉林人民出版社1994年版，第1033页。

② 高潮、马建石主编：《中国历代刑法志注释》，吉林人民出版社1994年版，第1017页。

纲常名教之说之坚垒也”①。但“新律之不可行，督抚言之，各部院大臣驳之，言路参之，即同馆之人如劳乃宣等亦起而攻之，而皆无丝毫之效，一任二三奸党抵死护持，将内外各衙门签注各条尽行驳斥”之后，礼教派痛感“此不但我朝三百年来未有之变局，亦中外古今所罕见也”②。大骂法理派为“天生无数幸灾乐祸之人”，收回领事裁判权之说为“一种荒唐鬼怪之说”，目的是用来行骗的，“臣料宪政编查馆诸员，亦自知领事裁判权决无收回之望。各国刑律互相歧异，万无改同一律之理，不过籍此欺我皇上耳”③。

四、理由：为什么说沈家本不是轻信？

今天，回顾百年前发生的这场围绕着修律与收回领事裁判权关系的争论，大概很少人会对此表示异议：历史已经证明，礼教派的观点是不无道理的。他们的“立论比沈家本等要高明”④。但主要的问题在于，是不是如一般人所认为的，沈家本轻信了西方列强的承诺呢？从上面双方争论的情况看，历史的事实恐怕不是这样。理由如下：

---

① 劳乃宣：《修正刑律草案说贴》，转引自高汉成编著：《〈大清新刑律〉立法资料补编汇要》，中国社会科学出版社 2017 年版，第 21 页。

② 高汉成主编：《〈大清新刑律〉立法资料汇编》，社会科学文献出版社 2013 年版，第 792 页。

③ （清）刘锦藻撰：《清朝续文献通考》，浙江古籍出版社 1988 年影印版，第 9935—9936 页。

④ 李贵连：《沈家本与中国法律现代化》，光明日报出版社 1989 年版，第 151 页。

（一）无法自圆其说却仍然坚持

就清末修律与收回领事裁判权的关系而言，张之洞的思路是：修律以致力于国家富强而求国家独立（收回领事裁判权），即修律—国家富强—收回领事裁判权，修律首先着眼于内政。而沈家本的思路是：当务之急是收回领事裁判权，修律要直接服务于这个目的，即修律—收回领事裁判权，修律首先着眼于外交。在“国破山河在”的局面下，哪种思路更现实、更有说服力，是一目了然的。从当时辩论的情况看也是这样，法理派对礼教派的相应批判基本上避而不谈，很少予以针对性的还击和反驳。只是一味地强调领事裁判权的危害性和修律之于收回领事裁判权的重要性，基于修律的目的和宗旨而不得不改旧律、用新律。甚至连“无夫奸”是否应该入律这样只关乎中国人自己的问题，也动辄使用“此最为外人著眼之处，如必欲增入此层，恐此律必多指摘”① 一类的话来加以反对。和后来讨论法律和道德关系时的反复辩难形成鲜明的对比，这恐怕和沈家本自觉理亏不无关系。如果我们不相信沈家本真的为了收回领事裁判权而不得不仰洋人鼻息的话，那只能理解，沈家本如此“急功近利”，“执迷不悟”，是“醉翁之意不在酒”。

（二）刻意曲解列强在条约中的承诺

稍稍阅读中英《马凯条约》第十二款，我们就能看出，事

① 张国华、李贵连编著：《沈家本年谱初编》，北京大学出版社 1989 年版，第 236 页。

情正如礼教派所说的那样，西方列强承诺放弃领事裁判权的前提条件的内容是广泛的，它应该是包括立法、行政执法、司法在内的广义的法律制度，绝非沈家本主持的修律本身能解决的问题，更不是新刑律一制定出来，就能立即收回领事裁判权。但直到1910年，沈家本还在奏折中称："今幸续订商约，英、美、日、葡等国，均允于改良刑律之后，侨民悉归我审判，歃血未寒，时机讵容坐失。"① 这就明显曲解了列强在条约中承诺的内容。笔者相信，以沈家本作为法学家的严谨，如果不是刻意和"别有用心"，怎么可能犯这样低级的错误？这种一方面强调领事裁判权的危害性，另一方面又暗示收回工作的容易性的说法，明显是一个"前拉后推"的策略。这就不能不令人生疑，修律真能收回领事裁判权吗？沈家本主持修律，真的是为了收回领事裁判权吗？

（三）国家主义理论的提出

《大清刑律草案》与当时实行的《大清律例》相比，有太多的"制度创新"，最明显的就是它摒弃了中国传统法律"礼法合一"的内在精神，造成了中国法律发展史上的一次"断裂"。对于这样一部"推倒重来"的刑律草案，单纯的修律以收回领事裁判权说已不足以抵挡反对者的批判。沈家本于是提出法律道德不当浑而为一说，严格区分了法律和道德的界限，这实际上已经

---

① 《法部、修订法律馆为修正刑律草案告成敬缮具清单折》（1910年2月2日），载高汉成主编：《〈大清新刑律〉立法资料汇编》，社会科学文献出版社2013年版，第471页。

正面否定了“明刑弼教”的传统法律宗旨和精神。等到了宪政编查馆特派员杨度代表政府到资政院作《大清刑律草案》的立法说明的时候，他更进一步，干脆提出了国家主义的立法宗旨，宣称旧律与新律在“精神上主义上”有着根本性的区别，旧律本家族主义，新律则本国家主义。所谓国家主义，“就是资产阶级‘天赋人权’、‘自由’、‘平等’的立法原则，是资产阶级的所谓个人自由平等在法律关系上的表现”①。对于礼教派批评草案废弃伦理纲常，杨度更是针锋相对，认为干得对、干得好。他说：“今馆中宜先讨论宗旨，若认为家族主义不可废，国家主义不可行，则宁废新律而用旧律，且不惟新律当废，宪政中所应废者甚多也。若以为应采国家主义，则家族主义决无并行之道。而今之新刑律实以国家主义为其精神，即宪政之精神也，必宜从原稿所订而不得以反对宪政之精神加入之。故今所先决者，用国家主义乎，用家族主义乎，一言可以定之，无须多辩也。”② 这表明，法理派并非真诚地相信修律就能收回领事裁判权，他们所关心的，是一个以《大清刑律》为核心的全新的近代化法律体系

① 张国华总主编：《中国法律思想通史》（四），山西人民出版社2001年版，第133页。

② 杨度：《论国家主义与家族主义之区别》（《帝国日报》1910年12月5日），载刘清波主编：《杨度集》，湖南人民出版社2008年版，第532页。杨度的讲话，很容易让人联想到刘廷琛的话：“臣今请定国是者，不论新律可行不可行，先论礼教可废不可，礼教可废则新律可，礼教不可废则新律必不可尽行，兴废之理一言可决。”（故宫博物院明清档案部编：《清末筹备立宪档案史料》，中华书局1979年版，第888页。）双方如此势不两立，可谓犯了同样的错误。这哪里是在替中国人民修律，简直就像书生坐而论道。激进与保守，偏于两级，百年中国近代史，多坏于此。

的建构。

（四）《大清刑律草案》的相关规定

按照沈家本的意见，《大清新刑律》的制定是直接服务于收回领事裁判权这一目的的。但草案一出台，中央部院、地方督抚等许多签注就对草案的相关规定是否有利于收回领事裁判权提出了质疑。如草案总则第2条“凡本律，不问何人，于在中国内犯罪者适用之”。第8条“第二条第三条及第五条至前条之规定，如国际上有特别条约、法规或惯例，仍从条约、法规或惯例办理”。草案第2条规定贯彻了刑法的属地主义原则，草案在立法理由部分认为本条对外国人的适用范围为：“第一、无国籍之外国人；第二、无特别条约之外国人；第三、条约改正后之外国人。”① 同时草案第8条对属地主义作了限制，在国内法上实际上承认了领事裁判权的存在。河南巡抚签注第2条意见认为，如此规定则收回领事裁判权仍是一句空话。“如理由内揭示之三项，则此条仍属具文。盖修改刑律应以撤去领事裁判权为惟一之目的，中英、中日等条约载明‘中国深欲整顿本国法律，以期与各国刑法改同一律，一俟妥善，即允弃其治外法权’。其治外法权即指领事裁判权而言，今乘修改之际，必万汇群智互相讨论，以臻妥善而期必撤不合作延宕之笔、希望之词。日本改良法律，虽与各国订约议定五年后裁撤，然亦止形诸约文，未尝载诸律本。

---

① 1907年《大清刑律草案》（附总说、沿革、理由及注意）第2条至第8条，载高汉成主编：《〈大清新刑律〉立法资料汇编》，社会科学文献出版社2013年版，第26—31页。

而第八条又谓如国际有特别条约、法规或惯例，仍从条约、法规或惯例办理，直承认其永远享有领事裁判权，尤欠斟酌。拟请更订此条，将第八条删去，并理由亦不必赘列三项，致受人以柄”①。两广总督签注第 8 条也反对予国际惯例以优先权。“更定刑律，本为收回治外法权起见。释文谓因国际条约而限制刑法全体效力者，即领事裁判权是。然则今日所注重，以收回领事裁判之权为第一要义也。今本条谓如国际上有特别条约、法规或惯例，仍从条约、法规或惯例办理。夫特别条约转为国际而设，自不能不按约处断。若惯例则所包者广，凡有办过旧案，几无一不可成为惯例矣。释文谓暂准各国领事有裁判权系不得已办法，并非常制，不知我以为非常制者难免他人不指为惯例。即此两字恐生无数葛藤，安能事事磋商，辩其为是惯非惯？倘执此条争论，则全部刑律将成虚设，所关非细，似宜再酌。”②

从国内法与国际法的关系角度出发，邮传部签注也对草案第 8 条关于优先适用国际法之特别条约、法规或惯例的规定表达了强烈的异议，“本条规定，在立案者本意，系为防止本律与国际法之冲突而设。不知刑法与国际法本自截然两物，各有独立性质，牵此入彼，实为大谬。故照国际普通法，外国主权者、代表者均不受内国刑罚制裁，然各国不以此种条文加入刑法，即如日本新颁刑法。观此，则本条之设，不诚为多事乎？且以国际条约

---

① 河南签注清单，载高汉成主编：《〈大清新刑律〉立法资料汇编》，社会科学文献出版社 2013 年版，第 384—385 页。依据 1910 年《刑律草案签注》原本有更订。

② 两广签注清单，载高汉成主编：《〈大清新刑律〉立法资料汇编》，社会科学文献出版社 2013 年版，第 225 页。

与法规、惯例并举，在学理上亦有未妥。夫国际上舍条约、惯例即无所谓法规，盖条约惯例为国际法之大源故也。不宁惟是，此条若作为正文颁出，与中国国权体面大有损伤，何则？领事裁判、混合裁判等特别条约，只成为国际条约上之权利，与内国法律上之权利，固自有间。若为内国法律付与之权利，则不因开战而消灭，若仅为条约上之权利，则开战时可以失效，今将变条约上之权利而以刑律规定之，与我国所损滋多，是亦不可以已乎？至于惯例两字，尤属荒谬。此条为各国所无之条文，流弊甚大，非削去不可”①。可以看出，邮传部对于国际法的了解，远在法律修订馆之上。

即使从今天的眼光看，草案此两条规定确实有欠斟酌，有在国内法上自丧其国家主权和尊严的嫌疑和危险。似乎这个问题在草案编拟之初就有人提了出来，但草案编纂者不以为然，这导致了第2条实际上仍然是具文，而且在国内法上予以承认。对于不平等条约，草案居然认为神圣，“第一项虽不问何人，然国际公法之原则至尊，为神圣不可犯侵，则刑律不能一律适用，自不待言。又国际公法之原则，有治外法权之人不能适用本律，如第六条所定者是”②。河南巡抚签注认为，新刑律的目的就是收回领事裁判权，如果在新刑律中明白承认领事裁判权的存在，那修律

① 邮传部签注清单，载高汉成主编：《〈大清新刑律〉立法资料汇编》，社会科学文献出版社2013年版，第416页。依据1910年《刑律草案签注》原本有更订。

② 1907年《大清刑律草案》（附总说、沿革、理由及注意）第2条注意，载高汉成主编：《〈大清新刑律〉立法资料汇编》，社会科学文献出版社2013年版，第27页。

何益？领事裁判权是西方以强权用国际条约的形式取得的，是一个事实存在，但不能在国内法上予以承认。但最后这个意见并没有被采纳，相反修订法律馆认为河南签注“故作背驰之论，系属有意吹求，应请毋容置议”①。修正案第8条改“特别条约、法规或惯例”为“特别成例”，但无实质内容的变化。虽提到了邮传部的签注，但未采纳其删去此条的意见，反而予以批驳，认为“邮传部签注以为舍条约惯例即无法规，悉属错误”，“本条即为声明此项限制而设，并非牵国际法入于刑律之内”，“今特定此例于国权国体并无损伤也”②。《大清刑律》第8条只做了文字上的修饰，导致就法律上而言对外国人的管辖仍是一纸空文。在当时已经能够区分治外法权（即今日的外交特权和豁免权）和领事裁判权之不同的情况下，草案仍然在国内法上承认了领事裁判权的存在，这的确和沈家本一再宣传的修律以收回领事裁判权的说法大相矛盾，由于沈家本在草案中没有就此问题作进一步的解释，今天我们无法揣测他老人家在这个问题上是怎么想的。这也使我们怀疑，沈家本主持清末修律，真的如他自己所言，是要收回领事裁判权吗？

（五）评价的二律背反

对于在这场争论中法理派的表现，目前一般意见是两分法的，即一方面认为法理派轻信了西方列强关于修律就放弃领事裁判权的承诺，但同时又肯定他们修律的做法，认为根本的问题在

① 修订法律馆编：《修正刑律案语》（1910年），国家图书馆藏。

② 修订法律馆编：《修正刑律案语》（1910年），国家图书馆藏。

于法理派代表着变法修律的正确方向。这种二律背反的评价，本书认为是值得讨论的。一般说来，行为目的的实现与否，与行为评价本身有直接的相关性。如果我们真的认为沈家本轻信了西方列强的承诺，把收回领事裁判权作为修律的直接目的，那么这一目的没有实现，应该会影响对他主持修律的评价。但现在我们看到，对清末修律的评价中，并没有人提到这种影响。专为迎合洋人而制定的法律，我们却说它推进了中国法律的进步，这是不可思议的。一个合理的解释是，收回领事裁判权并不是沈家本主持修律的真实目的，其真实的目的就是“专以折冲樽俎、模范列强为宗旨”①，废弃传统的儒家化法律，全面推进清朝法律的近代化。只有这样，关于清末修的目的、结果、评价三者才能吻合。

五、小结

光绪二十六年十二月初十（1901 年 1 月 29 日），清政府在西安下诏变法，新政开始。这道在流亡路上的变法诏，除奢谈变法、痛詈康梁外，并无任何变法的具体措施。甚至到了任命沈家本、伍廷芳主持修律的时候，也只有“将一切现行律例，按照交涉情形，参酌各国法律，细心考订，妥为拟议，务期中外通行，

---

① 《修订法律大臣沈家本等奏请编订现行刑律以立推行新律基础折》（光绪三十四年正月二十九日），“方今瀛海交通，俨同比伍，权力稍有参差，强弱因之立判，职是之故，举凡政令、学术、兵制、商务，几有日趋于同一之势，是以臣家本上年进呈刑律，专以折冲樽俎、模范列强为宗旨”。参见怀效锋主编：《清末法制变革史料》（下卷），中国政法大学出版社 2010 年版，第 57 页。

有裨治理”① 一类很原则的话。沈家本他们虽然已经明确可以向西方学习，“祖宗之法可变”，但到底怎么变、变到什么程度，心里其实是没有把握的。而且向西方学习，是很容易被视为“崇洋媚外”而招致政治上的攻击的。所以直到1905年，修订法律馆翻译各国法律已经完成差不多了，“而该馆员佥谓，宗旨不定，则编纂无从措手”。既然必须为清末修律寻找一个冠冕堂皇的理由，那收回领事裁判权这一爱国主义主题无疑是最好的。因为在中国历史中，爱国主义是唯一可以超越阶级、党派利益而“团结一切可以团结的人”的办法。

但这显然不是法理派的真实目的。从后来沈家本大谈特谈法律和道德是两回事，两者应该截然分开来看，其矛头所对的正是“礼法合一”的儒家化法律传统和“明刑弼教”的法律理念，这表明他已认同西方近代的法律精神和理念。杨度则直揭国家主义的立法宗旨，公开与儒家化法律分庭抗礼。吴廷燮则直斥法律礼教是中国衰亡的原因，“守今之所谓法律礼教，实不足以存中国也，且以速亡也”②。所有这些表明，他们的真实目的，只不过

① 《著派沈家本、伍廷芳修订律例谕》（光绪二十八年四月初六），载高汉成主编：《〈大清新刑律〉立法资料汇编》，社会科学文献出版社2013年版，第3页。

② 《吴参议守今之法律不足存中国说》，载《刑律平议汇编》，宣统年间刻本。吴廷燮时为负责核定《修订刑律草案》的宪政编查馆编制局局长，其曾在张之洞死后撰文三篇，“痛陈空谈礼教之祸”。《汪荣宝日记》记载：“吴向之方核改《现行［刑］律草案》，因痛陈旧律之万不可用，谓若欲以此保存礼教，则唐宋元明何以亡国。余戏言，公论诚新奇可喜，若使文襄有知，必将与公为难。刘仲老因言，八月以前，似不闻公有此论。向之甚窘。”（韩策、崔学森整理：《汪荣宝日记》，中华书局2013年版，第84页。）吴向之即吴廷燮，文襄即张之洞，刘仲老即刘若增。

是要用西方近代的法律精神和理念来重构中国的法律体系。主持修律的法理派也认识到了单纯修律本身并不能收回领事裁判权，但在礼教文化占主流地位而法理派本身又不敢正面否定礼教文化价值的情况下，要推进中国法律的近代化，只好拿收回领事裁判权作为推进中国法律近代化的手段和回应反对派的挡箭牌。因此，在清末修律与收回领事裁判权的关系中，收回领事裁判权是手段，法律的近代化是目的。清末的法律改革，如同中国历史上许多改革“托古改制”的思维模式一样，只不过是“托洋改制”罢了。

否定沈家本主持修律以收回领事裁判权为目的，绝没有贬低沈家本爱国主义思想的意思。笔者也真诚地相信，沈家本以年逾花甲之身，不避风雨，致力于中国法律的近代化，其最终目的就是国家的独立（收回领事裁判权）和富强。但这和直接以收回领事裁判权为目的是两码事。而且如果真的认为沈家本主持修律是以收回领事裁判权为目的，那他动辄使用“此最为外人著眼之处，如必欲增入此层，恐此律必多指摘”的话①，就难逃“崇洋媚外”“仰洋人鼻息”的指责。这岂不应了劳乃宣的话：“畏外国人指摘，独不畏中国人指摘乎？……且中国自定法律，何以畏外国人指摘乎？”② 只有把收回领事裁判权作为推进法律近代化

① （清）沈家本：《沈大臣酌拟办法说帖》，载劳乃宣编：《新刑律修正案汇录》（台湾文海出版社《近代中国史料丛刊》第36辑影印本《桐乡劳先生（乃宣）遗稿》）。

② 劳乃宣：《声明管见说帖》，载劳乃宣编：《新刑律修正案汇录》（台湾文海出版社《近代中国史料丛刊》第36辑影印本《桐乡劳先生（乃宣）遗稿》）。

的手段，我们才能明白，在一个具有浓厚“传统崇拜”文化意识的国度里，一个老者如何用心良苦地推动着它的进步。沈家本是一个真正的爱国者。

余　论

长期以来，对于晚清法律改革中发生的礼法之争，常被视为新旧主义之争，这大概只反映了部分历史的真相。实际上，即使在当时，何者为新、何者为旧，也完全没有一个清晰的界限，相反，新中有旧、旧中有新、新旧杂陈却是常态。如 27 份大清刑律草案签注，没有一份主张固守《大清律例》，全都赞成废酷刑、废刑讯以及整顿改良监狱等司法改革；对于新刑律草案废弃传统五刑制度、十恶制度、八议制度、良贱满汉有别制度等，也完全听不到异议的声音；对于许多从西方引进的新制度规定，许多签注都表示了理解和赞同；对新刑律草案的异议，有许多签注是依据外国法律尤其是日本刑法展开的，这说明签注人对西方近代法律知识已经有了相当的了解。决定对《大清律例》修订本身就是引进西方法律的过程，这一点一般意见是清楚的，“于名教纲常礼义廉耻之重，仍以中律为主。其余中律所未完备者，参用洋律。为交涉事件等项，罪名不妨纯用洋律，庶风土人情各得相宜矣”①。所以，以张之洞、劳乃宣为代表的所谓“礼教派”并不顽固，他们懂得取西方之长补中国之短的道理。但对传统法律中极为成熟和发达的刑法典，他们则当仁不让，对基本也是移植和照搬西方法律的刑律草案进行了激烈的批评。这一方面展示了他们对中国传统刑法文化的自信，希望借此能有和西方法律文化平等对话的机会；另一方面他们也担心，如果连这“最拿手”的东西都没有和西方平等对话的资格和机会，那中国传统法律文化还有何存在的价值？斟酌、融合中西岂不成了一句空话？这说

① 都察院奏折，参见宪政编查馆编：《刑律草案签注》（第 4 册），1910 年油印本。

明，以1907年《大清新刑律草案》的出台为标志，沈家本掀起了一场法律领域的“思想革命”。礼法之争虽然有着浓厚的主义之争的底色，但通过对签注的分析，可知基本面不是中西、新旧之争，而是“改良还是革命”的主义之争。

自近代以来，西方文化与中国传统文化的紧张问题就一直是导致中外冲突和国内重大事变的一大根源，问题的解决之道也一直让“历史的创造者”煞费苦心。从学习西方“船坚炮利”的“师夷长技以制夷”到洋务运动的“求强求富”，从追求大变、全变的“百日维新”到稍后的清末新政，解决之道大致不出“中体西用”的范畴，而西用的概念（西用、西器、西学）从兵器、军工、经济等物质的层面一直延伸到官制、法律、宪政等制度层面，中体的概念（中体、儒道、中学）则从“文物制度”一直缩小为纲常之道。这说明，在五四新文化运动发动“思想革命”彻底反传统之前，在物质、制度、精神三个层面上，中国“历史的创造者”试图通过不断重新解释和划定“中体”“西用”的范围和界限来解决它们之间的紧张。趋势是“西用”的内涵和外延不断扩大而“中体”的内涵和外延不断缩小，最后退守到精神领地以安身立命。因此，就清末修律时的情形而言，一方面，经过八国联军战争后的惩处祸首、清政府决定新政和预备立宪，拒绝向西方学习的顽固派势力基本扫荡已尽，中国向西方学习已经进入了涵盖政治制度在内的全面阶段，向西方学习、进行改革已经成了解决中国问题的主要思路和方法，所谓“欲救中国残局，唯有变西法一策”①；另一方面，“中体西用”仍然是国人

① 《致西安鹿尚书》，载苑书义、孙华峰、李秉新主编：《张之洞全集》（第十册），河北人民出版社1998年版，第8526页。

面对中西文化交融所采取的基本价值判断和解决方略，视向西方学习只具有方法论的意义，而不具有独立的终极价值。纲常之道作为中国文化最核心的内容，仍然被主流思想所信奉。既要向西方学习以变革中国，又要维护和不悖于中国的伦理道德，“折衷各国大同之良规，……而仍不戾乎我国历世相沿之礼教民情”①是当时的普遍追求。而《大清刑律草案》以西方近代法律理论、法律原则和法律制度为基础，试图在宗法伦理观念、法律与道德的关系、量刑原则三方面对《大清律例》进行重大变革，从而与当时社会的主流价值观念直接冲突，引发了绵延的礼法之争。本应是思想界讨论的问题，却出现在了立法实务领域，这既表明了中国近代社会变革之剧烈，同时也表明了没有法律思想启蒙为先导的立法领域的冒进。在辛亥革命政治上推翻封建王朝、五四新文化运动思想上“打倒孔家店”之前，1907 年刑律草案期望通过修律来否定居于统治地位的儒家主流价值观，显然属于法律演变步伐上的过量超前。这既与中国自身的状况相脱节，也不符合法律自身的演进规律，是一次有着严重缺陷的立法实践。

① 《沈家本奏为刑律分则草案告成缮具清单折》，载《钦定大清刑律》卷前奏折，宣统年间刻本。

附　录

《中外旧约章》关于管辖来华外国人相关规定汇编（1843—1912）

编者按：领事裁判权制度作为中国近代条约制度的三大支柱之一，在晚清中国与世界各国所签订的大量条约中，有着广泛而细致的规定，亦是本课题研究对象的制度性基础，有必要对此作一系统性梳理。从历史上看，这一制度的发展有一个渐进演化的历史过程，为了更好地呈现这一过程，现将《中外旧约章》中关于所有管辖来华外国人的相关规定一并展示。摘要汇编工作主要依据的文本如下：

1. 王铁崖编：《中外旧约章汇编》，生活·读书·新知三联书店 1957 年版；

2. 王铁崖编：《中外旧约章汇编》，上海财经大学出版社 2019 年版；

3. 陈帼培主编：《中外旧约章大全》第一分卷（1689—1902 年），中国海关出版社 2004 年版；

4. 海关总署《中外旧约章大全》编纂委员会：《中外旧约章大全》第二分卷（1903—1919 年），中国海关出版社 2007 年版。

一、《五口通商附粘善后条款》（1843 年中英）

第六条 广州等五港口英商或常川居住，或不时来往，均不可妄到乡间任意游行，更不可远入内地贸易，中华地方官应与英国管事官各就地方民情地势，议定界址，不许逾越，以期永久彼此相安。凡系水手及船上人等，俟管事官与地方官先行立定禁约之后，方准上岸。倘有英人违背此条禁约，擅到内地远游者，不论系何品级，即听该地方民人捉拏，交英国管事官依情处罪，但该民人等不得擅自殴打伤害，致伤和好。注 2：本款英文本无“但该民人等不得擅自殴打和好”一句。

第十条 凡通商五港口，必有英国官船一只在彼湾泊，以便将各货船上水手严行约束，该管事官亦即藉以约束英商及属国商人。其官船之水手人等悉听驻船英官约束，所有议定不许进内地远游之章程，官船水手及货船水手一体奉行。其官船将去之时，必另有一只接代，该港口之管事官或领事官必先具报中国地方官，以免生疑；凡有此等接代官船到中国时，中国兵船不得拦阻，至于英国官船既不载货，又不贸易，自可免纳船钞，前已于贸易章程第十四条内议明在案。

二、《五口通商章程：海关税则》（1843 年中英）

第十二条 设立属员约束水手一款 英国货船湾泊处所，由管事官分设妥善属员一员，就近约束水手人等，先须竭力禁止英稍免致与内地民人词讼争论为要。倘不幸遇有此等事件，英国属员即应竭力设法解释。若英国水手上岸，属员必须派船内伙长一名，伴同行走，倘有吵闹争论等事，俱惟该伙长是问。凡系船中水手应用衣食等物，内地官员不得拦阻小民傍船买卖。

第十三条 英人华民交涉词讼一款 凡英商禀告华民者，必先赴管事官处投禀，候管事官先行查察谁是谁非，勉力劝息，使不成讼。间有华民赴英官处控告英人者，管事官均应听诉，一例劝息，免致小事酿成大案。其英商欲行投禀大宪，均应由管事官投递，禀内倘有不合之语，管事官即驳斥另换，不为代递。倘遇有交涉词讼，管事官不能劝息，又不能将就，即移请华官公同查明其事，既得实情，即为秉公定断，免滋诉端。其英人如何科罪，由英国议定章程、法律发给管事官照办。华民如何科罪，应治以中国之法，均应照前在江南原定善后条款办理。

三、《五口贸易章程：海关税则》（1844 年中美）

第三条　嗣后合众国民人，俱准其挈带家眷，赴广州、福州、厦门、宁波、上海共五港口居住贸易，其五港口之船只，装载货物，互相往来，俱听其便。但五港口外，不得有一船驶入别港擅自游弋，又不得与沿海奸民私相交易。如有违犯此条禁令者，应按现定条例，将船只、货物俱归中国入官。

第四条　合众国民人既准赴五港口贸易，应须各设领事等官管理本国民人事宜；中国地方官应加款接；遇有交涉事件，或公文往来，或会晤面商，务须尔得其平。如地方官有欺藐该领事各官等情，准该领事等将委曲申诉中国大宪，秉公查办；但该领事等官亦不得率意任性致与中国官民动多抵牾。

第二十一条　嗣后中国民人与合众国民人有争议、词讼、交涉事件，中国民人由中国地方官捉拏审讯，照中国例治罪；合众国民人由领事等官捉拏审讯，照本国例治罪；但须尔得其平，秉公断结，不得各存偏护，致启争端。

第二十二条　合众国现与中国订明和好，五处港口听其船只往来贸易。倘日后另有别国与中国不和，中国止应禁阻不和之国不准来五口交易，其合众国人自往别国贸易，或贩运其国之货物前来五口，中国应认明合众国旗号，便准入港；惟合众国商船不得私带别国一兵进口，及听受别国商人贿嘱，换给旗号，代为运货入口贸易；倘有犯此禁令，听中国查出拿办。

四、《五口贸易章程：海关税则》（1844 年中法）

第二十七款　凡有佛兰西人与中国人争闹事件，或遇有争斗中，或一、二人及多人不等，被火器及别器械殴伤致毙，系中国人，由中国官严拿审明，照中国例治罪，系佛兰西人，由领事官设法拘拿，迅速讯明，照佛兰西例治罪，其应如何治罪之处，将来佛兰西议定例款。如有别样情形在本款未经分晰者，俱照此办理，因所定之例，佛兰西人在五口地方如有犯大小等罪，均照佛兰西例办理。

第二十八款　佛兰西人在五口地方，如有不协争执事件，均归佛兰西官办理。遇有佛兰西人与外国人有争执情事，中国官不必过问。至佛兰西船在五口地方，中国官亦不为经理，均归佛兰西官及该船主自行料理。

五、《五口贸易章程：海关税则》（1847 年中国与瑞、挪）

第二十一条　嗣后中国民人与瑞典国、挪威国等民人有争斗、词讼、交涉事件，中国民人由中国地方官捉拿审讯，照中国例治罪；瑞典国、挪威国等民人由领事等官捉拿审讯，照本国例治罪；但须两得其平，秉公断结，不得各存偏护，致启争端。

第二十二条　瑞典国、挪威国等现与中国订明和好，五处港口听其船只往来贸易，倘日后另有别国与中国不和，中国止应禁阻不和之国不准来五口交易，其瑞典国、挪威国等人自往别国贸易，或贩运其国之货物前来五口，中国应认明瑞典国、挪威国等旗号，便准入港；惟瑞典国、挪威国等商船不得私带别国一兵进口，及听受别国商人贿嘱，换给旗号，代为运货入口贸易；倘有犯此禁令，听中国查出拿办。

第二十四条　瑞典国、挪威国等民人因有要事向中国地方官辩诉，先禀明领事等官，查明禀内字句明顺、事在情理者，即为转行地方官查办。中国商民因有要事向领事等官辩诉，先禀明地方官，查明禀内字句明顺、事在情理者，即为转行领事等官查办。倘遇有中国人与瑞典国、挪威国等人因事相争，不能以和平调处者，即须三国官员察明，公议查夺。

第二十五条　瑞典国、挪威国等民人在中国各港口，自因财产涉讼，由本国领事等官讯明办理；若瑞典国、挪威国等民人在中国与别国贸易之人因事争论者，应听两造查照各本国所立条约办理，中国官员均不得过问。

第二十六条　瑞典国、挪威国等贸易船只进中国五港口湾泊，仍归各领事等官督同船主人等经管，中国无从统辖。倘遇有外洋别国凌害瑞典国、挪威国等贸易民人，中国不能代为报复。若瑞典国、挪威国等商船在中国辖内洋被盗抢劫者，中国地方文武官一经闻报，即须严拿强盗，照例治罪，起获原赃，无论多少，均交近地领事等官，全付本人收回；但中国地广人稠，万一正盗不能缉获，或有盗无赃，及起赃不全，中国地方官例有处分，不能赔还赃物。

六、《天津条约》（1858年中俄）

（脚注）①：本条俄文本最后另有下述几句：“俄语人获罪，应照俄语律例科罚。中国所属之人有与俄语人因人命、产业、伤害等事获罪者，应照中国律例科罚。俄国人在中国内地犯法，应审讯治罪者，解送俄国边界地方或俄国办事官员驻扎海口办理。”

七、《天津条约》(1858 年中美)

第十一款 大合众国民人在中华安分贸易办事者，当与中国人一体和好友爱，地方官必时加保护，务使身家一切安全，不使受欺辱骚扰等事。倘其屋宇、产业有被内地不法匪徒逞凶恐吓、焚毁侵害，一经领事官报明，地方官立当派拨兵役弹压驱逐，并将匪徒查拿，按律重办。倘华民与大合众国人有争斗、词讼等案，华民归中国官按律治罪；大合众国人，无论在岸上、海面，与华民欺侮骚扰、毁坏物件、殴伤损害一切非礼不合情事，应归领事等官按本国例惩办。至捉拿犯人以备质讯，或由本地方官，或由大合众国官，均无不可。

第十四款 大合众国民人，嗣后均准挈眷赴广东之广州、潮州，福建之厦门、福州、台湾，浙江之宁波，江苏之上海，并嗣后与大合众国或他国定立条约准开各港口市镇；在彼居住贸易，任其船只装载货物，于以上所立各港互相往来；但该船只不得驶赴沿海口岸及未开各港，私行违法贸易。如有犯此禁令者，应将船只，货物充公，归中国入官；其有走私漏税或携带各项违禁货物至中国者，听中国地方官自行办理治罪，大合众国官民均不得稍有袒护。若别国船只冒大合众国旗号作不法贸易者，大合众国自应设法禁止。

八、《天津条约》(1858 年中英)

第三款 大英钦差各等大员及各眷属可在京师，或长行居住，或能随时往来，总候奉本国谕旨遵行；英国自主之邦与中国平等，大英钦差大臣作为代国秉权大员，觐大清皇上时，遇有碍于国体之礼，是不可行。惟大英君主每有派员前往泰西各与国拜国主之礼，亦拜大清皇上，以昭划一肃敬。至在京师租赁地基或房屋，作为大臣等员公馆，大清官员亦宜协同襄办。雇觅夫役，亦随其意，毫无阻拦。待大英钦差公馆眷属、随员人等，或有越礼欺藐等情弊，该犯由地方官从严惩办。

第八款　耶稣圣教暨天主教原系为善之道，待人如己。自后凡有传授习学者，一体保护，其安分无过，中国官毫不得刻待禁阻。

第九款　英国民人准听持照前往内地各处游历、通商，执照由领事官发给，由地方官盖印。经过地方，如饬交出执照，应可随时呈验，无讹放行；雇船、雇人，装运行李、货物，不得拦阻。如其无照，其中或有讹误，以及有不法情事，就近送交领事官惩办，沿途止可拘禁，不可凌虐。如通商各口有出外游玩者，地在百里，期在三五日内，毋庸请照。惟水手、船上人等，不在此列，应由地方官会同领事官，另定章程，妥为弹压。惟于江宁等处，有贼处所，俟城池克复之后，再行给照。

第十款　长江一带各口，英商船只俱可通商。惟现在江上下游均有贼匪，除镇江一年后立口通商外，其余俟地方平靖，大英钦差大臣与大清特派之大学士尚书会议，准将自汉口溯流至海各地，选择不逾三口，准为英船出进货物通商之区。

第十一款　广州、福州、厦门、宁波、上海五处，已有江宁条约旧准通商外，即在牛庄、登州、台湾、潮州、琼州等府城口，嗣后皆准英商亦可任意与无论何人买卖，船货随时往来。至于听便居住，赁房买屋，租地起造礼拜堂、医院、坟茔等事，并另有取益防损诸节，悉照已通商五口无异。

第十五款　英国属民相涉案件，不论人、产，皆归英官查办。

第十六款　英国民人有犯事者，皆由英国惩办。中国人欺凌扰害英民，皆由中国地方官自行惩办。两国交涉事件，彼此均须会同公平审断，以昭允当。

第十七款　凡英国民人控告中国民人事件，应先赴领事官衙门投禀。领事官即当查明根由，先行劝息，使不成讼。中国民人有赴领事官告英国民人者，领事官亦应一体劝息。间有不能劝息者，即由中国地方官与领事官会同审办，公平讯断。

第四十七款　英商船只独在约内准开通商各口贸易。如到别处沿海地方私做买卖，即将船、货一并入官。

九、《天津条约》（1858 年中法）

第六款　中国多添数港，准令通商，屡试屡验，实为近时切要。因此议定，将广东之琼州、潮州，福建之台湾、淡水，山东之登州，江南之江宁六口，与通商之广东、福州、厦门、宁波、上海五口准令通市无异。其江宁俟官兵将匪徒剿灭后，大法国官员方准本国人领执照前往通商。

第二十九款　大法国皇上任凭派拨兵船在通商各口地方停泊，弹压商民水手，俾领事得有威权。将来兵船人等皆有束约，不许滋事生端，即责成该兵船主饬令遵守第三十三款各船与陆地交涉及钤制水手之条例办理。至兵船议明约定，不纳各项钞饷。

第三十二款　凡大法国商船、兵船水手人等逃亡，领事官及船主知会地方官，实力查拿，解送领事官及船主收领。倘有中国人役负罪逃入大法国寓所或商船隐匿，地方官照会领事官，查明罪由，即设法拘送中国官；彼此均不得稍有庇匿。

第三十三款　水手登岸，须遵约束规条，所有应行规条，领事官议定，照会地方官查照，以防该水手与内地民人滋事争端。

第三十五款 凡大法国人有怀怨挟嫌中国人者，应先呈明领事官，覆加详核，竭力调停。如有中国人怀怨大法国人者，领事官亦虚心详核，为之调停。倘遇有争讼，领事官不能为之调停，即移请中国官协力办理，查核明白秉公完结。

第三十八款 凡有大法国人与中国人争闹事件，或遇有争斗中，或一、二人及多人不等，被火器及别器殴伤致毙者，系中国人，由中国官严拿审明，照中国例治罪，系大法国人，由领事官设法拘拿，迅速讯明，照大法国例治罪，其应如何治罪之处，将来大法国设定例款。如有别样情形在本款未经分晰者，俱照此办理，因所定之例，大法国人在各口地方如有犯大小等罪，均照大法国办理。

第三十九款 大法国人在通商各口地方，如有不协争执事件，均归大法国官办理。遇有大法国人与外国人有争执情事，中国官不必过问。至大法国船在通商各口地方，中国官亦不为经理，均归大法国官及该船主自行料理。

十、《塔尔巴哈台议定赔偿条约》（1858 年中俄）

第一条 查从前议定十七条章程内载，凡有人命重案，即照恰克图现办章程办理。此次烧毁买卖圈子人犯，中国已照从前章程拟结，以符定制。

十一、《通商章程善后条约：海关税则》（1858 年中英）

第五款 向来洋药、铜钱、米谷、豆石、硝磺、白铅等物，例皆不准通商，现定稍宽其禁，听商遵行纳税贸易。

洋药准其进口，议定每百斤纳税银叁拾两，惟该商止准在口销卖，一经离口，即属中国货物；只准华商运入内地，外国商人不得护送。即天津条约第九条所载英民持照前往内地通商，并二十八条所载内地关税之例，与洋药无涉。其如何征税，听凭中国办理，嗣后遇修改税则，仍不得按照别定货税。

又铜钱不准运出外国；惟通商中国各口，准其以此口运至彼口，照现定章程遵行；该商赴关报明数目若干，运往何口，或令本商及同商二人联名具呈保单，抑或听监督饬令另交结实信据，方准给照。别口监督于执照上注明收到字样，加盖印信，从给照之日起限六个月缴回验销，若过期不缴销执照，即按其钱货原本，照数罚缴入官。其进、出口，均免纳税；至船载无论浅满，均纳船钞。

又凡米谷等粮，不拘内、外土产，不分由何处进口者，皆不准运出外国；惟英商欲运往中国通商别口，则照铜钱一律办理，出口时照依税则纳税，其进口毋庸纳税。至船载无论浅满，均遵纳船钞。

又豆石、豆饼在登州、牛庄两口者，英国商船不准装载出口。其余各口，该商照税则纳税，仍可带运出口及外国俱可。

又硝磺、白铅均为军前要物，应由华官自行采办进口，或由华商特奉准买明文，方准进口。该关未能查明该商实奉准买，定不发单起货。此三项止准英国商人于通商海口销售，不准带入长江并各内港，亦不准代华商护送；除在各海口外，即系华民货物，与英商无涉。以上洋药、铜钱、米谷、豆石、豆饼、硝磺、白铅等项，止准照新章买卖，敢违此例，所运货物全罚入官。

十二、《通商章程善后条约：海关税则》（1858 年中法）

第五款　向来洋药、铜钱、米谷、豆石、硝磺、白铅等物，例皆不准通商，现定稍宽其禁，听商遵行纳税贸易。

洋药准其进口，议定每百斤纳税银叁拾两。惟该商止准在口销卖，一经离口，即属中国货物，只准华商运入内地，法国商人不得护送。即天津条约第八条所载，如法国人有领中、法合写盖印执照，欲至内地，或到内地生理者，断不准贩卖洋药。其洋药入内地，应如何征税，听凭中国办理，嗣后遇修改税则，仍不得按照别货定税。

又铜钱不准运出外国；惟通商中国各口，准其以此口运至彼口，照现定章程遵行；该商赴关报明数目若干，运往何口，或令本商及同商二人联名具呈保单，抑或听监督饬令另交结实信据，方准给照。别口监督于执照上注明收到字样，加盖印信，从给照之日起，限陆个月缴回验销。若过期不缴销执照，即按其钱货原本，照数罚缴入官。其进出口，均免纳税；至船载无论浅满，均纳船钞。

又凡米谷等粮，不拘内外土产，不分由何处进口者，皆不准运出外国；惟法商欲运往中华通商别口，则照铜钱一律办理，出口时照依税则纳税，其进口毋庸纳税。至船载无论浅满，均遵纳船钞。

又豆石、豆饼在登州、牛庄两口者，法国船不准装载出口。其余各口，该商照税则纳税，仍可带运出口及外国皆可。

又硝磺、白铅均为军前要物，应由华官自行采办进口，或由华商特奉准买明文，方准进口。该关未能查明该商实奉准买，定不发单起货。此三项止准法国商人于通商海口销售，不准带入长江并各内港，亦不准代华商护送；除在各海口外，即系华民货物，与法商无涉。

以上洋药、铜钱、米谷、豆石、豆饼、硝磺、白铅等项，止准照新章发卖，敢违此例，所运货物全罚入官。

十三、《通商章程善后条约：海关税则》（1858 年中美）

第五款　向来洋药、铜钱、米谷、豆石、硝磺、白铅等物，例皆不准通商，现定稍宽其禁，听商遵行纳税贸易。

洋药准其进口，议定每百斤纳税银叁拾两，惟该商止准在口销卖，一经离口，即属中国货物；只准华商运入内地，国商人不得护送。在天津条约第三十条所载：中国凡有利益施及他国者，准美国商民一体均沾；按此，美国商民亦可前往内地通商。至内地关税之例，向与洋药无涉。其如何征税，听凭中国办理，嗣后遇修改税则，仍不得按照别货定税。

又铜钱不准运出外国；惟通商中国各口，准其以此口运至彼口，按照现定章程遵行；该商赴关报明数目若干、运往何口，或令本商及同商二人联名具呈保单，抑或听监督饬令另交结实信据，方准给照；别口监督于执照上注明收到字样，加盖印信，从给照之日起限六个月缴回验销，若过期不缴销执照，即按其钱货原本，照数罚缴入官。其进出口，均免纳税；至船载无论浅满，均纳船钞。

又凡米谷等粮，不拘内外土产，不分由何处进口者，皆不准运出外国；惟美国商人欲运往中国通商别口，则照铜钱一律办理，出口时照依税则纳税，其进口毋庸纳税；至船载毋论浅满，均遵纳船钞。

又豆石、豆饼在登州、牛庄两口者，外国商船不准装载出口。其余各口，该商照税则纳税，仍可带运出口及外国俱可。

又硝磺、白铅均为军前要物，应由华官自行采办进口，或由华商特奉准买明文，方准进口。该关未能查明该商实奉准买，定不发单起货。此三项止准外国商人于通商海口销售，不准带入长江并各内港，亦不准代华商护送；除在各海口外，即系华民货物，与美商无涉。

以上洋药铜钱、米谷、豆石、豆饼、硝磺、白铅等项止准照新章买卖，敢违此例，所运货物全罚入官。

十四、《黑龙江通商条规》（1859年中俄）

第六条 两国贸易，彼此不准携带违禁货物，违者各国自行照例办理。所有交换货物，务须公平交易，勿得以少换多，致启争竞。

第九条 贸易市场有争斗事故，系本土之人，弹压官立即鞭责惩办，系夷人，交夷官约束。如有斗殴受伤等事，各国之人交各国自行照例定罪完结。傥有致毙人命者，将行凶之犯立时拿解衙门，各按国例定罪办理，勿令疏纵。

十五、《北京续增条约》（1860年中俄）

第八条 俄罗斯国商人在中国，中国商人在俄罗斯国，俱仗两国扶持。俄罗斯国可以在通商之处设立领事官等，以便管理商人，并预防含混争端，除伊犁、塔尔巴哈台二处外，即在喀什噶尔库伦设立领事官。中国若欲在俄罗斯京城或别处设立领事官，亦听中国之便。两国领事官各居本国所盖房屋，如愿租典通商处居人之房，亦任从其便，不必拦阻。

两国领事官及该地方官相交行文，俱照天津和约第二条平行。凡两国商人遇有一切事件，两国官员商办；倘有犯罪之人，照天津和约第七条，各按本国法律治罪。两国商人，遇有发卖及赊欠含混相争大小事故，听其自行择人调处；俄国领事官与中国地方官止可帮同和解，其赊欠账目不能代赔。两国商人在通商之处、准其预定货物、代典铺房等事，写立字据，报知领事官处及该地方官署。遇有不按字据办理之人，领事官及该地方官令其照依字据办理。其不关买卖，若系争讼之小事，领事官及该地方官会同查办，各治所属之人之罪。

俄罗斯国人私住中国人家，或逃往中国内地，中国官员照依领事官行文查找送回。中国人在俄罗斯国内地，或私住，或逃往，该地方官亦当照此办理。若有杀人、抢夺、重伤、谋杀、故烧房屋等重案，查明系俄罗斯国人犯者，将该犯送交本国，按律治罪；中国人犯者，或在犯事地方，或在别处，俱听中国按律治罪。遇大小案件，领事官与地方官各办各国之人，不可彼此妄拿，存留查治。

第十条　查办边界大小事件，俱照此约第八条，由边界官会同查办；其审讯两国所属之人，俱照天津和约第七条，各按本国法律治罪。遇有牲畜或自逸越边界，或被诱取，该处官员一经接得照会，即行派人寻找，并将踪迹示知卡伦官兵。其系越逸寻获者，或系被抢查出，牲畜俱依照会之数，将所失之物寻获，立即送还；如无原物，即照例计赃定罪，不管赔偿。如有越边逃人，一经接得照会，即设法寻找。找获时，送交近处边界官员，并将逃人所有物件一并送回；其缘何逃走之处，由该国官员自行审办。解送时，沿途给与饮食，如无衣，给衣，不可任令兵丁将其凌虐，如尚未接得照会，查获越边之人，亦即照此办理。

十六、《长江各口通商暂订章程》（1861 年中英）

附注

第九款　以上各款英船如有违背，可将其长江执照撤回，并禁止该船不准再入长江贸易。倘定罚之时，该违章之船尚在江内，应听凭押送到上海，另按条约所载明文罚办。再各船遵照此章在长江贸易，遇有另被指告之事，任领事官扣留其船，候当堂审断罚办。

十七、《通商条约》(1861 年中德)

第十八款 当查验货物之时如有意见不合，布国暨德意志和约各国商人，可赴领事官禀报。该领事官将情知照海关，从中尽力作合。惟应于一日内禀报，否则不为办理。于议论未定之先，海关不得将互争数目姑写册上，恐后难于核定。

第二十九款 凡有商人违约与后附通商税则致有罚银、抄货入官之处，应归中国官收办。

第三十二款 凡布国暨德意志通商税务公会和约各国官船、商船水手人等逃亡，领事官或船主将情报明地方官，务必实力查拿，解送领事官及船主收领。倘有中国人役负罪逃入布国暨德意志通商税务公会和约各国人寓所或商船隐匿，地方官将情照会领事官，立即设法拘送中国官收领。

第三十三款 凡布国暨德意志通商税务公会和约各国船只在中国洋面被洋盗打劫，地方官一经闻报，即应设法查拿，照例治罪。所劫财物，无论在何处搜获及如何情形，均缴送领事官，转给事主收领。倘承缉之官，或不能获盗，或不能全起赃物，照中国例处分，但不能赔偿赃物。

第三十四款 布国暨德意志通商税务公会和约各国民人每有赴诉地方官之处，其禀函应先投递领事官察核适理妥当，允宜随即代为转递，否则发还更正。中国人有禀赴领事官，亦先投递地方官，一体办理。

第三十五款 布国暨德意志通商税务公会和约各国民人有控

告中国人者，应先赴领事官署投禀鸣冤。领事官查明情由后，竭力劝息，使不成讼。中国人有受布国暨德意志通商税务公会和约各国人之冤欲诉诸领事官者，领事官亦应一体劝息。间有不能劝息者，即移请中国官会同领事官核明，秉公完结。

第三十六款　布国暨德意志和约各国民人，中国官宪自必时加保护，令其身家安全。如遭欺凌、扰害及有不法匪徒放火焚烧房屋或抢掠者，地方官立即设法派拨兵役弹压查追，并将焚抢匪徒按例严办。

第三十七款　中国人有负布国暨德意志通商税务公会和约各国属民欠项而不偿还或潜行逃避者，中国官一经收到债主呈词，务须认真责令欠主赔偿，严拿逃犯追缴债主。布国暨德意志通商税务公会和约各国民人有欠中国人之债而不还或潜行逃避者，布国暨德意志通商税务公会和约各国官员应一体办理。但均不得向两国官员取偿。

第三十八款　中国人有与布国暨德意志通商税务公会和约各国民人欺凌扰害之处致干法纪者，由中国官严拿照中国例治罪。布国暨德意志通商税务公会和约各国民人有与中国人欺凌扰害之处致干法纪者，由本国领事官严拿而照本国之例治罪，以昭允当。

第三十九款　凡布国暨德意志通商税务公会和约各国属民所有或人或产相涉案件，皆归本国官员查办。如本国属民与外国属民有争执情事，中国官亦不为之申理。

十八、《通商章程善后条约》（1861 年中德）

第五款　向来洋药、铜钱、米谷、豆石、硝磺、白铅等物例皆不准通商，现定稍宽其禁，听商遵行纳税贸易。

洋药准其进口，议定每百斤纳税银叁拾两，惟该商止准在口销卖，一经离口，即属中国货物；只准华商运入内地，外国商人不得护送。即现定和约章程第八款所载布国暨德意志各国有领盖印执照前至内地者，断不准贩卖洋药。其洋药入内地如何征税，听凭中国办理，嗣后遇修改税则，仍不得按照别货定税。

又铜钱不准运出外国；惟通商中国各口，准布国暨德意志和约各国商民以此口运至彼口，照现定章程遵行；该商赴关报明数目若干，运往何口，或令本商及同商二人联名具呈保单，抑或听监督饬令另交结实信据，方准给照。别口监督于执照上注明收到字样，加盖印信，从给照之日起限六个月缴回验销，若过期不缴销执照，即按其钱货原本，照数罚缴入官。其进出口，均免纳税；至船载无论浅满，均纳船钞。

又凡米谷等粮，不拘内、外土产，不分何处进口者，皆不准运出外国；惟布国暨德意志和约各国商民欲运往中国通商别口，则照铜钱一律办理，出口时照依税则纳税，其进口毋庸纳税。至船载无论浅满，均遵纳船钞。

又豆石、豆饼在登州、牛庄两口者，布国暨德意志和约各国商船不准装载出口。其余各口，该商照税则纳税，仍可带运出口及外国俱可。

又硝磺、白铅均为军前要物，应由华官自行采办进口，或由华商特奉准买明文，方准进口。该关未能查明该商实奉准买，定不发单起货。此三项止准布国暨德意志和约各国商人于通商海口销售，不准带入长江并各内港，亦不准代华商护送；除在各海口外，即系华民货物，与布国暨德意志和约各国无涉。以上洋药、铜钱、米谷、豆石、豆饼、硝磺、白铅等项，止准照新章买卖。

敢违此例，所运货物全罚入官。

十九、《长江各口通商暂行章程》（1861 年中国与各国）

第三款 一该船由上海起程上长江之时，听凭江海关随意派员或丁役使等，不过一、二人，一同驾往镇江，该船主不得阻止，并将所派员役照料安置坐落之处，其经费一切由关支给。该船自上海至镇江一带地方，均不准贸易；如有私自买卖，系违天津和约第四十七款章程，可照约内所议处办。

第十一款 凡船只有违前款章程，不论何款，将江照撤回，不准在长江贸易，亦可将违章之船，送回上海，可另并治以违犯条约之咎。又如遇人因事故将该船主禀告各口领事官，由领事官将该船留在口内，俟将所告之事查明办结，完结之后，方准开行。

第十二款 以上暂订各章程，如遇各口税收情形，有滞碍难行之处，应由两国大臣随时会同核议，以归妥善。

二十、《陆路通商章程：续增税则》（1862 年中俄）

第二款 俄商小本营生，准许前往中国所属设官之蒙古各处及该官所属之各盟贸易，亦不纳税。其不设官之蒙古地方，如该商欲前往贸易，中国亦断不拦阻：惟该商应有本国边界官执照，内用俄字、汉字、蒙古字钤印，并注商人姓名、货色、包件、驼、牛、马匹数目若干。如无执照前往，查明除货入官外，将该商按照北京和约第十条被逃获送之法办理；该领事官严查，不准未领执照商民前往贸易。

第七款 俄商所运无论何项货物，如至天津查有拆动、抽换，或张家口截留之货数目多于十分之二，及绕越他处不按第三款之路而行，一经中国官查出某商违例，其货物全行入官。

第十款 俄商在他口贩买土货，运津回国，除在他口按照各国总例交纳税饷外，其赴天津，应纳一复进口税（即正税之半）。该领事官发给两国文字执照，天津盖官印，注明商人姓名、货色、包件若干，方准起运赴恰克图，不再重征。并饬令遵照第三款之路而行，沿途不得销卖，如违，即将该商货物全行入官。所有经过通州、东坝、张家口查验之例，按照第三款章程办理。

第十一款 俄商在天津、通州贩买土货，照第三款之路，由陆路回国，均按照各国税则完一正税，领取执照，不再重征。沿途不得销卖；如违，罚办。

第十二款 俄商在张家口一处贩买土货应交出口税银，按照各国税则交一子税（即正税之半），在张家口交纳，该口发给执照以后，不再重征。沿途不得销卖；如违，罚办。

第十三款 俄商在通州买土货，应预先报明东坝，按各国税则完一正税，由东坝收税，发给执照，注明货色、包件若干，沿途亦不准销卖；如违，罚办。

第二十一款 凡有严防偷漏诸法，按照各国总例，任凭中国官随时设法办理。

二十一、《和好贸易条约》(1862 年中葡)

第七款 将来两国官员、办公人等，因公往来，各随名位高下，准用平行之礼。大西洋国大宪与大清国无论京内、京外大宪公文往来，俱用“照会”；大西洋国二等官员与大清国省中大宪公文往来，用“申陈”，大清国大宪用“札礼”，两国平等官员照相并之礼。其商人及无爵者，彼此赴诉，俱用“禀呈”。大西洋国人，每有赴诉地方官，其禀函皆由领事官转递，领事官即将禀内情词查核，适理妥当，随即转递，否则更正，或即发还。大清国人有禀赴领事官，亦先投地方官，一体办理。

第十五款　大西洋属民相涉案件，不论人、产物，皆归大西洋国官查办。

第十六款　大清国人有欺凌扰害大西洋国人者，由大西洋官员知照大清国地方官，自行惩办。大西洋国人有欺凌扰害大清国人者，亦由大清国官知照大西洋官，一体惩办。两国交涉事件，彼此均系会同公平审断，不得意存袒护，以昭允当。

第十七款　凡大西洋国民人控告大清国民人事件，应先赴领事官衙门投禀，领事官即当查明根由，先行劝息，使不成讼。大清国民人有赴领事官告大西洋国民人者，领事官亦一体劝息。间有不能劝息者，亦由大清国地方官与领事官会同审办，公平讯断。

第二十二款　大清国人有欠大西洋国人债务不偿或潜行逃避者，大清国官务须认真查拿，如果系账据确凿，力能赔缴者，务须尽数追缴，秉公办理。大西洋国人有欠大清国人债务不偿或潜行逃避者，大西洋国官亦一体照约办理。彼此不得徇私袒庇。注2：本款葡、英文本无“彼此不得徇私袒庇一句”。

第三十九款　大西洋国商人上货、下货，总须先领监督官准单，如违，即将货物一并入官。

第四十款　各船不准私行拨货；如有互相拨货者，必须先有监督官处发给准单，方准动拨；违者，即将该货，全行入官。

第四十七款　大西洋国船只独在约内，准开通商各口贸易。如到别处沿海地方，私做买卖，即将船、货一并入官。

第五十一款　所有米粮食各样事物、枪炮、火药、火器等件及一切货物，大西洋国商人并船不得私行贩运，赴有贼处所接济贼匪；违者，一经查出，将船、货全行入官，其违例之商人，仍交大西洋国照各国例严行惩办。

二十二、《天津条约》(1863 年中丹)

第十五款 丹国属民相涉案件，不论人、产，皆归丹官查办，设与别国有事诉讼，应遵某国前与丹国定约办理，中国不必与闻。以上案内如牵涉有中国人，仍应按第十六、七两款，会同中国官办理。

第十六款 凡丹国民人有被华民违例相欺，约准地方官查拿照例审办。华民有被丹国人违例相欺，丹国官民亦应按例查拿究治，嗣定约之后，丹国即专定约束丹民章程。中国亦须一同约束华民，以昭公允。

第十七款 丹国民人遇有控告华民事件，皆应先禀领事官，查明根由，先行劝息，使不成讼。中国民人有赴领事官告丹民者，领事官亦应一体调处。间有不能使和者，即由地方官与领事官会同审办，公平讯断。

第二十一款 丹国民人居住房屋以及丹国船只，适地方官查出有内地逃犯潜匿不出，约准行知丹国领事官即行交出，不得隐匿袒庇。

第二十二款 丹国民人若有华民欠债不偿，约准地方官认真代为催缴，或有潜行逃避情事，应严为缉拿追还。丹人欠债不偿或潜行逃避者，丹国官应一体办理。但均不能官为赔偿。

第三十七款 丹国商船进口，经该关监督接到领事官按约详细知照后，即发开舱单。倘该船主未领舱单，擅行卸货，罚银五百两，并将各该货物全行入官。

第三十八款 丹国商人上货、下货，总须先领监督官准单。

如违，即将货物一并入官。

第三十九款　丹国商船不准私行拨货，如欲互相拨货，必须先由监督官发给准单，方准动拨。违者，即将该货全行入官。

第四十七款　丹国商船独在条约内列通商各口准其贸易。如到别处沿海地方私做买卖，船货一并入官。

二十三、《通商章程：海关税则》（1863 年中丹）

第五款　洋药准其进口，议定每百斤纳税银叁拾两。惟丹商止准在口销卖，一经离口，即属中国货物，只准华商运入内地；丹国商人不得护送。即条约第九条所载丹民持照前往内地通商并二十七条所载内地关税之例，与洋药无涉。其如何征税，听凭中国办理；嗣后遇修改税则，仍不得按照别货定税。

又铜钱不准运出外国；惟通商各口准其以此口运至彼口，照现定章程遵行；该商赴关报明数目若干、运往何口，或令本商及同商二人联名具呈保单，抑或听监督饬令另交结实信据，方准给照，别口监督于执照上注明收到字样，加盖印信，从给照之日起，限六个月缴回验销；若过期不缴销执照，即按其钱货原本照数罚缴入官。其进出口均免纳税；至船载无论浅满，均纳船钞。

又凡米谷等粮，不拘内外土产，不分何处进口者，皆不准运出外国；惟丹商欲运往中华通商别口，则照铜钱一律办理，出口时照依税则纳税。其进口毋庸纳税；至船载无论浅满，均遵纳船钞。

又硝磺、白铅均为军前要物，应由华官自行采办，或由华商特奉准买明文，方准起货。该关未能查明该商实奉准买，定不发单起货。此三项止准丹国商人于通商海口销售，不准带入长江并各内港，亦不准带华商护送。除在各海口外，即系华民货物，与丹商无涉。

以上洋药、铜钱、米谷、硝磺、白铅等项，止准照新章买卖，敢违此例，所运货物全罚入官。

二十四、《天津条约》(1863 年中荷)

第二款 广州、潮州、福州、厦门、宁波、上海、天津、牛庄、登州、台湾、淡水、琼州等口，和商皆准贸易，船、货任便往来。若欲租赁地亩、房屋，设立栈房，建礼拜堂、医院、坟茔等事，各听其便。租价公平定议，不得互相勒措。其汉口、镇江、九江等口，和商亦可一律前往通商，至长江如何防弊之法，任凭中国随时设法办理；惟有贼匪地方，和国民人不得前往游历出入，和国商船亦不得私自往来，接济军火、粮食；如查有违犯者。将船、货全行入官，其违例之人，交就近领事馆办理。

第六款 和国属民相涉案件皆归领事官审判，与中国无涉。和国民人与中国民人有控告案件，必须领事官与地方官各先为劝息，如不能劝息，再行照会公平讯断。中国民人有欺凌扰害和民者，皆归地方官审判；和国民人有犯事在中国者，皆有领事官审判；各按本国法律严办，以昭平允。如和民有犯罪潜逃入中国内地，华民有犯罪潜逃入和民船屋，均应领事官与地方官随时照会，查实即行送出，均不得隐匿袒庇。倘华民有欠和民债务潜逃者，若地方官查知，自当严拿追究。和民有欠华民债务潜逃者，和国官查知亦当严拿追究。两国官均不代为赔偿。

第十二款 中国各口收税官员，凡有严防偷漏之法，均准其相度机宜，随时便宜设法办理，以杜弊端。和商船只惟在约内准通商各口贸易，如到沿海、沿江别处地方私作买卖，船货一并入官。倘船只遭风犯险避入者，不在此例；该处官长自当设法照料，俟诸务允妥，令其出口起程，不准在彼私行买卖，如有私行起岸贩货者，仍将船货入官。若和国商船在通商各口查有涉走私，该货无论式类、价值，全数查抄入官外，仍可将该船驱逐，不准在各口通商。凡约内所有和商罚款、船货入官，皆归中国收用。

二十五、《和好贸易条约》(1864 年中西)

第十二款 日斯巴尼亚国属民相涉案件，不论人、产，皆归日斯巴尼亚国官查办，设与别国有事诉讼，应遵某国前与日斯巴尼亚国定约办理，中国不必与闻。以上案内如牵涉有中国人，仍应按第十三、四两款，会同中国官办理。

第十三款 中国人有欺凌扰害日斯巴尼亚国人者，由日斯巴尼亚国领事官知照中国地方官，自行惩办。日斯巴尼亚国人有欺凌扰害中国人者，亦由中国官知照日斯巴尼亚国领事官，一体惩办。若有杀人、抢夺、重伤、谋杀、故烧房屋等重案，查明系日斯巴尼亚国人犯者，将该犯送交领事官，转送小吕宋地方，按律治罪。

第十四款 日斯巴尼亚国民人遇有控告中国民人事件，应先赴领事官衙门投禀，领事官即当查明根由，先行劝息，使不成讼。中国民人有赴领事官署告日斯巴尼亚国民人者，领事官亦应一体劝息。间有不能劝息者，亦由中国地方官与领事官会同审办，公平讯断。

第十八款 通商各口倘有中国犯罪之人潜匿于日斯巴尼亚国房屋及船中者，一经中国官员照会领事官，即行查明交出，不得隐匿袒庇。若有日斯巴尼亚国水手、民人因犯法逃在中国房屋或船中潜往，一经日斯巴尼亚国领事官照会地方官，即行查拿交送。

第十九款 日斯巴尼亚国民人，若有华民欠债不偿，约准地方官认真代为催缴，或有潜行逃避情事，应严为缉拿追还。日斯巴尼亚国人欠债不偿或潜行逃避者，日斯巴尼亚国官亦应一体办理；均不能官为赔偿。

第三十四款 日斯巴尼亚国船进口，该口监督官接到领事官详细照会后，即发开舱单。倘船主未领开舱单擅行下货，即罚银五百两，并将所下货物全行入官。

第三十五款 日斯巴尼亚国商人上货、下货，总须先领监督官准单，如违，即将货物一并入官。

第三十六款 日斯巴尼亚国商船不准私行拨货；如有互相拨货者，必须由监督官处发给准单，方准动拨；违者，即将该货全行入官。

第四十三款 日斯巴尼亚国船只独在约内，准开通商各口贸易。如到别处沿海、沿江地方，私作买卖，即将其船、货一并入官。

第四十九款 所有米粮各样事物、枪炮、火药、火器等件及一切货物，日斯巴尼亚国商人并船不得私行贩运，赴有贼处所接济贼匪。违者，一经查出，将船货全行入官，其违例之商人，仍交日斯巴尼亚国照各国例严行惩办。

二十六、《上海海关扣留案件条款》(1865 年中英)

第一款 凡有英国人，或船、或货，在通商口岸被海关扣留，宜即禀明监督。监督听禀，以为罚办合宜，即委税务司，函知该英国人，所犯何法，是以扣留，限自接函之日起以五日为期，准其禀报领事官知悉，倘至第六日午刻领事官尚未来文咨请公同查核，该船、该货即可入官。该英国人接函后，于期内仍觉自无犯法，任便先向税务司陈明，转报监督。监督若以该英国人之言为是，即行释放船货；设若该英国人不愿赴官具禀，抑或先禀监督，不以为然，均准禀知领事官，由领事官据禀转咨监督，请其定期公同查核海关扣留情节。

第三款 询问之间，所有关役、英国人、证人等口供，随时抄录，监督、领事各为画押盖印时，令全案人证退去，监督面告领事官可否如此办理，或该船货，领事以为应放而监督不以为然，又准该英国人任意上控，具禀领事官行知监督，均即各将案情抄录，申请总理衙门与驻京大臣查核定夺。倘监督不肯释放船货，领事官亦以为然，该英国人不准上控。再该船货或经海关当堂询明，或经两国总理衙门、驻京大宪核定应行释放，均不能以原被扣留请索赔偿。

第四款 案件既各详请大宪定断，准该英国人按估价出具日后情愿遵断缴案切结，由领事官盖印交存该关，即由监督将船货先行发还；俟大宪断定后，或罚银多少，或全数入官，再行饬该英国人遵照。倘该英国人不肯具结，即将船货扣留。无论大宪定准谁是谁非，不准该英国人禀请赔补。

二十七、《通商条约》（1865 年中比）

第十款 比国民人准听持照前往内地各处游历、通商，所领执照，应由钦差大臣或领事等官发给，中、法合写，盖用印信其执照上仍应用地方官钤印为凭。如遇执照有遗失者，比国人无以缴送，而地方官员无凭查验，不肯存留，以便再与领事等官复领一件，如查出沿途或有不法情事，听凭中国官员就近送交领事官，收管惩办，惟于途中，止可拘禁，不得凌虐所获。比国之人，如在通商各口出外游玩者，地在百里之中，期在三五日内，可以无庸请照。至于各色船只水手人等不在此例，应由地方官会同领事官另定章程。其驻扎中国之比国官员如给执照之时，惟不准前往暂有匪徒各省分其执照只准给与体面、有身家之人为凭。

第十五款 天主教原以劝人行善为本，凡奉教之人，皆全获保佑身家，其会同礼拜诵经等事，概听其便，凡按第十款备有盖印执照安然入内地传教之人，地方官务必厚待保护。凡中国人愿崇信天主教而循规蹈矩者，毫无查禁，皆免惩治。向来所有或写、或刻奉禁天主教各明文，无论何处，概行宽免。注：本款法文本没有“向来所有或写、或刻奉禁天主教各明文，无论何处，概行宽免。”这一句。

第十六款 比国民人遇有控告华民事件，皆应先禀领事官查明根由，先行劝息，使不成讼。中国民人有赴领事官告比民者，领事官亦应一体调处；间有不能使和者，即由地方官与领事官会同审办，公平讯断。

第十八款 比国民人若有华民欠债不偿，约准地方官认真代为催缴。或有潜行逃避情事，应严为缉拿追还。比人欠债不偿或潜行逃避者，比国官亦应一体办理；但均不能官为赔偿。

第十九款 比国民人有被华民违例相欺，约准地方官查拿，照例审办。华民有被比国人违例相欺，比国官亦应按例查拿究治。嗣定约之后，比国即专定约束比民章程。比民如在各口地方有犯大小等罪，均照比国例办理。中国亦一律约束华民，以昭平允。如有别样情形，本约未经分晰者，俱照此办理。

第二十款 比国人与比国人，在通商各口地方，如有不协争执事件，均归比国官办理。遇有比国人与各国人有争执情事，中国官不必过问。

第二十一款　比国商船准在条约内列通商各口，往来运货贸易。如到别处沿海地方私作买卖，船货一并入官。但中国地方官查拿此等船只货物，于未定入官之先，宜速知会附近驻口之比国领事。

第二十四款　比国商船进口，在一日之内并无阻碍，其船主，或货主，或代办商人即将船牌、货单等件交送领事官该领事官于接到船牌、货单后，一日内即将船名、人名及所载吨数、货色详细开明，照会海关。傥船主怠慢，于船进口后经二日之内不将船牌、货单呈缴领事官，每遇一日，罚银五十圆，入中国官，但所罚之数不得过二百圆。迨领事官照会海关后，海关即发牌照，准其开舱。傥船主未领牌照，擅自开舱卸货，罚银五百圆，所卸之货一并入官。

第二十七款　凡剥货若非奉监督官特准，得将货自行剥运。如违，除意外危险不及等候外，所有私剥之货全行入官。

第二十八款　比国商人上货、下货总须先领监督官准单。如违，即将货物一并入官。

第三十八款　比国商船，查出有涉走私该货无论式类、价值，全数查抄入官外，俟该商船账目清后，亦可严行驱除，不准在口贸易。

第四十三款　凡比国兵船、商船水手人等逃亡，领事官或船主知会地方官实力查拿，解送领事官及船主收领。倘有中国人役，负罪逃入比国寓所或商船隐匿，地方官照会领事官查明罪由，即设法拘送中国官。彼此均不得稍有庇匿。

第四十四款　遇有比国商船在中国洋面被洋盗打劫，附近文武官员一经闻知，即上紧缉拿，照例治罪。所有赃物，无论在何处搜获及如何情形，均缴送领事官，转给事主收领。倘承缉之人，或不能获盗，或不能全起赃物，照中国例处分，但不能赔偿。

二十八、《通商章程：海关税则》（1865 年中比）

第五款 洋药准其进口，议定每百斤纳税银三十两，惟比商止准在口销卖，一经离口，即属中国货物；只准华商运入内地，比国商人不得护送。即条约第十条所载比民持照前往内地通商，并三十三条所载内地关税之例，与洋药无涉，其如何征税，听凭中国办理。嗣后遇修改税则，仍不得按照别货定税。

又铜钱不准运出外国，惟通商各口准其以此口运至彼口，照现定章程遵行；该商赴关报明数目若干，运往何口，或令本商及同商二人联名具呈保单，抑或听监督饬令另交结实信据，方准给照。别口监督于执照上注明收到字样，加盖印信，从给照之日起，限六个月缴回验销，若过期不缴销执照，即按其钱货原本照数罚缴入官。其进出口均免纳税；至船载无论浅满，均纳船钞。

又凡米谷等粮，不拘内、外土产，不分何处进口者，皆不准运出外国；惟比商欲运往中华通商别口，则照铜钱一律办理，出口时照依税则纳税，其进口毋庸纳税，至船载无论浅满，均遵纳船钞。

又硝磺、白铅，均为军前要物，应由华官自行采办，或由华商特奉准买明文，方准起货。该关未能查明该商实奉准买，定不发单起货。此三项止准比国商人于通商海口销售，不准带入长江并各内港，亦不准带华商护送；除在各海口外，即系华民货物，与比商无涉。

以上洋药、铜钱、米谷、硝磺、白铅等项，止准照新章买卖。敢违此例，所运货物全罚入官。

二十九、《续定招工章程条约》（1866 年中国与英、法）

第五款 招工各商既立合同与该华工定议，务须按期逐款尽守，凡有负约之处，惟该商是问，俱按伊国之例传案究审。

第六款 招工各商欲遣华民代觅承工，此项承遣者必由地方官先给盖印准单，方可前往，后或干例，无论故违、误犯惟本人是问，俱归地方官传案究审。

三十、《通商条约》（1866 年中意）

第八款 义国民人传授天主圣教，果系安分无过，中国官员不得刻待阻难，均应保护相安。凡中国人愿信崇天主教而循规蹈矩者，毫无查禁惩治。

第十五款 义国属民相涉案件，不论人产，皆归义官查办；设与别国有事涉讼，应遵某国前与义国定约办理，中国不必与闻。以上案内如牵涉中国人，仍应按第十六、七两款，会同中国官办理。

第十六款 凡义国民人有被华民违例相欺，约准地方官查拿照例审办。华民有被义国人违例相欺，义国官员亦应按例拿究治，嗣定约之后，义国即专定约束义民章程。中国亦须一同约束华民，以昭公允。

第十七款 义国民人遇有控告华民事件皆应先禀领事官查明根由，先行劝息使不成讼。中国民人有赴领事官告义民者，领事官亦应一体调处。间有不能使和者，即由地方官与领事官会同审办，公平讯断。

第二十二款 义国民人居住房屋，以及义国船只，适地方官查出有内地逃犯潜匿不出，约准行知义国领事官，即行交出，不得隐匿袒庇。凡义国兵船、商船水手人等逃亡，领事官或船主知会地方官实力查拿，解送领事官及船主收领。

第二十三款　义国民人若有华民欠债不偿，约准地方官认真代为催缴，或有潜行逃避情事，应严为缉拿追还义人欠债不偿或潜行逃避者，义国官亦应一体办理。但均不能官为赔偿。

第三十七款　义国商船进口，经该关监督接到领事官按约详细知照后，即发开舱单。倘该船主未领开舱单，擅行卸货，罚银五百两，并将各货物全行入官。

第三十八款　义国商人上货、下货，总须先领监督官准单。如违，即将货物一并入官。

第三十九款　义国商船不①准私行拨货；如欲互相拨货，必须先由监督发给准单，方准动拨，违者，即将该货全行入官。注①：在本条约补换批准时，查出意文本漏写一个“不”字。

第四十七款　义国商船独在条约内列通商各口，准其贸易。如到别处沿海地方私作买卖，即将船货一并入官。

三十一、《通商章程：海关税则》（1866 年中意）

第五款　洋药准其进口，议定每百斤纳税银三十两，惟义国只准在口销卖，一经离口，即属中国货物；只准华商运入内地，义国商人不得护送。即条约第九条所载义民持照前往内地通商，并二十七条所载内地关税之例，与洋药无涉。其如何征税，听凭中国办理，嗣后遇修改税则，仍不得按照别货定税。

又铜钱不准运出外国；惟通商各口，准其以此口运至彼口，照现定章程遵行；该商赴关报明数目若干，运往何口，或令本商及同商二人联名具呈保单，抑或听监督饬令另交结实信据，方准给照别口监督于执照注明收到字样，加盖印信，从给照之日起限六个月缴回验销，过期不缴销执照，即按其钱货原本，照数罚缴入官。其进出口，均免纳税；至船载无论浅满，均纳船钞。

又凡米谷等粮，不拘内、外土产，不分何处进口者，皆不准运出外国；惟义商欲运往中华通商别口，则照铜钱一律办理，出口时照依税则纳税，其进口毋庸纳税。至船载无论浅满，均遵纳船钞。

又硝磺、白铅均为军前要物，应由华官自行采办，或由华商特奉准买明文，方准起货。该关未能查明该商实奉准买，定不发单起货。此三项止准义国商人于通商海口销售，不准带入长江并各内港，不准代华商护送；除在各海口外，即系华民货物，与义商无涉。

以上洋药、铜钱、米谷、硝磺、白铅等项，只准照新章买卖，敢违此例，所运货物全罚入官。

三十二、《客船行李免税货物拖带轮船三项章程》（1867 年中国与各国）

第一条　凡有商船进口，搭船之人客，应俟扦子手上船，方准将行李起岸，倘有未遵，应将该船艄工议罚，以专责成。若扦子手所起行李内，有违禁、漏税物件，该客人如愿自行打开备查，如不愿查，由扦子手将该件扣留送该关税务司，限该客三日内赴关眼同开看；如逾限不到，即由关上开验。倘查有或违禁或漏税之物，除将扣留之件全行入官，另将该客议罚。

第三条　通商各口，凡有拖带船只之轮船应将船牌存领事官署内，由领事行文报明系拖带之轮船，并无装货来往等事，由该关将船名登簿。该船平常拖带进出，毋庸赴关禀明，亦毋庸请领出口红单。倘欲赴通商别口，仍须照条约定章，赴关请领红单，赴领事官署内取回船牌；若有此等拖带轮船，私赴别口，未在原口领有红单，应将该船罚银五百两，该船每四个月完纳船钞一次。如有私带货物，或偷漏税饷，一经查出，除将货物入官外，应由关于拖带簿内将其船名删除，嗣后须照条约明定洋船之例，时行报关，请领红单办理。

三十三、《会讯船货入官章程》（1868 年中国与各国）

第二条 凡有洋商，或船、或货，各在通商海口被关属吏扣留，立宜禀明监督。监督听禀，以为罚办合宜，即委税务司函致该商，所犯何法，是以扣留，限自接函之时以五日为期，准商禀报领事官知悉，倘至第六日午刻领事官尚未来文咨请公同查核，该船、该货即可入官。该商接函后，于期内仍见自无犯法，任便先向税务司陈明，转报监督。监督若以该商之言为是，即行释放船货；设该商不愿赴关具禀，抑或先禀监督，不以为然，均准禀知领事官，据其所禀转咨监督，请其定期公同查办。

第五条 案情既各详请大宪定断，准该商按估价出具日后情愿遵断缴案切结，由领事官盖印交存该关，即由监督将该船货先行发还；俟大宪断定后，或罚银多少，或全数入官，再行饬商遵照。倘该商不肯具结，即将船货扣留。无论大宪定准谁是谁非，不准该商禀请赔补。

第六条 凡各口指谓商人犯章，其所犯之条并非船货入官，系按约按章应罚银两者，税务司一面知照监督，一面遣人在领事官署内立案，由领事官定期讯断，定期后应先知照税司，届期传集人证，或税司本人，或委员，即在坐指证。如讯明该商实有应罚之处，如条约章程内载有银两之数目，即由领事官按其数断令交出。或可从宽办理，则其权属在该关，即由监督会同税司自定可也。倘查明该商实无应罚之处，税司亦无异言，如有船货因此案留滞者，可一同开放，仍将案情知照监督，不得耽延时日，致该商稍有费用该商不得索赔延搁贸易银两，亦不得索赔一切水脚费用等项。若税司与领事官意见不合，即行知会监督，一面抄录全案各详总理衙门、驻京大宪查核。当尚未定案之时，货主亦应一律将拟罚银数出具日后情愿遵断缴案切结送交领事官，由领事官行文知照监督，始准该商船货先行开放。

三十四、《续增条约》(1868 年中美)

第一条　大清国大皇帝按约准各国商民在指定通商口岸及水陆洋面贸易行走之处，推原约内该款之意，并无将管辖地方水面之权一并议给，嗣后如别国与美国或有失和，或至争战，该国官兵不得在中国辖境洋面及准外国人居住行走之处与美国人争战，夺货劫人；美国或与别国失和，亦不在中国境内洋面及准外国人居住行走之处有争夺之事。有别国在中国辖境先与美国擅起争端，不得因此条款禁美国自行保护。再凡中国已经指准美国官民居住贸易之地及续有指准之地，或别国人民在此地内有居住贸易等事，除有约各国款内指明归某国官管辖外，皆仍归中国地方官管辖。

第四条　原约第二十九款内载，耶稣基督圣教暨天主教有安分传教习教之人，当一体保护，不可欺侮等语。现在议定，美国人在中国，不得因美国人民异教，稍有欺侮凌虐，嗣后中国人在美国，亦不得因中国人民异教，稍有屈抑苛待，以昭公允。至两国人之坟墓均当一体郑重保护，不得伤毁。

第五条　大清国与大美国切念民人前往各国，或愿常住入籍，或随时来往，总听其自便，不得禁阻，为是现在两国人民互相来往，或游历，或贸易，或久居，得以自由，方有利益。两国人民自愿往来居住之外，别有招致之法，均非所准。是以两国许定条例，除彼此自愿往来外，如有美国及中国人将中国人勉强带往美国，或运于别国，若中国及美国人将美国人勉强带往中国，或运于别国，均照例治罪。

三十五、《各海口引水总章》（1868 年中国与各国）

第七款 引水宜听制于理船厅也。凡领有引水字据者，或系独作引船之事，或系公司作引船之事，均属可行，惟俱归理船厅管理，谕示一切皆须一体遵守奉行。倘有违背者，或暂撤执据，或将执据撤销，皆由理船厅办理。惟仍准该引水限三日内，赴领事官处禀诉撤据原委。

（第一点）凡引水者，若犯关章，或另有违犯，领事官惩办，亦可由理船厅暂撤执据，或撤销执据。引水者仍可在三日内，赴领事官处禀诉撤销执据之原委。

（第二点）凡查出引船而无引水字据者，或系假借他人字据，应由理船厅知会其该国官，照其本国例治罪。凡领有字据者而借与他人，除由理船厅将其字据撤销办理外，亦应知会该国官，照例治罪。

（第三点）凡船主、艄工，若私以无字据之人引水者，由该领事官罚银一百两。

三十六、《上海洋泾浜设官会审章程》（1868 中国与各国）

第二条 凡遇案件牵涉洋人必应到案者，须领事官会同委员审问，或派洋官会审；若案情只系中国人，并无洋人在内，即听中国委员自行讯断，各国领事官，毋庸干预。

第六条 华、洋互控案件，审断必须两得其平，按约办理，不得各怀意见。如系有领事管束之洋人，仍须按约办理。倘系无领事管束之洋人，则由委员自行审断，仍邀一外国官员陪审，一面详报上海道查核。倘两造有不服委员所断者，准赴上海道及领事官处控告复审。

第七条 有领事之洋人犯罪，按约由领事惩办。其无领事之洋人犯罪，即由委员酌拟罪名，详告上海道核定，并与一有约之领事公商酌办。至华民犯罪，即由该委员核明重轻，照例办理。

三十七、《改订陆路通商章程》（1869 年中俄）

第二款 俄商准许前往中国所属设官之蒙古各处及该官所属之各盟贸易，亦不纳税。其不设官之蒙古地方，如该商欲前往贸易，中国亦断不拦阻；惟该商应有本国边界官执照，内用俄字、汉字、蒙古字钤印，并注商人姓名、货色、包件、驼、牛、马匹数目若干；行抵中国第一边卡，应将执照呈官查验，或用戳记，或以画押为凭。如无执照前往，查明除货入官外，将该商按照北京和约第十条被逃获送之法办理；该领事官严查，不准未领执照商民前往贸易。

第七款 俄商所运俄国货物，如至天津，除报明留张家口之货件外，查有原货抽换或与张家口酌留之货数目不符，某商违例，其货全行入官。但沿途实系包箱损坏，必应改装，装毕行抵就近关口报明，如查验原货色相符，即于单照内注明，方可免其议罚。倘或绕越他处，不按第三款之路而行，将原货私行售卖，一经查出，某商违例，即将其货全行入官。如仅绕越他处，并未将货销卖，即罚令完交一正税。其罚令入官之货，如果商人情愿将原货变价交官，自应与中国官妥商，按照原货，从公估价交官亦可。

第十款 俄商在他口贩买土货，经津回国不留在彼销售，如在他口全税交完，有单可凭，至此不再纳税，以免重征。该领事官发给两国文字执照，天津关盖印，注明商人姓名、货色、包件若干，方准起运赴恰克图，不再重征。并饬令遵照第三款之路而行，沿途不得销卖，如违，按照第七款办理。所有经过通州、东坝、张家口查验之例，按照第三款章程办理。其照自起程日为始限六个月内到恰克图缴销。如遇耽延，应于限期前报明领事官及地方官等；如违，罚办。倘有商人遗失执照，按第三款办理。

第二十一款 凡有严防偷漏诸法，按照各国总例，任凭中国官随时设法办理。

三十八、《钟表减税并严防偷漏章程》（1869 中国与各国）

凡钟表进口完税，现准一体照值百抽五例办理。各商报关请验单纳税时，除件数、价值外，须将其运进口之钟表注明匠人行名、钟表号数，开列清单，存关以备稽查，由关按件压印戳记，作为钟表完税之据。倘有假作此戳记者，除将此钟表入官充公外，华商则照例从重治罪，洋商则由领事官从重惩办。日后凡已有号数存关之钟表复运出口回国者，给以存票，复进口者，给以免单。倘有商人将未经挂号之钟表，存行发卖，或复运出口一经查出，则准该关照各口货物违章、漏税应行查拿之总例，查获入官。凡有以细报粗、以贵价报贱价者，准该关随事酌情，照该商自开之价收买。至各行现存之钟表，自系已经纳税之物，应限商人以六个月为期，将行内钟表按匠人、号数，开列清单，赴关报明备查。六个月已满，违者不准发给存票免单等件，并随时将未经挂号之物查拿入官。

三十九、《通商条约》（1869 年中奥）

第三款　大清国、大奥斯马加国所派秉权大臣若有公务，或住两国京城，或随时往来，各听其便。居住之处无不按照情理，全获恩施。所有身家、公所与各来往公文、书信等件，皆不得被人擅动。凡欲雇募送信人、通事、服役人等，均无不可。倘有人擅将两国钦差公馆、眷属、随员人等越礼欺藐等情，查系何国之人，即由何国按理从严惩办。

第十款　奥斯马加国商船准在条约内列通商各口往来运货贸易。如到别处沿海地方私作买卖，船货一并入官。但中国地方官查拿此等船只货物于未定入官之先，宜速知会附近驻口之奥斯马加国领事。其入官各项皆归中国收用。中国各省地方设有贼匪，奥斯马加国商民不得请照前往游历出入，尤不得私自往来接济军火、粮食。如查有违犯者，将船货全行入官，其违例之人交就近领事官办理。奥斯马加国商船查有涉走私情弊，该货无论式类、价值全数查抄入官外，押令该商船算清账目，刻即严行驱逐，不准在各口贸易。倘有冒用奥斯马加国旗号者，奥斯马加国设法禁止。

第十六款　奥斯马加国船只进口，限一日该船主将船牌、舱口单各件交领事官，即于次日通知监督官，并将船名及押载顿数装何货物之处照会监督官，以凭查验。如过限期该船主并未报明领事官，每日罚银五十两，惟所罚之数总不能逾二百两以外。至其舱口单内，须将所载货物详细开明。如有漏报、捏报者，船主仍罚银五百两；倘系笔误，即在递货单之日改正者，可不罚银。监督官接到领事官详细照会后，即发开舱单。倘船主未领开舱单，擅行下货，即罚银五百两，并将所下货物全行入官。

第十七款 奥斯马加国商人上货、下货，总须先领监督官准单。如违，即将货物一并入官。

第十八款 各船不准私行拨货。如有互相拨货者，必须先由监督官处发给准单，方准动拨。违者即将私拨之货全行入官。

第十九款 奥斯马加国民人凡欲游行卸货下货各等事务，准自雇小船剥运，不论何项艇只，雇价银两若干，均听奥斯马加国民与船主自议，不必官为经理。该船不得限定额数，并船户揽载、挑夫揽运一切情弊，俱不准行。惟该艇干涉走私漏税情弊，查出照例罚办，货物入官。

第三十六款 奥斯马加国官船、商船水手人等逃亡，领事官或官弁、船主将情报明，地方官务必实力查拿，解送领事官及官弁、船主收领。倘有中国人役负罪逃入奥斯马加国人寓所或商船隐匿，地方官将情照会领事官，立即设法拘送中国官收领，不得徇庇留。

第三十七款 奥斯马加国船只在中国辖下海洋有被强盗抢劫者，地方官经闻报，即应设法查拿追办。所有追得赃物交领事官，给还原主。倘承缉官不能获盗起赃，只可照中国例处分，不能赔偿。

第三十八款 奥斯马加国民人遇有控告华民事件，皆应先禀领事官查明根由，先行劝息，使不成讼。中国民人有赴领事官告奥斯马加民者，领事官亦应一体调处。间有不能使和者，即由地方官与领事官会同审办，公平讯断。

第三十九款 凡奥斯马加国民人有被华民违例相欺，约准地方官查拿照例审办。华民有被奥斯马加国人违例相欺，奥斯马加国官员亦应按例查拿究治。

第四十款　奥斯马加国属民相涉案件，不论人产，皆归奥斯马加国查办；设与别国有事涉讼，应遵某国前与奥斯马加国定约办理，中国不必与闻。以上案内如牵涉中国人，仍应按第三十八、三十九两款，会同中国官办理。

第四十一款　奥斯马加国民人，约准中国官宪自必时加保护，令其身家全安。如遭欺凌、扰害及有不法匪徒放火焚烧房屋、抢掳财货，应由地方官立即设法派拨兵役，弹压查拿，将该犯按例严办，并将所抢财物尽力追交。倘承缉官不能获犯起赃，只可准照中国例处分，不能赔偿。

第四十二款　奥斯马加国民人若有华民欠债不偿，约准地方官认真代为催缴，或有潜行逃避情事，应严为缉拿追还。奥斯马加人欠债不偿或潜行逃避者，奥斯马加国官亦应一体办理。但均不能官为赔偿。

四十、《通商章程：海关税则》（1869 年中奥）

第五款　向来洋药、铜钱、米谷、硝磺、白铅等物，例皆不准通商，现定稍宽其禁，听商遵行纳税贸易。

洋药准其进口，议定每百斤纳税银叁拾两，惟该商止准在口销卖，一经离口，即属中国货物；只准华商运入内地，外国商人不得护送。即条约第八条所载奥民持照前往内地通商，并二十八条所载内地关税之例，与洋药无涉。其如何征税，听凭中国办理，嗣后遇修改税则，仍不得按照别货定税。

又铜钱不准运出外国；惟通商中国各口准其以此口运至彼口，照现定章程遵行；该商赴关报明数目若干，运往何口，或令本商及同商二人联名具呈保单，抑或听监督饬令另交结实信据，方准给照。别口监督于执照上注明收到字样，加盖印信，从给照之日起限六个月缴回验销若过期不缴销执照，即按其钱货原本，照数罚缴入官。其进出口，均免纳税；至船载无论浅满，均纳船钞。

又凡米谷等粮，不拘内、外土产，不分何处进口者，皆不准运出外国；惟奥商欲运往中华通商各口，则照铜钱一律办理，出口时照依税则纳税，其进口毋庸纳税。至船载无论浅满，均遵纳船钞。

又硝磺、白铅，均为军前要物，应由华官自行采办进口，或由华商特奉准买明文，方准进口。该关未能查明该商实奉准买，定不发单起货。此三项止准奥国商人于通商海口销售，不准带入长江并各内港，亦不准代华商护送；除在各海口外，即系华民货物，与奥商无涉。

以上洋药、铜钱、米谷、硝磺、白铅等项止准照新章买卖，敢违此例，所运货物全罚入官。

第七款 条约第二十八条所载内地税饷之议，现定出入税则总以照纳一半为断。惟第二款所载免税各货，除金银、外国银钱、行李三项毋庸议外，其余海口免税各物，若进内地，仍照每值百两完税银贰两伍钱。此外运入内地各货，该商应将该货名目、若干、原装何船进口、应往内地何处各缘由，报关查验确实，照纳内地税项，该关发给内地税单该商应向沿途各子口呈单照验，盖戳放行，无论远近，均不重征。至运货出口之例，凡奥商在内地置货，到第一子口验货，由送货之人开单，注明货物若干、应在何口卸货，呈交该子口存留，发给执照，准其前往路上各子口查验盖戳。至最后子口，先赴出口海关报完内地税项，方许过卡。俟下船出口时，再完出口之税。若进出有违此例，及业经报明指赴何口，沿途私卖者，各货均罚入官。倘有匿单少报等情，将单内同类之货全数入官。所运各货，如无内地纳税实据，应由海关饬令完清内地关税，始行发单下货出口，以杜隐漏。

四十一、《上海洋泾浜北首租界章程》（1869 年中国与各国）

第十七款　违背租界章程　凡违背租界章程者，经人（或地方官员）报知该管领事，传案查实，即行议罚（或由领事自办或系饬人代办均可），其例有二：罚钱之数不得过三百元，监押之期不得逾六个月；倘应另行发落，亦可酌办。若查系无领事管束之人，有违章情事公局禀由领事官（数位或一位）函致中国地方官商办，以冀保全此章程之权力，而将犯例者罚惩。

四十二、《新定条约》（1869 年中英）

第九款　英国允，凡应办罚款者，监督或税务司可与领事官会讯。中国允，凡货物应罚入官者，领事官可与监督或税务司会讯。又议由两国会同商定通商律例。

四十三、《修好条规》（1871 年中日）

第八条　两国指定各口，彼此均可设理事官，约束己国商民，凡交涉财产词讼案件，皆归审理，各按己国律例核办。两国商民彼此互相控诉，俱用“禀呈”，理事官应先为劝息使不成讼，如或不能，则照会地方官会同公平讯断。其窃盗、逋欠等案，两国地方官只能查拿追办，不能代偿。

第九条　两国指定各口，倘未设理事官，其贸易人民均归地方官约束照料，如犯罪名，准一面查拿，一面将案情知照附近各口理事官，按律科断。

第十条　两国官商在指定各口，均准雇用本地民人服役工作、管理贸易等事，其雇主应随时约束，勿任借端欺人，尤不可偏听私言，致令生事。如有犯案，准由各地方官查拿讯办，雇主不得徇庇。

第十一条 此国人民因犯此国法禁，隐匿彼国公署、商船、行栈及潜逃彼国各处者，一经此国官查明照会彼国官，即应设法查拿，不得徇纵。其拿获解送时，沿途给予衣食，不可凌虐。

第十三条 两国人民如有在指定口岸勾结强徒为盗、为匪，或潜入内地放火、杀人、抢劫者，其在各口由地方官一面自行严捕，一面将情飞知理事官。倘敢用凶器拒捕，均准格杀勿论，惟须将致杀情迹会同理事官查验。如事发内地不及赴验者，即由地方官将实在情由照会理事官查照。其拿获到案者，在各口，由地方官会同理事官审办；在内地，即由地方官自行审办，将案情照会理事官查照。倘此国人民在彼国聚众滋扰，数在十人以外，及诱结通谋彼国人民作害地方情事，应听彼国官径行查拿；其在各口者，知照理事官会审，其在内地者，由地方官审实照会理事官查照；均在犯事地方正法。

四十四、《通商章程：海关税则》（1871 年中日）

第五款 两国商船进通商各口，限一日内，该船主将船牌、舱口单交理事官，即于次日通知海关，并将船名及押载吨数、装何货物之处，开单同送，以便海关查验。如过二日限期（除日曜日不计，以进口之时算起，历十二时为一日），尚未报关，在中国，每日罚船主银五十两，所罚之数不得逾二百两之外，在日本国，每日罚船主洋银六十元。至舱口单内，须将所载货物详细开明，如查有漏报、捏报之货，在中国，将货入官，并罚船主银五百两，在日本国，漏报者罚如货税之数，捏报者罚货主洋银一百二十五元。倘有误报，即在递单之日改正免议，逾限不改，在中国，每日罚银二十两，所罚之数不得过一百两之外，在日本国，罚洋银十五元。如该口未设理事官，准船主将船牌、舱口单自赴海关呈验，照章办理。

第六款　两国商船进口，除所载货物开单报关外，另将船上自用各物及应行免税各物开一清单，送关验免。倘卖与人，仍照税则完纳。若将应税货物混入免税单内，希图隐漏，查出将货入官。

第七款　海关接到理事官知照后，即发开舱单。倘船主未领开舱单，擅行卸货，在中国，罚银五百两，并将所卸货物入官。在日本国，将所卸货物入官。商船上货、下货，须先领海关准单；如违，即将货物入官。至拨货，亦先由海关发给准单，方准动拨；违者，在中国，将货物入官，日本国，罚洋银六十元。

第十四款　中国商货进日本国通商各口，在海关完清税项后，中国人不准运入日本国内地。其日本国商货进中国通商各口，在海关完清税项后，任凭中国人转运中国内地各处售卖，逢关纳税，遇卡抽厘，日本人不准运入中国内地。违者，货均入官，并将该商交理事官惩办。

第十五款　两国商民，准在彼此通商各口购买各土产及别国货物，报关查验，完税装运出口，不准赴各内地置买货物。如有入各内地自行买货者，货均入官，并将该商交理事官惩办。以上两款，系因两国各有指定口岸，故须明定限制。

第十六款　货物进口完税后，如欲改运通商别口售卖，报由海关验明实系原包、原货，并未拆动、抽换，即给收税执照，持往别口海关查验相符，准其出售，免再纳税。若有影射、抽换、夹带情事，货罚入官。

第十九款　两国商船如有装运私货者，在中国，除将私货全数查抄入官外，船只驱逐出口，不准在通商各口贸易，在日本国，将私货入官。

第二十四款　硝磺、白铅均为军前要物，应由中国官自行采办，或日本商人奉中国官准买明文，方准进中国通商各口，如有私贩，查拿入官，按律惩办。日本商人亦不得在中国通商各口将中国硝磺、白铅私运出口；违者，将货入官，仍按本律惩办。

第二十五款　凡系违禁货物，如火药、大小子弹、炮位、大小鸟枪并一切军器等类，及中国口外马匹、有关军政等物，概应禁止两国商人均不准贩运进出口；违者，将货入官，仍各按本律惩办。

第二十六款　两国铜钱，除照章转运别口外，各不准贩运出洋。如有商人私贩，查拿入官。中国内地食盐，不准日本人贩运，日本盐斤，亦不准运入中国售卖；违者，均各按律罚办。

第二十七款　两国船只如到不准通商口岸私作买卖，准该处地方官查拿，在中国，即将船货一并入官，在日本国，货物入官，罚洋银一千元，仍知照该管理事官存案。

第二十九款　两国商船遭风收口，均由该处地方官照料，送交理事官安置，或在洋面被劫，亦由该地方官设法严缉，起获赃物，送交理事官给还原主。倘未能缉获赃犯，均各照例处分，不能代偿。

四十五、《通商条约》(1874 年中秘)

第五款　中国民人在秘国如安本分，但能不违秘国律例章程，无论何处，任便游历。秘国民人，亦准听持照前往内地各处游历通商，所领执照由领事官盖印发给，复由地方官盖印，内系日斯巴尼亚文字并中华文字。所经过地方，如饬交出执照，即应随时呈验，无讹放行，民雇人、雇船、雇车，装运行李、货物，不得拦阻，其货物应照报单章程办理。如其无照，或有讹误，以及查出沿途或有不法情事，送交就近领事查办，惟于途中止可拘禁，不得凌虐。如在通商各口出外游玩者，地在百里之中，期在五日之内，可以无庸请照。至于水手、船上人等，不在此例，应由地方官会同领事官另定章程，妥为弹压。

第六款　大清国与大秘国切念民人前往各国，或愿常住入籍，或随时来往，或游历，或贸易，或佣工，或久居，得以自由，方有利益。除两国人民自愿往来居住外，别有招致之法均非所准；现经两国严行禁止，不准在澳门地方及各口岸勉强诱骗中国人运载出洋。违者，其人各照本国例从严惩治。至所载运之船，一并按例罚办。

第十二款　秘国民人在中国，遇有控告华民事件，皆应先禀领事官查明根由，先行劝息，使不成讼。华民有赴领事官告秘国民在中国者，领事官亦应一体调处。间有不能使和者，即由地方官与领事官会同审办，公平讯断。

第十三款　秘国民人在中国有被华民违例相欺，准地方官查拿，照例审办。华民有被秘国人在中国违例相欺，秘国官亦应按例查拿、究治。

第十四款　秘国属民在中国有相涉案件，不论人、产，皆归秘国官查办。设与别国有事涉讼，在中国应遵某国前与秘国定约办理。以上案内如牵涉中国人，仍应按第十二、十三两款，会同中国官办理。

第十五款　中国商民在秘国有控告事件，准其原、被告任便呈禀地方官，照例审断，与秘国商民及待各国商民之例，一律办理。

四十六、《轮船往来港澳章程》（1874 年中英）

第六条 凡香、澳轮船所载搭客行李，如扦子手于所起行李内查有违禁、漏税物件，该客如不愿自行开查，即由扦子手将该物件扣留送关，该客如逾一日之限，不到开验，即由关上开验。倘查有违禁应税之物，即将扣留之件全行入官。

第七条 凡香、澳轮船所有搭客行李，于查验后，该扦子手复将该船全行搜查，倘查有货物藏匿，本关将该货物入官。

第八条 凡香、澳轮船所载货物已列舱口单，于轮船抵省城、黄浦，可将货物搬入拨艇。该拨艇不得牵延妄驶，即将原货直运本关码头查验。倘该艇有违成章，将艇货一并入官。

第十条 凡香、澳轮船所有货物出口，将该货运至本关码头，具报号记、斤两、件数、丈尺、价值等项，注明查验，本关发给若干税银之单并准单，该客一面完纳税饷下船。该拨艇不得牵延妄驶，将该货直运赴船。倘该艇有违成章，将货艇一并入官。

第十三条 凡香、澳轮船所载出口搭客行李内有应税物件，务须开具报单，来本关听候验货完税。

第十四条 凡香、澳轮船出口，于开行后，该船管舱人会同扦子手缮清舱口单，与进口时一律办法。倘在轮船查出有货物并无准单，或在客人行李查有藏匿应税及违禁货物，将货物、行李，概行入官。

第十五条 凡香、澳轮船出口时，该扦子手将货物、行李查验，复将该船全行搜查，倘有藏匿应税货物，查拿入官。

第十七条 凡香、澳轮船如有本船工人、水手走私偷漏，或在工人、水手管用之处查有藏匿货物，该扦子手即述知船主，该船主将其人送交领事官扣留，会商办理。

第十八条 凡香、澳轮船附搭华、洋商民，如敢违章走私偷漏，该扦子手即述知船主，该船主将其人送交领事官，会商办理。

四十七、《烟台条约》(1876年中英)

第二端第二条 咸丰八年所定英国条约第十六款所载："英国民人有犯事者，皆由英国惩办。中国人欺凌扰害英民，皆由中国地方官自行惩办。两国交涉事件彼此均须会同公平审断，以昭允当"等语。查原约内英文所载系"英国民人有犯事者，由英国领事官或他项奉派干员惩办"等字样，汉文以英国两字包括。前经英国议有详细章程，并添派按察司等员在上海设立承审公堂，以便遵照和约条款办理；目下英国适将前定章程酌量修正，以归尽善。中国亦在上海设有会审衙门，办理中外交涉案件，惟所派委员审断案件，或因事权不一，或因怕招嫌怨，往往未能认真审追。兹议由总理衙门照会各国驻京大臣，应将通商口岸应如何会同总署议定承审章程妥为商办，以昭公允。

第二端第三条 凡遇内地各省地方或通商口岸有关系英人命盗案件，议由英国大臣派员前往该处观审。此事应先声叙明白，庶日后彼此另有异辞，威大臣即将前情备文照会，请由总理衙门照覆，以将来照办缘由声明备案。至中国各口审断交涉案件，两国法律既有不同，只能视被告者为何国之人，即赴何国官员处控告；原告为何国之人，其本国官员只可赴承审官员处观审。倘观审之员以为办理未妥，可以逐细辨论，庶保各无向隅，各按本国法律审断。此即条约第十六款所载会同两字本意，以上各情两国官员均当遵守。

四十八、《会订古巴华工条款》(1877 年中西)

第三款 两国定准，嗣后彼此庶民出口前往，无论单身或携带家属，皆以出于情甘自愿为要；总不准或在中国各口，或在他处，妄用勉强之法及施诡谲之计，诱令华民人等不出情愿而往。如有两国人民、船主人等违背此约者，则两国必将其人从严查办，均照本国律例从重定拟罪名。大日国又允所有待各大国同类之人最优之处，中国人民或已在古巴者，或嗣后前往者，亦应一体均沾。

四十九、《伊犁条约》(1879 年中俄)

第十一条 俄国领事官驻中国，遇有公事，分别情形，或与本城地方官，或与地方大宪往来，均用信函，画押盖印；彼此往来会晤，均以友邦官员之礼相待。两国人民在中国地方贸易等事，致生事端，应由领事官与地方官公同查办。如因贸易事务致起争端，听其自行择人从中调处，如不能调处完结，再由两国官员会同查办。两国人民为预定货物、运载货物、租赁铺房等事所立字据，可以呈报领事官及地方官处画押盖印为凭。遇有不按字据办理之人，领事官及地方官令其照依字据办理。

第十七条 一千八百六十年，即咸丰十年，京所定和约第十条，至今讲解各异，拟将此条声明追还牲畜之条，其意应作为：凡有牲畜被人偷盗、诱取，一经获犯，应将牲畜追还，如无原物，作为向该犯追偿；倘该犯无力赔还，地方官不能代赔，两国边界官应各按本国之例将盗取牲畜之犯，严行究治，并设法将自行越界及偷盗之牲畜追还，其自行越界及偷盗之牲畜踪迹示知边界兵并附近乡长。

五十、《陆路通商章程》(1879年中俄)

第二条　俄国商民前往蒙古及天山南北两路地方贸易者，但能由章程所附清单内指明卡伦过界，该商应有本国边界官所发中、俄两国文字，并译出回文、蒙文执照。汉文照内可用蒙古字或回回字注明商人姓名货色，包件数目若干。此照应于入中国地界时，在附近边界中国卡伦呈验，该处查明后，卡伦官盖用戳记为凭。其无执照商民，任凭中国官员扣留，交附近俄国边界官或领事官照例惩办。遇有遗失执照，货主应报明附近领事或地方官，以便请领新照。其运到蒙古及天山各处之货，有未经销售者，准其运往张家口、嘉峪关，或在该关口销售，或运往内地，其征收税饷、发给运货执照、查验放行等事，均照以下章程办理。

第三条　俄商由恰克图、尼布楚运俄国货前往天津者，应由张家口、东坝、通州行走，如由科布多过归化城运货前往天津亦由此路行走。其由俄国运货经过伊犁、塔尔巴哈台、喀什噶尔前往汉口者，应由嘉峪关赴西安府或汉中府行走。该商应有俄官并中国该管官盖印执照，内用两国文字注明商人姓名、货色、包件数目，沿海任凭各关口中国官员迅速点数、抽查、验照、盖戳放行。抽查之时，如有拆动之处，仍由该关口加封，并将拆动件数于照内注明，以凭查覆。该关查验不得逾一个时辰。其照限六个月在天津汉口关缴销。如商人以为限期不足，应预先报明该处官员。倘有商人遗失执照，应行报明原给执照之官，请领新照，注明补给字据，一面至就近关口报明，查明所报是实，暂给凭据，准其执此前行。如查所报货色、件数与原照不符，该商有隐匿沿途私卖货物，或希图逃税情事，应照第八条章程罚办。

第八条 俄商运俄国货至天津、汉口，除报明酌留张家口、嘉峪关之货外，查有原货抽换，或数目短少，与执照不符，即将所报查验之货，全行入官。但沿途实系包箱损坏，必须改装，装毕行抵就近关口报明，如查验原货、包相符，即于单照内注明，方可免其议罚。倘有沿途私售，经查出，其货全行入官。如仅绕越捷径，不按第三条之路行走，以避关卡查验，一经查出，罚令完一正税如系车脚、运夫作弊，有违以上章程，货主实不知情，该关应体察情形，分别罚办。其罚令入官之货，如果商人情愿将原货变价交官，自应与中国官妥商，按照原货从公估价交官亦可。

第十条 俄商在天津、汉口贩买土货回国应由第三条所载张家口、嘉峪关行走。俄商运货出口，照各国税则交出口正税。如在他口全税交完，至此不再重征。如在天津、汉口贩买复进口土货，该商交税后，在一年内出口回国，将在天津、汉口所交复进口半税，仍行给还。俄商贩货回国，领事官发给两国文字执照，注明商人姓名、货色、包件数目若干，各该关盖印，该商务须照、货相随，以凭查验放行。其缴销执照限期并遇有遗失执照等事，均照第三条章程办理。该商应照第三条之路行走，沿途不得销售。如违此章，即照第八条所定章程罚办。沿途各关卡查验货物，应照第三条办理。

五十一、《内港江河行船免碰及救护赔偿审断专章》（1880年中国与各国）

第五项第九条 两船相碰，如均系华人自置之船，应由华官讯断。如均系洋人自置之船，应由洋官讯断。如一系华人自置之船，一系洋人自置之船，应由中外官员会审。如洋人之船并无洋官在华，可由华官邀同有约之国领事一、二员，帮同会讯商断。若该洋人之船，不服所断，听其自赴外国控告，由各该管之国办理。

第五项第十条　洋人入中国内地游历通商，雇用内地华船，如与华船相碰，则两船皆系华人，应归华官审断，洋人不得插身帮讼。若有碰失洋人货物应赔者，由华官会商洋官酌议妥办。

五十二、《续修条约》（1880年中德）

第三款　中国允，凡中国通商各口，由该监督等酌量情形，如系众洋商情愿，无碍地方者，该监督等妥议章程，自行设立关栈。德国允，德国船只进中国通商各口，其货物清单须将货色、件数开明，内有舛错处，准于十二时限内改正（礼拜、节期不计）。倘有漏报捏报之事，除将该货物充公外，仍应罚该船主，惟所罚之数不得过五百两。

第六款　中国允，凡德国损坏船只有在中国通商各口内拆卖该船各料者，准其不另征进口税银；惟起岸时，仍须照各货一律赴关请领起货准单为凭。德国允，德国人等如有未领领事所发中国地方官盖印执照赴中国内地游历者，准该地方官将其人解交附近领事官管束外，仍应议罚，惟所罚之数不得过三百两。

第八款　中外官员审办交涉案件，及商人运洋货入内地及洋商入内地买土货如何科征，又中外官员如何往来一切事宜，此三节应归另议，今两国暂先订明，彼此均允妥商。

五十三、《续修条约善后章程》（1880年中德）

第四款　德国船只或在中国通商各口内、口外受损应行修理者，其修理日期扣算在免钞期内，准中国官前往查明办理。如查系饰词偷漏者，即照该船图免吨钞之数，加倍议罚。

第五款 中国人等自备各项船只，不准张挂德国旗号。如有可疑之迹，中国该管官知照德国领事官，查明实系不应挂德国旗号之船，当将该船及船上华商之货即行解交中国地方官办理。倘有德国人等知情通同舞弊者，即将船内所有该德国人货物全行入官，仍将其人按例惩办德国船只如张挂中国旗号，即将其事由中国地方官查明，如实系不应张挂中国旗号之船，当将其船并船上德商货物即行解交德国领事官办理，将舞弊之人由领事官照例惩办。倘查明有德国货主人等知情通同舞弊者，即将其人船上货物交中国全行入官。其船上华人货物，可由中国地方官即行入官。

第六款 凡德国损坏船只有在中国通商各口内拆卖该船各料者，如有将船内装运各项货物影射偷漏者，除将漏报货物入官外，仍照应完进口税银加倍议罚。

第七款 德国人等运洋货入内地，或入内地游历，所领单照均系自发给之日起，以十三个月为限（均照中国月日计算），逾限作为废纸，仍呈本关缴销（如游历道路太远不能一年为限者，发照时即将此节照内由地方官会商领事官批明）。倘未缴销，在补缴之前不准再行请领；倘或遗失单照，无论限内限外，即向就近中国官员据实报明，由该官员设法查办，以杜假冒。如查系捏报运货者，货物入官；游历者，解交附近领事官惩办。

五十四、《续约附款》（1880 年中美）

第四款 倘遇有中国人与美国人因事相争两国官员应行审定，中国与美国允，此等案件被告系何国之人，即归其本国官员审定。原告之官员于审定时，可以前往观审，承审官应以观审之礼相待。该原告之官员，如欲添传证见，或查讯、驳讯案中作证之人，可以再行传讯。倘观审之员以为办理不公，亦可逐细辩论，并详报上宪。所有案件，各审定之员均系各按本国律法办理。

五十五、《改订条约》（1881 年中俄）

第十一条　俄国领事官驻中国，遇有公事，按事体之关系案件之紧要及应如何作速办理之处，或与本城地方官，或与地方大宪往来，均用公文。彼此往来会晤，均以友邦官员之礼相待。两国人民在中国贸易等事，致生事端，应由领事官与地方官公同查办。如因贸易事务致启争端，听其自行择人从中调处，如不能调处完结，再由两国官员会同查办。两国人民为预定货物、运载货物、租赁铺房等事所立字据，可以呈报领事官及地方官处，应与画押盖印为凭遇有不按字据办理情事，领事官及地方官设法务令照依字据办理。

五十六、《改订陆路通商章程》（1881 年中俄）

第三条　俄由恰克图、尼布楚运货前往天津，应由张家口、东坝、通州行走。其由俄国边界运货过科布多、归化城前往天津者，亦由此路行走。该商应有俄官所发运货执照，并由中国该管官盖印照内用中、俄两国文字，注明商人姓名、货色、包件数目，任凭沿途各关口中国官员迅速点数查看，验照盖戳放行。查验之时，如有拆动之件，仍由该关口加封，并将拆动件数于照内注明，以凭查核。该关查验，不得过一个时辰。其照限六个月在天津关缴销；如该商以为限期不足，应预先报明该处官员。倘有商人遗失执照，应报明原给执照之官并呈明日期、号头，请领新照，注明补给字样，一面至就近关口报明，查验相符，暂给凭据，准其运货前行。如查该商所报货数不符，查该商系有隐匿、沿途私卖货物，希图逃税情事，应照第八条章程罚办。

第八条 俄商由俄国运来货物至天津，除报明酌留张家口之货外，如查有原货抽换，或数目短少，与原照不符，即将所报查验之货全行入官。但沿途实系包箱损坏，必应改装者，该商行抵就近关口报明，如查验原货相符，即于执照内注明，方可免其议罚。倘有沿途私售，一经查出，其货全行入官。如仅绕越捷径，不按第三条所载之路行走，以避沿途关卡查验，一经查出，罚令完一正税。如系车脚、运夫作弊，有违以上章程，货主实不知情，该关应体察情形，分别罚办。惟此办法系专指俄国陆路通商经过各处而言，各海口及各省内地遇有以上情事，不得援以为例。其罚令入官之货如商人愿将原货作价交官，准其与中国官按照原货，估价交官亦可。

第十条 俄商在天津贩买土货回国，应由第三条所载张家口等处之路行走。俄商运货出口，应交出口正税。若在天津贩买复进口土货及在他口贩买土货经津回国，如在他口全税交完，有单可凭至此不再重征。该商交税后，在一年限内出口回国，将在天津所交复进口半税仍行给还。俄商运货回国，领事官发给两国文字执照，注明商人姓名、货色、包件数目若干，由该关盖印，该商务须货、照相随，以凭沿途各关口查验放行。其缴销执照限期，并遇有遗失执照等事，均照第三条章程办理。该商应照第三条所载之路行走，沿途不得销售。如违此章，即照第八条所定章程罚办。沿途各关卡查验货物，应照第三条章程办理。至俄商由肃州（即嘉峪关）贩运该处所买土货，及在内地所买土货运往该处回国者，所有完纳税饷等事，均照天津一律办理。

五十七、《和好通商条约》（1881 年中巴）

第四款 中国人民在巴国如安本分，但能不违巴国律例章程，无论何处任便游历。巴国人民亦准前往中国内地游历，须由领事官照会关道，请领印照前往，回日缴销。其印照缮写中、巴两国文字，所经过地方如饬交出执照，即应随时呈验。该民雇人、雇船、雇车装运行李，不得拦阻。如其照内有误，以及查出沿途或有不法情事，即送交就近领事查办。惟于途中，止可拘禁，不得凌虐。如在通商各口，出外游玩者，地在百里之中，期在五日之内，可以无庸请照。至于船上诸色人等，不在此例，如有上岸，应由地方官会同领事官另定章程，妥为弹压。

第九款 巴国人民在中国遇有控告华民事件，皆应先禀领事官查明根由，先行劝息，使不成讼。华民有赴领事官控告巴国民在中国者，领事官亦应一体劝息。间有不能听劝者，无论原告或系华民、或系巴民，皆专由被告所属之官员公平讯断。

第十款 巴国民人在中国有被华民违例相欺，准地方官查拿，照例审办。华民有被巴国人在中国违例相欺，巴国官亦按例查拿究治。总之，两国民人交涉、财产、犯罪各案，俱由被告者所属之官员专行审断，各照本国律例定罪。惟逋欠案件，应由欠户所属之官员勉力设法使其偿还。窃盗案件，应照被告者之国律例办理。两国官员均不能代偿。至中国民人遇有本身犯案，或牵涉被控，凡在巴人公馆、寓所、行栈及商船隐匿者，由地方官一面知照领事官，一面立即派差协同设法拘拿，不得庇纵措留。

第十一款 巴国属民在中国有自相控告案件，不论人产，皆归巴国官查办。设与别国有事在中国涉讼，应由巴国领事与该国领事办理。以上案内，如牵涉中国人，仍应按前两款办理。若将来中国与各国另行议立中西交涉公律，巴国亦应照办。

第十二款 凡两国船只驶至通商口岸，本船诸色人等如有上岸滋事，各照两国常例拿办。至巴国船只，或在中国沿海通商口岸有与本地船只相碰互控事情，可由被告所属之官员，查照各国碰船现行章程审理。倘未甘服，应听原告所属之官员照会审理之员，秉公复讯，核断了结。

五十八、《粤海关洋货三联单试办章程》(1882 年中德)

第一条 凡商请领三联报单时，必须出具切结，或本行切结，或联名保结，由海关核定，声明：遵照现定章程办理，有不遵此章之处，分别逾限、走私，即照所请报单内载明货数该完正税若干，逾限情愿缴还十倍，走私或罚缴二十倍，或全货归中国充公；并在切结附载“如遇有事故该商不及照章全办者，听监督将货扣留，按照应完各税及加缴银数提货变价，补足清楚，方将余货及余银发给领回，倘各项完缴未清，该货不能过给别商。”各等语。至洋商所具之保结，应呈由本国领事官核明盖印为凭后，由该商送税务司查存。

德使出语：查第一条洋商请领三联，勒具切结条约无此明文，且联名匪易，清江浦地方章程，即无行保，由该关自出文凭，内叙：应完税银，照章遵办，如有违章，即按前定条规议罚。原议罚银十倍或二十倍太多，拟以三倍即可。若走私则应全货入官。

总署出语：洋商既以联名切结为难，应令该商自出切结，加盖领事官之印结内注明：如有违章，即按前定规条罚银五倍，走私则全货入官。其罚款可问领事追缴，不能要领事赔偿。

第二条 凡商请领三联报单，由监督发之日起，本省以三个月、出省以六个月为限，应赴内地各该处照单买货，沿途过第一关卡将报单三联一并呈缴，倒换运照。凡逾限未经持用倒换运照之报单，即由监督查销；如请单后不赴单内所指地方置货，另往别处采买，或持已销之单仍往内地买货运口，均将该货全行入官。所请之报单如被人私行窃去，有遗失，原请之人须得立即报明本关，以便查销。至报失以后，如有人复用已销之单办货违章，所有罚办与原请之商无涉。

德使出语：查第二条原议过第一关卡呈缴报单、倒换运照各节，无须勒限。如海关以为紧要，须定限期，可以十三个月为限，如仍难照行，则在本省以六个月、出省以九个月为限。至原议商人请单后应照单内所指地方买货等语，在琼、北两关章程，无此明文，可令该商报明某县即可，不必逐层指出。

总署出语：查倒换运照，不能不定期限；今准照镇江章程，自监督发给联单之日起，本省予限六个月、出省予限九个月。至单内向应指定买货之地方，今可令该商报明所往某县，不必逐层指出地方。

第三条　凡请三联报单所买之土货，自发给之日起，限本省以三个月、出省以六个月到本关最近之子口，如无经过子口，即以本关码头为最近子口。如逾期限，货未到最近之子口，即照切结所开银数，呈缴入官。惟凡有该货沿途为关卡及地方各项员弁扣留，遇有不测之事，类如水灾、贼匪，商人不能自己为力各等情事，以致期内不能将货运送到口，该商须将耽误情形，立即就近报明地方官，并报本官查照，由监督酌量情节改宽限期。若再逾所展之限，货不到口，方令该商照结罚缴。

德使出语：查第三条再逾展限货不到口照结罚缴，此节仍难照行。缘商沿途难免屡遭风变，委非故意耽延。

总署出语：原议本有由监督酌量情节改宽限期之语，此条无须商改。

第四条 该土货到本关最近之子口，须由该商开具件数、货色、斤重清单报关，由关给发准单，准该货过卡，随即将货送至本关码头验明，报完子口半税后，方准将该货起运上栈。如不遵照此章办理，即照切结所开银数，呈缴入官。

德使出语：查第四条所议该货过卡至起运上栈各节，其章程应指明何处为第一最近之卡方妥。

总署出语：查最近之卡一节，可由该关豫于单内指明处所，以便该商知所趋向。

第九条 凡有逾限违章者，应照切结呈缴银两。至追缴未清之时，该商暂停续请报单，其已领报单听监督一并查销，运照饬令缴回。

德使出语：查第九条原议“凡有逾限违章应行罚缴银两，至追缴未清暂停续请报单”等语，条约既无，亦属暧昧。该关必欲定章，则商人如将罚银先交海关押存，或交领事暂收以待分理时，如欲请单，该关即应发给。

总署出语：查违章议罚之款如未清缴，自应暂停请单。或有案情未定该商愿将应罚银两交海关押存，续行请单，亦可通融准给。

德使出语：再以上如有违章应罚，则可按照一千八百六十八年五月三十一日所定如何罚办章程办理。

总署出语：再以上遇有违章应罚，其确实有据并无可疑者，再由关道照章罚办，毋庸会讯。倘系章程所未赅载，情节尚介疑似者，可照会讯章程办理。

五十九、《商民水陆贸易章程》(1882 年中朝)

第二条 中国商民在朝鲜口岸如自行控告，应归中国商务委员审断。此外财产、罪犯等案，如朝鲜人民为原告，中国人民为被告，则应由中国商务委员追拿审断。如中国人民为原告，朝鲜人民为被告，则应由朝鲜官员将被告罪犯交出，会同中国商务委员按律审断。至朝鲜商民在中国已开口岸所有一切财产罪犯等案，无论被告、原告为何国人民，悉由中国地方官按律审断，并知照朝鲜委员备案。如所断案件，朝鲜人民未服，许由该国商务委员禀请大宪复讯，以昭平允。凡朝鲜人民在其本国至中国商务委员处，或在中国至各地方官处，控告中国人民，各色衙役人等不得私索丝毫规费。违者查出，将该管官从严惩办。若两国人民或在本国，或在彼此通商口岸，犯本国律禁，私逃在彼此地界者，各地方官一经彼此商务委员知照，即设法拿交就近商务委员，押归本国惩办，惟于途中止可拘禁，不可凌虐。

第四条 两国商民前往彼此已开口岸贸易，如安分守法，准其租地、赁房、建屋。所有土产与非干例禁之货，均许交易。除进出货物应纳货税、船钞，悉照彼此海关通行章程完纳外，其有欲将土货由此口运往彼口者，于已纳出口税外，仍于进口时验单完纳出口税之半。朝鲜商民除在北京例准交易与中国商民准入朝鲜杨花津、汉城开设行栈外，不准将各色货物运入内地坐肆售卖。如两国商民欲入内地采办土货，应禀请彼此商务委员与地方官会衔给予执照，填明采办处所。车马、船只听该商自雇，仍照纳沿途应完厘税。如有彼此入内地游历者，应禀请商务委员与地方官会衔给予执照，然后前往，其于沿途地方有犯法等事，统由地方官押交就近通商口岸照第二条惩办。途中止可拘禁，不得凌虐。

第五条 向来两国边界如义州、会宁、庆源等处，例有互市，统由官员主持，每多窒碍，兹定于鸭绿江对岸栅门与义州二处，又图们江对岸珲春与会宁二处，听边民随时往来交易。两国第于彼此开市之处，设立关卡，稽察匪类，征收税课。其所征税则无论出、入口货，除红蔘外，概行值百抽五。从前馆宇、饩廪、刍粮、迎送等费，悉予罢除。至边民钱财、罪犯等案，仍由彼此地方官按照定律办理。其一切详细章程，应俟北洋大臣与朝鲜国王派员至该处踏勘会商，禀请奏定。

第六条 两国商民无论在何处口岸与边界地方，均不准将洋药、土药与制成军器贩运售卖。违者查出，分别严加处治。至红蔘一项，例准朝鲜商民带入中国地界，应纳税则按价值百抽十五。其有中国商民将红蔘私运出朝鲜地界未经政府特允者，查出将货入官。

六十、《奉天与朝鲜边民交易章程》(1883 中朝)

第二条 奉省商民除在义州贸易外，非由地方官印发执照为凭，不准潜往朝鲜各处游历。朝鲜商民更应恪遵此次章程，不得潜往奉省各处游历，尤不准挈带外人入边。若有挈带外人，冒充本国商民，擅入边界者，一经查出，将起意挈带之人，照私越边界例从重治罪。

第三条 鸭绿江以内与朝鲜平安道邻近各处河口，系天朝采办祭品官鱼之地，严禁民间私捕。朝鲜人民更不准往来捕鱼，犯者惩办。

第十四条 奉省商民赴朝鲜交易，只准在义州，朝鲜商民赴奉省交易，只准在中江设卡处所。凡奉天所辖均系陪都重地应遵原奏，即采买土货亦只准由凤凰边门出入，仍由贡道折回，不得肆意游行。至朝鲜为天朝属国，视同内服，奉省商民亦不得违禁侵越，犯者惩办。

第十五条　海口货物准由海道贩运。奉省商民不准将朝鲜已开口岸贩买之货由陆路运回中江，或在朝鲜义州及别境售卖。朝鲜商民亦不准将奉省已开口岸贩运之货由陆路运回义州或即在奉省中以及别境售卖。违者查货入官，加等拟罪。倘系官员因公奉有文书，轻身行走，并无货物，不与商民并论，应即查验放行，以示区别。

第十六条　商民贩运货物均须开单呈官查验，盖用戳记。如有挟带私货，未经报明，即属偷漏，查出概行入官。至洋药、土药、制成军器及一切违禁之物，除照天津原议不准贩运售卖外，并不准携带过境。即行使铜钱，亦不许转玄运出境。违者分别治罪。

第十九条　朝鲜使臣赴京，向例于进边时由凤凰城城守尉先期驰报盛京将军各衙门知照礼部，一面由城守尉亲赴边门监视，并派员沿途照料护送以及差官、通官迎送等事，均系朝贡典礼所关，仍应遵照定制，以符天津原议，自当严束兵役，不得借端需索，违者究。

第二十一条　旧时栅门每于夜间交易，难免偷漏隐匿等弊，现既改移中江，不得仍沿旧习，自应从严禁绝，不准黑夜入市，犯者惩办。

六十一、《议定两属缠头商民事宜条约》（1883 年中俄）

第一条　按照新约第十一条，两国人民在中国贸易，如因事致起争端，听其自行择人，从中调处。塔城现有之中俄两属缠头，应仍照缠头回教旧规，先令其自选公正人为办事人，遇事调处，以期和衷有益。

第二条 中、俄所选办事人，倘遇事不能办理完结，即由总理营务处与领事官会同办理；其案内人遇有应得之罪，各按本国之例办理。

六十二、《吉林朝鲜商民贸易地方章程》(1883 年中朝)

第二条 如有商民欲入内地采办土货以及游历者，可照天津所定章程第四条办理，惟欲西入奉省较近祖宗陵寝重地及东入俄界者，概不准填给执照，并不准由本国地方私结他国商伴至开市地方，违者严惩。

第九条 所有稽查匪类、征收税课等事，统由督理商务之员妥派司事弁兵随时认真办理。其钱财、罪犯等案，珲春、庆源自应就近归地方官审断，各按定例办理，并互相知照。如有关商务者，仍照会税务局备查。惟宁古塔、敦化县与会宁相距过远，非安东、义州、珲春、庆源相离较近情形可比。如吉省人民在朝鲜滋事或私逃在朝鲜境内者，应由会宁等城地方官拿交督理商务之员。其无须归案而罪止枷杖者，及寻常词讼，由该员拟议发落，以省拖累。徒罪以上，仍分别解交地方官审办。朝鲜人民在吉省滋事或私逃在吉省者，并由督理商务之员转令地方官缉拿，解由税局发交原报之朝鲜地方官治罪。倘有边界重大事件非朝鲜地方官所能擅专、税局委员所能核拟者，应由该委员详奉北洋大臣、吉林将军、督办大臣批示后，仍由督理商务之员照会朝鲜各该地方官遵批办理。朝鲜官员亦可转报朝鲜政府听命。

第十条 吉林、朝鲜商民贸易，与奉天情形相近，朝鲜商民欲入吉省采办土货，先由地方官给发执照，由督理商务之员接照盖用关防，更填给护照。吉林商民欲入朝鲜采办土货亦用此例。执照内均先声明何处地方何项货物；如未能预定何货，俟采办齐全，回到关卡地方将实在货物报明，缴还原领执照，以凭查货征收，换给税单。出关、入关时，单查验，盖用戳记。如出入有携带私货，未经报明，即属有意偷漏，查出货物入官。其寻常随时往来至开市处所贸易，应由地方官或税局给予关防印照，明商人姓名、货物、牲畜数目，无照不许放行，只准由两国开市地方正路行走，不得肆意闲行，向民房借宿。由歧路捷径越绕者，各卡兵捕送到官，罚征正税三倍。

第十三条　两国边界，凡有人、畜、货物，人诱去偷取，一经指明，获犯即行给还。如无原物，向该犯追偿。倘该犯无力赔还，地方官不得代赔，各将该犯以本国之律严行究治。若无指明人名，又未获犯，俱不得请偿。凡私来搜索财产、携带军器来劫者，俱从严惩办。

六十三、《塔城哈萨克归附条约》（1884 年中俄）

第三条　俄国之地及巴尔鲁克山地方，如有中国逃走犯法之人以及盗贼到俄国地方，准俄国官员派兵查拿，交中国之官。若中国所属不法人等拒捕或逃避，其时枪毙，或受重伤，抑受伤不死，禀报到官，亦不为事。若俄国有逃走犯法之人以及盗贼到中国地方，准中国官员派兵查拿，交俄国之官。如俄国所属不法人等拒捕或逃避，其时枪毙，或受重伤抑受伤不死，禀报到官，亦不为事。又两国哈萨克等，如有互相抢夺牲畜之事，即由两边官员查明，将该贼等罚办，所抢之牲畜追还原主。倘贼人不能还给，即由一乌苏塔尔钦游牧，或一章盖之游牧赔还；如此再不能还，即由一波罗斯之游牧，或一总管游牧赔还。并将此等所定之事，两国官员各自晓谕本国哈萨克等遵照。

六十四、《越南条款》（1885 年中法）

第一款 越南诸省与中国边界毗连者，其境内，法国约明自行弭乱安抚。其扰害百姓之匪党及无业流氓，悉由法国妥为设法，或应解散，或当驱逐出境并禁其复聚为乱。惟无论遇有何事，法兵永不得过北圻与中国边界，法国并约明必不自侵此界，且保他人必不犯之。其中国与北圻交界各省境内，凡遇匪党逃匿，即由中国设法，或应解散，或当驱逐出境。倘有匪党在中国境内会合，意图往扰法国所保护之民者，亦由中国设法解散法国既担保边界无事，中国约明亦不派兵前赴北圻。至于中国与越南如何互交逃犯之事，中法两国应另行议定专条。凡中国侨居人民及散勇等在越南安分守业者，无论农夫、工匠、商贾若无可责备之处，其身家产业均得安稳，与法国所保护之人无异。

六十五、《越南边界通商章程》（1886 年中法）

第十款 进出口之货，到中国边关，即请查验，不得逾十八个时辰，如逾期不报，每日罚银五十两，惟此罚银至多不得过二百两。凡过关报货时，若心存欺诈，以多报少，冀减其应纳税项，查有确据，即将货物全罚入官。若无关监督准单，私自过关起卸、绕路拆卖及一切有心偷漏等弊，亦将货物全罚入官。凡有商人报关请领内地税单，心存欺诈，或捏报货物名色、件数，并所出、所往之区不符者，亦将货物全罚入官。至其如何审办，应照同治七年闰四月初八日章程办理。其罚令入官之货，如商人愿将原货作价交官，准其与中国官按照原货估价交官亦可。至中国沿边一带，凡有严防偷漏之法，皆由中国官相度机宜，随时便宜设法办理。其中、法以及越南船艇，上下水道，每过彼此边关之时，倘无单货不符等弊，可无庸卸货登岸，只由关遣差上船查验。

第十二款　凡运土货由中国此边关路过北圻至中国彼边关者，或由两边关运出越南海口回中国者，其过北圻时，应照法关税则完纳过境税，均不得过货值百抽二。至此项货物，于出中国后，应由法国边关查验给发货单详开货物名色、件数并所往之处等语，该商人执此货单，每遇法官索验，即应沿途或抵海口后呈阅。但此项土货运入北圻后，应先纳进口正税，以防偷漏。即由法关给发单照，以便于抵海口或至边界时呈验，由法关在原纳进口正税内扣去过境税银，仍将余银给还，则该商人即将前次已领之收税单呈缴注销。惟此项土货运过北圻既系新章，倘该商报法关时，心存欺诈，捏报货物名色、件数并所出所往之处不符，查有确据者，即将货罚入官。其罚令入官之货，如商人愿将原货作价交官，准其与法国官按照原货估价交官亦可至中国土货出各海关，运入越南海口，过北圻进边关者，其在越南境内，亦应照以上过境税则一律办理。

第十六款　中国商民侨居越南，所有命案、赋税、词讼等件，均与法国相待最优之国之商民无异。其在边关通商处所，华人与法人、越南人词讼案件，归中、法官员会审。至法国人及法国保护之人在通商处所，如有犯大小等罪，应查照咸丰八年条约第三十八、三十九等款，一律办理。

第十七款　中国边界某某通商处所，有中国人民照中国律例无论犯何罪名，逃入法国人或法国所保护人民寓所或商船隐匿者，地方官照会领事官，查明罪由，即设法拘送中国官审办。至中国人民因犯法逃往越南，由中国官照会法国官，访查严拿，查明实系罪犯交出，照法国与别国所订互交逃犯之约最优之章办理。其法国人民及法国保护之人犯法被告逃往中国者，法国官照会中国官，查明实系罪犯，设法拘送交出法国官审办。彼此不得稍有庇匿。

六十六、《会订电报齐价摊分详细合同》（1887 年中国与英、丹）

十九 此合同字义并各款一切之事，如电报局、两公司各有争执之处，则将该事交之公正官详论：一为北洋大臣或为别位中国大宪，归电报局请；一为驻京丹国钦差或为英国钦差，如肯俯允相就，归两公司请；其第三公正官，在事未详论之前，须由两公正官公举。其二公正官或三公正官之公断，均可听从，作为定议，两造遵照。

六十七、《和好通商条约》（1887 年中葡）

第十三款 游行往来卸货、下货，任从大西洋国商人自雇小船驳运，不论各项艇只，雇价银两若干，听大西洋国商人与船户自议，不必官为经理，亦不得限定船数，其船及挑夫人等亦不准人包揽运送。倘有走私、漏税情弊查出，该犯自应照律惩办。

第十五款 大西洋国人民在中国地方，如有被人欺凌扰害，大清国官宪自必时加保护，令其身家、财产得以安全。倘或被人抢夺，放火烧毁房屋，抢劫财物者，地方官即行设法派拨兵役，弹压查追，并将焚抢匪徒按照律例严办。大清国人在大西洋国所属地方如有被人欺凌扰害，大西洋国官员亦照此一体办理。

第十八款 大西洋国船只在大清国辖下海洋地方有被强盗抢劫者，地官者一经闻报，即行设法查追拿办，如能追得赃物，交领事官给还原主。

第二十七款　大西洋船只进口，限一日内该船主将船牌、舱口单各件交领事官，即于次日通知监督官，并将船名及押载吨数、装何货物之处，照会监督官，以凭查验。如过限期，该船主并未报明领事官，每日罚银五十两，惟所罚之数，总不逾二百两以外。至其舱口单内，须将所载货物详细开明。如有漏报捏报者，船主应罚银五百两。倘系笔误，即在递货单之日改正者，可不罚银。

第二十八款　监督官接到领事官详细照会后，即发开舱单。倘船主未领开舱单擅行下货，即罚银五百两，并将所下货物全行入官。

第二十九款　大西洋国商人上货、下货，总须先领监督官准单，如违，即将货物一并入官。

第三十款　各船不准私行拨货；如有互相拨货者，必须先由监督官处发给准单，方准动拨。违者，即将该货全行入官。

第四十二款　大西洋国船只，只准在通商各口处所出入贸易，除第十九款所议未能防范之事外，如有在别处沿海地方入口或私行买卖者，即将船货一并入官。

第四十五款　大清国大西洋国交犯一节，除中国犯罪民人有逃至澳门地方潜匿者，由两广总督照会澳门总督，即由澳门总督仍照向来办法查获交出外，其通商各口岸，有犯罪华民逃匿大西洋国寓所及船上者，一经中国地方官照会领事官，即行查获交出；其大西洋国犯罪之人有逃匿中国地方者，一经大西洋国官员照会中国地方官，亦即查获交出；均不得迟延袒庇。

第四十七款　在大清国地方，所有大西洋国属民互控案件，不论人、产，皆归大西洋国官审办。

第四十八款 大清国人如有欺凌扰害大西洋国人者，由大西洋国官知照大清国地方官，按大清国律例自行惩办；大西洋国人如有欺凌扰害大清国人者，亦由大清国官知照大西洋国领事官，按大西洋国律例惩办。

第四十九款 大清国人有欠大西洋国人债务不偿或潜行逃避者，中国官必须认真严行查拿，如果系账据确凿、力能赔缴者，务须追缴。大西洋国人有欠大清国人债务不偿者，大西洋国领事官亦一体追缴。但不论是何情形，两国均不保偿民人欠项。

第五十款 大西洋国人每有赴诉地方官其禀呈皆由领事官转递，领事官即将禀内情词，查核适理妥当，随即转递否则更正或发还。大清国人有禀赴领事官呈递，亦先报地方官，一体办理。

第五十一款 大西洋国民人如有控告大清国民人事件，应先赴领事官衙门递禀，领事官查核其情节，须力为劝和息讼。大清国民人如有赴领事官衙门控告大西洋国人者，领事官亦应查核其情节，力为劝息。若有不能劝息者，应由大清国地方官与领事官会同审办，各按本国之律例，公平讯断。

第五十二款 天主圣教原以劝人行善为本，自后凡有传授习学者一体全获保护；其安分无过者，大清国官不得苛待禁阻。

六十八、《中德人民互相嫁娶归夫治管辖章程》（1888 年中德）

如有华女嫁德人者，应归其夫治管辖，惟德员应将华女嫁德人之事知照中国该管地方官。至从前有华女出嫁德人等事，经此次定明后，再由领事官补行知照地方官，即为定妥。如其中有华女出嫁德人并未禀请领事官知照地方官者，将来被人控告，应归中国审断。又或该女犯事在出嫁德人以前，因而远嫁异国，希图逃匿者，一经查出此情，其所有犯罪之处仍当由中国地方官提讯归案。至中国人娶德国妇人，亦应援女嫁从夫之例，归其夫治管辖。

六十九、《中义人民互相嫁娶归夫治管辖来往照会》（1889年中意）

义国公使致总理衙门照会

为照会事：照得上年五月总理衙门与德国驻京大臣所议中德两国人民婚礼章程，本国国家视为同心，现拟如有中义两国男女彼此嫁娶之事，将该章程一例照行。如有华女嫁义国人者，应归其夫治管辖，惟义员应将华女嫁义人之事知照中国该管地方官。如其中有华女出嫁义人并未禀请领事官知照地方官者，将来被人控告，应归中国官审断。又或该女犯事在出嫁义人以前，因而远嫁异国，希图逃匿者，一经查出此情，其所有犯罪之处仍当由中国地方官提讯归案。至中国人娶义国妇人，亦应援女嫁从夫之例，归其夫治管辖。相应照会贵王大臣，请烦查照示复可也。须至照会者。

西历一八八九年一月二十二日

七十、《续订电报齐价摊分合同》（1889年中国与英、丹）

第十九款　此合同字义并各款一切之事，如电报局、两公司各有争执之处，则将该事交三公正官评论：一为北洋大臣或为别位中国大宪，归电报局，一为驻京英国大臣或为丹国大臣，如肯俯允相就归两公司请；其第三公正官，在事未评论之前，须由两公正官公举。其第二公正官或三公正官之公断，均可听从，作为定议，两造遵照。

七十一、《藏印条款》（1893 年中英）

第六款　凡英国商民在藏界内与中藏商民有争辩之事，应由中国边界官与哲孟雄办事大员面商酌办。其面商酌办者，固为查明两造情形，彼此秉公办理；如两边官员意见有不合处，须照被告所供，按伊本国律例办理。

七十二、《续议滇缅界、商务条款》（1894 年中英）

第九条　凡货由缅甸入中国，或由中国赴缅甸，过边界之处，准其由蛮允、盏西两路行走，俟将来贸易兴旺可以设立别处边关时，再当酌量添设。中国欲令中、缅商务兴旺，答允自批准条约后，以六年为期，凡货经以上所开之路运入中国者，完税照海关税则减十分之三，若货由中国过此路运往缅甸者，完税照海关税则减十分之四。凡有陆路出入货物，给发三联单（即子口税单），照通商口岸章程一律办理。

运货经过中国地段，如在此约所准之路之外及有偷漏等弊，倘中国官愿行查办，即可将该货充公。

第十条　食盐不准由缅甸运入中国。中国铜钱、米、豆、五谷不准运往缅甸。鸦片及酒不准由两国边界贩运出入，惟行路之人准其酌带若干，以备自用。每人准带之数，应照关章定夺。

若犯此条及前一条，即将所有之货充公。

第十五条　英国之民有犯罪逃至中国地界者，或中国之民有犯罪逃至英国地界者，一经行文请交逃犯，两国即应设法搜拿，查有可信其为罪犯之据，交与索犯之官。

行文请交逃犯之意，系言无论两国何官，只要有官印，便可行文请交；此种请交逃犯之文书，亦可行于罪犯逃往之地最近之边界官。

七十三、《马关新约》（1895 年中日）

另约

第三款 日本国军队所驻地方治理之务，仍归中国官员管理。但遇有日本国军队司令官为军队卫养、安宁、军纪及分布、管理等事必须施行之处，一经出示颁行，则于中国官员亦当责守。

在日本国军队驻守之地，凡有犯关涉军务之罪，均归日本国军务官审断办理。

七十四、《边界会巡章程》（1896 年中法）

二十二节 凡有匪徒在越南境内被法军追迫过界入中国者，即由就近法国对汛知照中国对汛，或由追匪之法军管带知照就近中国军兵管带，俾中国军兵迅速接追捕获。遇有匪徒由中国境内过界入越南者，应由中国对或剿匪之中国军兵管带，速即知照法国对汛或就近法军管带，俾法军即行接追捕获。至如此接追知照，倘有稍涉疏忽、迟延之汛弁、管带等员，即应查问重办。一经本国拟定，会知彼国督办巡查该段边界大员第五条责成督办巡查大员及各对汛汛弁。

二十三节 凡中法督办大员有不遵现章定明职分者，即由两国大臣，彼此各行查明应归之咎，俟此国拟定罚办处分，会彼国，仍各按本国律例办理。

二十四节 中法对汛汛弁，或中法军营管带，有不遵现章所定职分者即由该段边界中法督办巡查大员，彼此各行查明，仍各按本国律例酌定罚办，并知照彼国该督办大员。

七十五、《汉口俄租界地条约》（1896 年中俄）

二、俄国租界，共合地四百一十四亩六分五厘。每年应纳租价，即系地丁、漕米银两照亩科算，每亩地丁银一钱一分七厘，共银四十八两五钱一分四厘；每亩漕米二升八合四勺，共米十一石七斗七升六合六勺，每米一石折银三两，共银三十五两三钱二分八厘八；共银八十三两八钱四分二厘，于每年四月由俄国领事官送交汉阳县查收汇解。此地永租与俄国，其俄界一切事宜归俄领事官按照此约及后订章程办理。惟租界内遇有华洋商民禀控欺凌等项事故，应由租界委员会同领事及领事官所派之员审讯办理。如系两国交涉重大事件非委员所能谳者，可由领事照会监督，按照约章由地方官办理。

七十六、《通商行船条约》（1896 年中日）

第五款 中国现已准作停泊之港，如安庆、大通、湖口、武穴、陆溪口、吴淞等处及将来所准停泊之港，均准日本船卸载货物客商，悉照现行各国通商章程办理。如日本船违章，到中国别口非系准停泊之港，亦非准通商口岸，或在沿海、沿江各处地方私做买卖，即将船货一并由中国罚充入官。

第六款 日本臣民准听持照前往中国内地各处游历、通商，执照由日本领事官发给，由中国地方官盖印，经过地方，如饬交出执照，应随时呈验无讹放行，所有雇用车、船、人夫、牲口，装运行李、货物，不得拦阻。如查无执照或有不法情事，就近送交领事官惩办。沿途止可拘禁，不可凌虐。执照自发给之日起，以华十三个月为限。若无执照进内地者，罚银不过三百两之数。惟在通商各口岸，有出外游玩地不过华百里、期不过五日者，无庸请照，船上水手人，不在此列。

第八款 日本臣民任从自雇船只，驳运货、客，不论何项船只，雇价银两听其与船户自议，中国政府官吏均无庸干涉，其船不得限定只数，并不准船户、挑夫及各色人等把持包揽运送等情。倘有走私税情弊查出，该犯自应照例惩办。

第二十款 日本在中国之人民及其所有财产物件，当归日本妥派官吏管辖。凡日本人控告日本人或被别国人控告，均归日本妥派官吏讯断，与中国官员无涉。

第二十一款 凡中国官员或人民控告在中国之日本臣民负欠钱债等项，或争在中国财产物件等事，归日本官员讯断。凡在中国日本官员或人民控告中国臣民负欠钱债等项，或争中国人之财产物件等事，归中国官员讯断。

第二十二款 凡日本臣民被控在中国犯法，归日本官员审理，如果审出真罪，依照日本法律惩办。中国臣民被日本人在中国控告犯法，归中国官员审理，如果审出真罪，依照中国法律惩办。

第二十三款 中国人有欠日本人债务不偿或诡诈逃避者，中国官务须严拿追缴。日本人有欠中国人债务不偿或诡诈逃避者，日本官亦应一体办理。

第二十四款 日本人在中国犯罪或逃亡负债者，潜往中国内地或潜匿中国臣民房屋或船上，一经日本领事照请，即将该犯交出。中国人在中国犯罪或逃亡负债者，潜匿在中国之日本居民所住房屋或中国水面日本船上，一经中国官照请，日本官即将该犯交出。

七十七、《合办东省铁路公司合同章程》（1896 年中俄）

第九款 凡外国搭客，经此铁路，于中途入内地，必须持有中国护照，方准前往。若无中国护照，责成该公司，一概不准擅入内地。

第十款　凡有货物、行李，由俄国经此铁路，仍入俄国地界者，免纳一概税厘。惟此项货物，除随身行李外，该公司应另装车辆，在入中国边界之时，由该处税关封固，至出境时，仍由税关查明，所有封记并未拆动，方准放行；如查出中途私行拆开，应将该货入官。至货物由俄国经此铁路运往中国，或由中国经此铁路运赴俄国者，应照各国通商税则，分别交纳进口、出口正税，惟此税较之税则所载之数，减三分之一交纳。若运往内地，仍应交纳子口税，即所完正税之半；子税完清后，凡遇关卡，概不重征。若不纳子税，则逢关纳税，遇卡抽厘。中国应在此铁路交界两处，各设税关。

七十八、《杭州塞德耳门原议日本租界章程》（1896 年中日）

第九条　凡塞德耳门界内，不准搭盖草屋及下等板屋，恐易引火贻害他人。至火药、炸药及一切有害人身家、财产之器物，概不准收藏、夹带运送。经由官察出或他人告诉，各照自国律例惩办。设有工事必须应用炸药等件，应先禀明日本领事官，作何用处，开明清单禀报，听候查明，照开清单知照新关，由税务司查明方准起岸。起岸之后，即须用去，不得久留贻害。

第十三条　所有日本人民，若犯章程或他地犯罪潜在此地界内，日本领事官派差捕拿，可知照捕房，派捕协拿，照律惩办。

七十九、《苏州日本租界章程》（1897 年中日）

第三条　界内地基只准日本人民租赁，但华人愿在界内居住者，准其租屋自行贸易营生。至于品行不端无业游民曾经犯案不安本分之华人及扰害租界行同无赖之日本人，概不准在界内居住。违者，即行驱逐，不许逗留，倘再故违，由该国应管之官惩办。其界内居住之华人，凡有词讼案件及中国地方官应办事宜，务照上海租界洋泾滨会审章程办理中国应在界内设立会审公署。

第八条 凡租契以三十年为限，满限后准其换契续租；以后永照三十年一换契之例。换契时，租主应禀请日本领事官，咨照中国地方官更换，不得再给租价以及别项费用。倘满限不报者，应由地方官通知领事官传谕该名，若逾两月仍不呈报，即将该契注销，以便稽查，而有限制。

第九条 界内不准建造草房以及板顶等房，致易引火贻害他人。倘有违犯者，立即禁止，勒令拆毁。

第十条 界内不准收藏火药、炸药以及有害人身家性命、财产之物。倘有违犯者，各按本国律例办理。倘因工作必须应用炸药等物，须先开单呈报日本领事官，由领事官先行通知税关，查验明确方准起岸。起岸后应有一收藏之所，并应从速用完，不得任意贮藏各处，或久宕不用。若有此等事故，应由领事官责令该名迁移界外，以安闾阎。

八十、《杭州日本租界续议章程》（1897 年中日）

中国照会

大清钦命浙江等处布政使司督办洋务总局恽、钦加二品顶戴杭嘉湖道督办洋务总局王、钦加盐运使衔尽先补用道襄办洋务总局伍，为照会事：照得杭州开埠通商，并划定日本商民居留地，所有章程业经议定，计商民来此贸易，自必日见其多，恐将来有中国不守本分商民违禁营业，如偷售军火、私贩军器及伤败风俗一切有害治安之业者等类，应按照前议第八条章程，随时一体照禁，本局如有见闻，亦当随时照会，按章办理，至日本商民及别国商民，亦当一律严禁。再凡在界内居住，不问何国之人、作何生理，应请贵领事每一年查明分别开单，通知本局一次，以便稽考，此为望切。即希照覆施行。须至照会者。

右照会

大日本钦命驻扎杭州办理通商事务领事官小田切

大清光绪二十三年四月十二日本

日本覆照

大日本钦命驻扎杭州办理通商事务领事官小田切，为照覆事：顷准贵局照开："杭州开埠通商，并划定日本商民居留地，所有章程业经议定，计商民来此贸易，自必日见其多，恐将来有中国不守本分商民违禁营业，如偷售军火、私贩军器及伤败风俗一切有害治安之业者等类，应按照前议第八条章程，随时一体照禁，本局如有见闻，亦当随时照会，按章办理，至日本商民及别国商民，亦当一律严禁。再凡在界内居住，不问何国之人、作何生理，应请贵领事每一年查明，分别开单，通知本局一次，以便稽考。"等因，准此。查界内不准偷售军火、私贩军器及伤败风俗一切有害治安之业。如有不守章者，其系贵国人，照前议章程第八条查办，其系本国人，自应照本国律令惩办，别国商民亦一律严禁。再者，凡在界内居住，不问何国之人、作何生理，应由本领事官查明，分别按年开单通知贵局可也。须至照覆者。

右照会

钦命浙江等处布政使司督办洋务总局恽

钦加二品顶戴杭嘉湖道督办洋务总局王

钦加盐运使衔尽先补用道襄办洋务总局伍

明治三十年五月十三日

八十一、《天津专章》（1898 年中刚）

一、中国与各国所立约内，凡载身家、财产与审案之权，其如何待遇各国者，今亦可施诸刚果自主之国。

八十二、《内港行船章程》（1898 年中国与各国）

审案办法

第一条 凡在内港犯事者，无论或违背税章、或殴辱人命、或盗窃财产等事，均须由该处地方官按惩办本处人民之律章审断。惟若系洋人之船，即犯事者为洋人，船上所用之华人，应由地方官一面知照就近口岸之税务司转告该船之领事官，该领事官即可派员前赴观审。若犯法者为洋人，应照条约所论护照之条，将其人送交就近口岸之税务司，转交该领事官办理。

第二条 凡此项轮船如经过税关、厘卡等处，并不遵允停轮，或搭客、水手等在内港地方滋闹肇衅等事，即照各关卡定章罚办，一面由海关将该船之船牌撤销，不准复往内港贸易。倘系洋商之船，若该商以审断案情及罚款均请照同治七年会询船货入官章程办理，亦可。

八十三、《汉口日本专管租界条款》（1898 年中日）

第十条 日本租界内，如遇无驻华领事官管束之洋人并华人涉讼，应归中国官办理，派员在租界审谳。若无领事管束之洋人并日本国人或各国人，因被华民欺凌禀控，以及华民在租界内违犯章程，中国官会同日本领事官或领事所派之员会审。如谳员定案不合，可由日本领事官照请江汉关监督，再行覆讯。如有重大事件，仍由地方官办理。如系两国交涉事件，仍照章办理。

八十四、《增订上海洋泾浜北首租界章程：增订后附规例》（1898 年中国与各国）

第六款 让出公用之地 凡在租界以内，经执业租主各西人让出作公用之地（如道路、涨滩之类），嗣后仍照前遵行，专作公用，不得另作别用；即将来置买新地内，如有涨滩，亦必凭照此章，让作公用，以资执业。因须预筹推广开筑租界通行往来之路，由公局于西历每年新正查勘地图，将应作新开马路处所，公同会议拟定。（公局系租界之内执业租主及有阄准议事之西人，照章公同会议，选派设立以办事者，所有阄议章程、局章程均见于后。）凡遇此后转租之事，基地内如有续涨滩地，及应开作道路之地，必由承租者照章让作公用，以便执业（此章系议定，众所共知，自应遵照之租地执业章程）。此项照章让出及已作公用之地，除齐集各执业租主有阄人等公同会议核定，允准将该地给回原主收回之外，不能由原主自行任意收回，至此项已经议出作为公用之地尚有应完年租，虽仍由原主照缴，但不能借此希图管业。除照上载各项外，如有占用涨滩、马路等地作为公用情事，必先经该执业租主应允，方可施行，决不能以援引此章为词。各执业租主会同阄议将地段划归公局管辖之后，公局即将拟在该地方作公用公路等处，出示通知。倘有早在该地方置有产业之有约各国商民等，因公局示内所云公用公路之处，有所辩论，限十四天内，投该管领事官，具呈禀明，或自己专函通知公局，以便设法调处。若照领事官意见未能妥协，即任听公局将管辖该地方之责推辞，此事即作为罢论。租界内执业租主（有阄议事人亦在内）会议商定准其购买租界以外接连之地、相隔之地，或照两下言明情愿收受（西人或中国人）之地，以便编成街路及建造公花园为大众游玩性适情之处。所有购买、建造与常年修理等费准由公局在第九款抽收捐项内随时支付，但此等街路、花园专作公用，与租界以内居住之人同沾利益，合行声明。

第六款 丙、建筑新路①公局欲得基地建筑新路（称新路者旧路之扩张在内），并认为公益上宜在此项基地上依照本章程建筑新路者，在着手之先，至少应在上海发行英文日报上登载通告一次，述其所拟办法；如有当冲或毗连新路基地之执业西人，并应予以同样之通知。又应准备该项新路之计划、图样及铲平铺筑、安置铁器、开通水沟、建筑暗渠及完成此项道路所需费用之概算。此项计划、图样、概算应存置于公局测量处内，以备众览。当冲或毗连该路之基地，如有执业西人，于通知后三个月内，有权具呈陈述异议，并亲自或委托代理人到场，提出证据于公局之前，证明以此项新路不应建筑之原因，公局应听其陈述，予以裁定。注释：本款系一九〇六年修订。

三个月期间经过后，或有此项异议而已经核驳，公局得于通知日起，四个月以后至一年以内，进行铲平铺筑、安置铁器、开通水沟、建筑暗渠及完成此项新路之工程。所需费用三分之二以内应由当冲或毗连新路之基地在发布通知时及以后之执业西人支出之。但新路每旁之全体执业西人所出者，不得超过工程全费三分之一以上。其支出之成数，由公局定之。但若此项执业西人，对于公局所定其个人所应支出之部分有不服者，于分担数目公告后三个月内，有权陈诉于地产委员，地产委员应斟酌因修筑新路所增涨之利益，并将陈诉基地衔入马路之多少与邻近地基比照观之，且应斟酌此项基地之特殊形状及此外一切情形而裁决此项陈诉，并应依其所认为公平者承认或减少公局所定之分担数目（以关于陈诉人及陈诉基地者为限）。公局修路所出费用，依本章程有应由执业西人就其房产负偿还全部或一部之责者该项费用应向该房产现在之执业西人征还之。在该项费用征还以前，该项费用应为房产之负担。凡向执业西人征还该项费用时，应以公局所发单据为该执业西人应付数目之最后证据；如该件咨送地产委员，则以地产委员所发单据为最后证据。

第十款 会同选举公局董事 凡办事公局之董事，应由各执业租主及有阄议事人照第九款会议，按后开章程选举董事，员数多不得过九位，少不得逾五人，以便将照章捐项抽收及已收捐款存候照例支用，并章程内一切应办之事，均宜切实遵行，以资妥善。故该董事选充之后，即当给以全权办理捐款收支等事；倘不遵章付捐者，即由局董投该管官署控追，并将欠捐人房地扣留作抵，或抄取货物、器具拍卖抵偿，以重捐项。

第十三款 控追欠捐 倘有人不肯付捐（照此章所抽之各项捐款）及不肯遵缴罚款（即后附规例内各犯例之罚款），即由公局或所委之经理人投该管官署控追，俟奉准后，按律施行，以便将欠捐追回。若欠捐人系属货主，无从查寻，或系在该管官员所辖地界以外，或系查无领事管束之人，则公局俟奉地方官批准后，即将该货（即应完各捐之货有不付延迟等情）扣留备抵，或另行设法将欠捐追回；若查系房地业主，即酌取产业若干，以足抵欠捐之数为止。

第十四款 追缴规例内罚款 凡违背后附规例内应罚各款，或不付执照费，公局均可投该管官署呈控，该管官员查明属实，即饬犯例之人遵缴（或付出罚款或存项充用），并饬将讼费付出（即公局控追犯例人罚款所费之项或公堂费也），均由该员量行办理。至按此章之（现在已定将来酌定）规例内一切罚款等项，均登记簿上，以资充裕而便照章支用。

第十七款 违背租界章程 凡违背租界章程者，经人（或地方官员）报知该管领事，传案查实，即行议罚（或由领事自办或系饬人代办均可），其例有二：罚钱之数不得过三百元；监押之期不得逾六个月。倘应另行发落，亦可酌办。若查系无领事管束之人，有违章情事，公局禀由领事官（数位或一位）函致中国地方官商办，以冀保全此章程之权力，而将犯例者罚惩。

第二十七款　控告公局　公局可以做原告控人，亦可以被人控告，均由公局之总经理人出名具呈，或用“上海西人公局”出名具呈。寻常之人与人结讼所有经官讯断、究追等事应享之权利，公局亦一体享受，毫无区别；公局若系被告，所受被告责任，亦与寻常之人不殊，将应受之责任专归于公局之产业，不与经手之各董事及经理人等相干。凡控告公局及其经理人等者，即在西国领事公堂投呈控告（系于西历每年年首有约各国领事会同公议，推出几位，名曰领事公堂，以便专审此等控案）。

八十五、《续补内港行轮章程》（1898 年中国与各国）

第四条　凡华、洋轮船往来内港，必须在民船贸易常用之码头起货、下货，不准在别处任便起下，如违章在别处起下，即照条约所载沿海私作贸易之条办理。又挂号之行驶内港船只，若驶赴中国境外，初次罚银在二百两以内，再犯者，不准在内港贸易。

第八条　原章第七款所载各该卡之章程，应以本年为限，由中国将各卡章程颁布众知。其未经颁布以前，如有船只过内港各关卡不行停轮候验，尚不得遽行议罚，惟该轮若经本处关卡，或巡船唤令停轮，竟不遵照停候者，应即议罚。

第九条　内港各关卡之章程颁布后，通商各口应由该省大宪各派一妥慎之员代收轮船往来内港之税厘等项，由该员按定期呈报大宪查核。遇有轮船报明欲往内港何处，该员即将该船所装何货若干，沿途应经某关卡，共应完纳税厘若干，核明总数，先行征收，随即发给总单一纸，以便前往贸易。该轮过沿途关卡时，即将此单呈验放行，不得阻滞。至本章程第二、三款所载之税，亦由该员一并核收，各该员应于新关附近之处，设立局所，与本口税务局和衷会办，不可自专。遇有疑难事件，应请本口税务司与监督通融酌议办理。若案中牵涉洋人，即可任便商酌，按照会讯章程办法办理。

八十六、《承办铁路合同》（1898 年中英）

二十、公司铁路局遇有辩论合同之事，均听英国商务衙门办路司所派之员秉公讯断，一经断定，即当遵行，不能更改及上控。公司特派一人驻华，代办上海英臬司衙门讼案。如铁路局公司因小事争论，亦可就近归上海英臬控断，惟须出于两愿。公司于例应办理事件，必须遵照在上海英臬衙门涉讼。如偶有不因辩论合同起见，并未订明不上控者，可投呈英国总法处讯断。

八十七、《天津日本租界续立条款》（1898 年中日）

第九条 现定租界内，日本设立巡捕房，管理界内一切警察事宜外，两国另在预备租界内公设会缉捕局一所。凡现定租界内有犯事人，即由会缉捕局派捕拿送华官审办。如华官票传、票拘之人犯，则由会缉捕局持票送领事官阅悉，带同原差将犯拿交送案。如在现定租界犯事之人，窜入预备租界内者，亦由会缉捕局查拿送官究治。其零星细事无关罪名者，即由会辑捕局秉公了结。其公同道路上，即由会缉捕局派捕巡查管理。所有一切章程，由两国官员会同详细妥议；至预备租界内拘传人犯及一切管理之权，仍归华官办理。

八十八、《地方官接待教士事宜条款》（1899 年中国与各国）

第四条 各省出有重要教案，所在之主教、司铎等须转请教皇钦命保护天主教之国之公使或领事官，同总理各国事务衙门或地方官办理了结，亦可先径向地方官商办了结，以免多费周折。该地方官遇主教、司铎等员来商，应迅速和衷商办拟结。

第五条 地方官应随时晓谕约束所在平民，务与教民一视同心，不得挟嫌构衅。主教、司铎等，亦应劝诫教众专心向善，以保教中声名，俾令平民悦服。如民、教涉讼，地方官务须持平审办，教士亦不干预袒护，以期民、教相安。

八十九、《修改长江通商章程》（1899 年中国与各国）

第二条 凡有约各国之商船，准在后列之通商各口往来贸易，即镇江、南京、芜湖、九江、汉口、沙市、宜昌、重庆八处，并准按另订之专章在后列之不通商口岸起下货物，即安徽之大通、安庆，江西之湖口，湖广之陆溪口、武穴等处。除以上所列各处外，其余长江沿途各处，不准私自起下货物，如违此例，即照条约所载沿海私作贸易之条办理。惟搭客暨随带之行李，准于往常搭船之处上下（此处现时即系两江之江阴、宜兴，湖广之黄子岗、黄州等处），但行李内不得夹带应税之物，违者，即将行李充公。（此条内续添江南通州之芦泾港、泰兴县之天星桥、湖北荆河口又名荆河脑及新堤，均系往常停船搭客处所，向不起卸货物。）

第五条 凡愿在长江常川贸易之轮船，可将船牌呈交上海领事官，如无领事官，即呈交江海关税务司查收。税务司一接收船牌，或领事官行文，即发给江照一纸，载明船名、国旗、吨数及携带保护军械等情，名为江轮专照，其照即以本年为限，须每年在上海换领一次。如该船不在汉口以下贸易，即在汉口换领，如不在宜昌以下贸易，即在宜昌换领。此项有江轮专照之轮船，所有进口出口、起下货物、完纳税钞等事，均应按照各该口之关章办理。至于船钞一项，应在发给江轮专照之口岸，即上海或汉口或宜昌等关完纳。此项轮船，如有违长江口岸章程，首次即照沿海各口罚办之例办理，二次即将江照撤销，不准过镇江上江贸易。若无江轮专照之轮船过镇江上江者，即照第四条所载大洋船之例办理。

第六条　一、凡由洋商雇用之华式船只，只准装载实系洋商自置之货，由通商此口赴通商彼口，须于税务司处请领专牌，由该洋商出具切结，载明该船所装确系洋商之物、实系运往某口、在彼完纳税项等情。倘该船不按照办理，即该货非运某口在彼完税等事，该关税务司嗣后即可不发此项专牌，交该商执领。此项船只所有呈报海关、起下货物、完纳税钞等事，俱照划艇、钓船等办法办理。

第九条　凡在长江贸易之商船，如遇巡船及他项关船，若索阅船牌、江照等项，务须呈验。若该船并无前项所开应有之牌照等件，即照条约所载沿海各处私作贸易之例办理，江关并可将其舱门封闭，亦可派关役押送。其有长江专照之第一项船，若中途经过之口并不起下货物，即无须在该口停船，候验牌照。

九十、《青岛设关征税办法》（1899 年中德）

第十九条　稽查走私、偷漏暨违犯关章等事之办法，嗣后酌核另订，惟所有掌握查讯之大权自归德国所设之衙署。

九十一、《福州口日本专用租界条款》（1899 年中日）

第八款　界内华民如有行迹可疑、不安本分不奉章程者，中国地方官察出，可照会日本领事官，日本领事官察出，亦可照会中国地方官，会同查确，由中国地方官罚办，不得纵容包庇。又界内如遇无驻华领事官所管洋人以及华人涉讼，应归中国官办理，派员在租界审谳。若无领事所管之洋人并日本国人或各国人，因被华人欺凌禀控，以及华民在租界内违犯章程，由中国官会同日本领事官或领事官所派之员会审。如谳员定案不合，可由日本领事官照请办理洋务道台再行复讯。如系两国交涉事件，仍照约章办理。所有会审公堂，中国可无论何时建设，若未设公堂以前，所有控案，仍由领事官照会地方官审办或领事官订期在地方官衙门观审。若地方官派差赴租界内拘传犯证，将信票径赍领事官签字，并由领事官派差协同拘传，不准日本人包庇容隐。俟设公署后，另订租界会审章程办理。

第十款　界内火药、炸药及一切有害人身、财产之器物，概不准收存带、运送。一经由官察出，或他人告诉，查实有凭，各照本国律例惩办。

九十二、《吉林铁路交涉总局章程》（1899 年中俄）

第二条　设立该局，专为定办吉林省所有各事件，或正关涉铁路公司，或连涉铁路公司，再或正关涉或连关涉与东省铁路作工之人，并承办各种工作之包揽人及各匠人均归哈尔滨总局定断办理。关涉非熟练工匠等案，即由出事地方或该工匠所在地方之中国官员，按中国律例就其所犯命案、窃盗、强奸并类此之案，就近查究定办。倘遇重大事件，该段监工一面报陈哈尔滨总局，一面通知地方官员；在哈局决定案归哈局定办抑交地方官员处理前暂不办理，待获指示后再按示办理。

九十三、《吉林铁路交涉总局章程》(1899 年中德)

第三条 凡一切事件与第二条所载各事相符，或各该衙门或各官员以前起首经办者，应行知哈尔滨总局，转知总监工，拟定应否在该总局按拟定办，或交地方官员查勘定办。

第四条 嗣后凡各衙门、各官员新有呈控呈请各件与第二条所载之事相关者，应即送交哈尔滨总局核办；但哈尔滨总局拟定后应由原出事地方之地方官员办罪。

第五条 凡呈控、呈请在第二条所载之事，统归哈尔滨总局官员，会同东省铁路公司总监工或全权代理人查讯。再凡一切事件应如何办理，亦同总监工或代理人彼此和衷办理。

第六条 在第二条内所载各项中国人在铁路作工者，经哈尔滨总局按理拟定后，始行办伊之罪。

第七条 一切极重事件及哈尔滨总局官员与总监工有意见不同之处，均归将军按局员禀请并总监工照会核办。其余事件均应由总、会办与总监工或总监工之代办商酌定断，随时发落，一面禀知将军查照，并一面移知吉林交涉总局备案。

九十四、《通商条约：海关税则》(1899 年中朝)

第四款 四、两国商民在两国口岸通商界限外，不得租地、赁房、开栈。违者，将地段房栈入官，按原价加倍施罚。

第五款 一、中国民人在韩国者，如有犯法之事，中国领事官按照中国律例审办。韩国民人在中国者，如有犯法之事，韩国领事官按照韩国律例审办；韩国民人性命、财产在中国者，被中国民人损伤，中国官按照中国律例审办。中国民人性命、财产在韩国者，被韩国民人损伤，韩国官按照韩国律例审办两国民人如有涉讼，该案应由被告所属之国官员，按照本国律例审断。原告所属之国可以派员听审，承审官当以礼相待。听审官如欲传询证见，亦听其便。如以承审官所断为不公，亦许详细驳辩。二、两国民人，或有犯本国律禁，私逃在彼国商民行栈及船上者，由地方官一面知照领事官，一面派差协同设法拘拿，听凭本国官惩办，不得隐匿袒庇。三、两国民人，或有犯本国律禁，私逃在彼国地方者，一经此国官员知照，应即查明交出，押归本国惩办，不得隐匿袒庇。四、日后两国政府整顿改变律例及审案办法，视以为现在难服之处俱已革除，即可将两国官员在彼国审理己国民人之权收回。

第七款　倘有两国商民欺罔衒卖、贷借不偿等事，两国官吏严拿该逋商民，令追办债欠，但两国政府不能代偿。

第八款　中国民人，准领护照前往韩国内地游历、通商，但不准坐肆卖买，违者，将所有货物入官，按原价加倍施罚。韩国民人，亦准请领执照前往中国内地游历、通商，照相待最优之国民人游历章程，一律办理。

第九款　一、凡兵器各项军物如大、小炮位及炮子、开花弹子、各种火枪、装枪药筒、附枪刀刺、佩带腰刀等，扎枪、硝火药、棉火药、烈火药及他轰烈各药等，应由中国官员自行采办，或商人领有进口之国官员准买明文，方许进口。如有私贩运售者，查拿入官，按原价加倍施罚。二、鸦片在韩国系禁运之物，中国人如有将洋药、土药运进韩国地方者查拿入官，按原价加倍施罚。三、红蔘一项，韩国旧禁出口，中国人如有潜买及出口未经政府特允者均查拿入官，仍分别惩罚。

第十款　两国船只，在彼此附近海面，如遇飓风或缺粮食、煤水，应许其收进口内，避风购粮，修理船只。所有经费，均由船主自备，地方官民应加援助，供其所需。如该船不在通商口岸及禁往处所，私行贸易，不论已行、未行，由地方官及附近海关官员拿获，船只、货物入官，犯之人按原价加倍施罚。如两国船只在彼此海岸破坏，地方官一经闻知，即应饬令将水手先行救护，供其粮食，一面设法保护船只、货物，并行知照领事官俾将水手送回本国，并将船货捞起。一切费用，或由船主，或由本国官认还。

九十五、《通商条约》(1899 年中墨)

第四款 中国人民在墨西哥国，如安本分，不违墨国律例章程，无论何处，任便游历。墨国人民亦准前往中国内地游历，惟须由领事官照会关道，请领执照，方可前往。此项执照，缮写中、墨两国文字，所过地方，如饬交出执照，即应随时呈验，回日缴销。该民雇人、雇船、雇车装运行李，不得拦阻。如其照内有误或查出沿途有不法情事，即送交就近墨国领事，或墨国委令兼理之友邦领事查办。沿途只可拘禁，不得凌虐。如在通商各口出外游玩者，地在百里之中，期在五日之内，可以毋庸请照。至于船上诸色人等，不在此例，如有上岸，应照地方官会同领事所定章程，遵守办理。

第五款 两国允准，嗣后彼此人民出洋无论单身或携眷属，皆须出于情甘自愿；不准或在中国各口，或在他处，妄用勉强之法，或施诡谲之计，诱令中国人民不出情愿而往。如有两国人民及船只违背此约，则两国必从严究办，均照本国律例从重拟定罪名。

第十三款 墨国人民在中国遇有控告华民事件，须先禀墨国领事查明根由，先行劝息，使不成讼。中国人民有赴墨国领事控告墨国人民在中国者，墨国领事亦应一体劝息。间有不能听劝者，无论原告或系华民或系墨民，皆专由被告所属之官员公平讯断。

九十六、《厦门日本专管租界续约章程》（1900 年中日）

第九款 租界内清国人民，如有形迹可疑、不安本分、不奉章程者，清国地方官察出，可照会日本领事官，日本领事官察出，亦可照会清国地方官，会同查确，由清国地方官罚办，不得纵容包庇。又租界内如遇无驻清国领事官所管外国人以及清国人民涉讼，应归清国地方官办理，派员在租界审谳。若无领事官所管之外国人并日本人民或其他各国人，被清国人民欺凌禀控，以及清国人民在租界内违犯章程，由清国地方官会同日本领事官或领事官所派之员会审。如谳员定案不合，可由日本领事官照请道台，再行复讯。如系两国交涉事件，仍照约章办理。若清国地方官派差租界内拘传犯证，将信票径赍日本领事官签字，并由领事官派差协同拘传，不准日本人包庇容隐。所有租界会审公堂章程，另议制定。

第十款 租界内火药、炸药及一切有害人身家、财产之物品，概不准收存、夹带、运送。一经由官察出，或他人告诉，查实，各照本国律例惩办。

九十七、《胶济铁路章程》（1900 年中德）

第二十一款 该公司在租界外所用华人，倘作违禁之事，应由该处地方官审办。一俟地方官知照公司，例应查办某犯，则公司不得袒护、阻拦。倘所用外国人中有作违犯礼法、禁例者，一经控告，即应按照洋例究办，公司亦应严查，不使宽贷。

第二十二款 沿途所用工人，须择其能作工者多用本地土人，并按照该处情形发给工价。如该工人与居民口角生事，由中国官按律拿办。该佣工人等尤不准擅入人家与人生事。违者，亦由中国官员查明严办。

九十八、《山东胶澳交涉简明章程》(1900 年中德)

第一款　中、德两国在胶澳一带遇有交涉重要案件，应由大清国山东巡抚会同大德国驻扎青岛租界大臣，秉公商办，其该处词讼、界务及寻常例行各案件，德国大臣选派办理官一员，山东巡抚特派交涉官一员，常川驻扎，按照两国条约及中国各口岸通商约章，遇事妥商办理；彼此按平行优待，文牍均用“照会”。

第三款　胶澳附近各府县守令，遇有与德国官员商办事件，如德国官员有与地方官交涉公事，亦统向交涉官商办，以期画一。

第四款　青岛租界内所有华民控告华民及德人控告华人，无论钱债、斗殴、窃盗、交易各案件，均由交涉官提讯审断，照中国常例刑讯、管押及发落枷杖以下各罪名。至租界外华民与租界内华民互控案件，亦归交涉官传审判断。

第五款　遇有租界内华人牵涉德人案件必须德人到案者，应由德国办理官传提，会同山东交涉官审问，各按本国律例秉公判断。若案内并无德人，则德国办理官不得干预。如有德人苛虐所雇华工人等被控有案，亦由交涉官会同办理，秉公讯断，按西例惩罪。

第六款　凡在青岛租界内德国雇用华民如牵涉讼案应由交涉官将该犯案情移知德国办理官，立将应讯之人交案，不得庇匿，亦不得干预。

第八款　如有租界外罪犯逃避青岛华民住处者，交涉官查明后，即径派巡差、丁役提拿，解交犯事处之地方官归案讯办；如逃在德人房屋住者，应由交涉官知会办理官交出，转解归案讯办。

第九款 如华人在租界内向德人行凶，德兵役亦可拿禁，解交中国交涉官讯办；若德人在租界外向华人行凶，华兵役亦可拿禁，解交德国办理官审办。如该犯未曾拒捕，彼此均不得凌虐。

九十九、《增改吉林铁路交涉总局章程》（1901 年中俄）

第二条 设立该局，专为定办吉林省所有各事件，或正关涉铁路公司，或连涉铁路公司，再或正关涉或连涉与东省铁路作工之人，并承办各种料件之各包揽人、各匠人，又所有居住铁路界内或暂住或久住之华人，如买卖人、手艺人，或服役或闲居诸色人等，虽不涉铁路差使，亦均归哈尔滨总局定断办理。现在各段皆有交涉官员，是哈总局可以派令该员。遇有不甚违背中国律例及铁路章程之事，就近与各该段监工商议办理；而遇大项事件，甚违中国律例及铁路章程，如命案、聚众犯上、强奸、窃盗逾吉林钱三百吊以及贪赃等事并类此之案，无论犯事距哈远近，均应归哈局查究定办。倘遇出事地方之交涉局员不能定案之轻重，则应会同该处铁路监工，写简明信函，请示哈局，归何处定案。倘遇事件紧急，则请由该段监工转电哈局请示；倘遇重大事件，尤须随时从速电陈哈总局。以上各节，凡在吉林地面，满、蒙、旗汉，均应一体遵照。

第三条 凡一切事件与第二条所载之事相符，或各该衙门或各官员以前起首经办者，应从速行知哈尔滨总局，转知总监工，拟定应否在该总局按拟定办，或交该处就近之铁路工段之交涉官查勘定办。

第四条 嗣后凡各衙门、各官员新有呈控、呈请各件与第二条所载之事相关者，应即送交哈尔滨总局核办。

第五条 凡呈控、呈请在第二条所载之事，归哈尔滨总局官员，会同东省铁路公司总监工或全权代理人查讯。再凡一切事件应如何办理，亦同总监工或代理人彼此和衷办理。

第六条 在第二条内所载各项中国人，经哈总局按理拟定后，始行办伊之罪，或哈总局自行办罪，或交原出事地方办罪。倘应发遣之人，可以请该处就近之地方官，照哈总局所定发遣。凡犯事华人，或未经定案应行押候或已定坐监之罪，应在交涉总局建造监狱并看押房，以备监押此项华人。

第七条 一切极重事件，凡应斩决及流罪以上之人，及哈尔滨总局官员与总监工有意见不同之处，均归将军按局员禀请并总监工照会核办。其余事件，即使甚关重要，均应由总、会办与总监工或总监工之代办商酌定断，随时发落，一面禀知将军查照，并一面移知吉林交涉总局备案。

一〇〇、《辛丑各国合约》（1901 年中国与各国）

附件十七

第二十三条 凡违章者，如系外国人民，该局即向该国领事或应管之法律官员控告；中国人民及无钦差领事驻中国之人，在会审衙门控告，审讯时，必须外国官员在旁观审。

第二十四条 凡控该局者，即向上海各国领事公堂投告。凡涉讼之事，均系该局总办代为就审。

一〇一、《重庆日本商民专界约书》（1901 年中日）

第三条 租界内警察之权、管辖道路之权及其余界内一切施政事宜，悉归日本领事官管理。所有界内道路、桥梁、沟渠、码头等，均由日本领事官设法修筑。但与中国水利、行船有关之处，须与地方官商定可否，秉公办理。

第八条 凡日本人民欲承租地基，必须禀明日本领事官，将承租人姓名以及愿租若干亩，照会中国地方官，派员会同勘察，始能出租。总俟其将应纳租价及一年地税，缴由日本领事官移交中国地方官收讫，即由该地方官印发租契三本，由日本领事官会印发给；一存中国地方官衙门，一给租户，一存日本领事官衙门。所有一经承租之地，照章归租户收用，不准何国和人强逼退让。至于租契式样，仍由中国地方官照会日本领事官商定。

第九条 凡承租人若有不得已事故，必要转租别人，须先禀请日本领事官查明，照会中国地方官，方能换给租契。

第十一条 火药、炸药及一切有害身家之物件，一概不准私行贮藏、夹带运送，一经由官觉察或他人告诉，各照本国律例惩办。如欲将制作工程须要之炸药等件起岸使用，应先开具清单作何用处，禀请日本领事官查准，照单知会税务司查准起岸，方可收用。其在界内，应如何检束火药、炸药等件，应由日本领事官照本国法例办理。

第十三条 界内修码头后，凡在码头停泊揽载界内货物船只，由日本领事官随宜随时酌定章程，每次应捐若干，以充租界公费。如不载运界内货物，经过之次暂行系泊者，不在限内。

第十四条 中日两国委员原议第三条载："现许日本商人照西商例暂驻重庆城内，日商人数至多以二十名，行栈至多以十家为准，倘有逾数，则逾数之日商即先行迁往王家沱。凡日本人专为游历来者，不在此数。以后惟由中国地方官将新关在王家沱赶紧修建，一面随时查明已通商各国情形及陆续新到人数，即照会通商各国领事官。所有暂住在城之日商，不问人数是否满所限之数，即与在城洋商一并迁至王家沱新场。”等语，自应仍照原议办理。将来在城洋商悉数迁至王家沱新场之时，日本领事官须应赶催日商与洋商一并迁移，不得稍有推诿。但中国地方官日后如准西商人数行栈逾前开限数，仍在城内居住营业，即日本商民亦一律照办，以昭公允。

第十七条 一、凡界内所有未经在中国派驻领事之外国人民或中国人民之诉讼案件，应由中国地方官理处审办。倘有未经派驻领事之外国人民、日本人民暨他外国人民起诉中国人民所为不法等情，或有中国人民在界内违反章程，中国地方官应与日本领事官，或中国地方官所派官员与日本领事官所派官员会同审判。倘中国审判官定谳或有不符，应由日本领事官照会重庆关监督复审。所有一切两国交涉案件，自应按照条约办理。二、中国政府尽可从便建设会审衙门，其未设立会审衙门以前，自可择一公地为会审之所；遇案，两国官员约期秉公审问。三、倘中国地方官拟派差役迁往界内逮捕人犯，须先将逮捕令票移请日本领事官检阅加印，即与领事官所派警察官吏协同拿捕。凡日本人不得故意隐匿中国人犯。尚俟开设会审衙门后，另行议定会审章程，以便照办。

一〇二、《安徽宣城煤矿公司合同》（1901 年中日）

15. 宣城煤矿既在中国辖境，如有华人犯事，则交华官按律办理。倘中外人有争执之处，则照现在和约章程办理。

19. 倘因合同事宜两造争执，须彼此派人会商，如商不妥协，则请公正人剖断，一经公正人剖断如何，两造均要遵依。

一〇三、《厦门鼓浪屿公地章程》（1901 年中国与各国）

第三条 界内应由厦门道设立巡捕局一所，委员驻理，专为保卫中外良民，驱除奸暴。惟所有应筹捕费以及约束商民章程，仍由厦门道随时与各国领事官会商酌定，宣示遵行。

第四条　界内应由厦门道专设会审公所，派委专员，参照上海办法，另订审理讼狱章程，彼此遵守。

第五条　倘有干犯中国法令，如诓骗财物、杀伤任命、抢劫偷窃、句结会匪、扰害地方之犯逃入界内，一经中国地方官查明，应即随时派捕协拿交案，照中国律例惩办，不得庇匿。

一〇四、《南宁租界租地章程》（1901年中国与各国）

七、通商埠内一切盖造房屋，必先请租界巡捕衙管长核准，方可兴工；惟不准盖造草房及下等板房，恐易引火，致害别人。至于火药、炸药一切有害人身家、财产之物，概不准收藏、夹带运送。倘未领准单而敢有违，一经查出，各照自国律例惩办。火水油只可存储于特准之地，以备不虞。

八、各国商民，在通商埠内侨寓，中国地方官自应按约保护。所有巡捕衙门事宜，由监督会同税务司设立管理。惟约束各国商民章程，由监督照请领事官酌定。

一〇五、《厦门鼓浪屿续订公地章程》（1902年中国与各国）

八、控告公局　公局可以告人，亦可以被人控告，均由其总理事人出名，或径用鼓浪屿之工程局字样亦可。凡控告公局及其经理人等者，应在领事公堂。此堂系每年由各国领事派定，惟局中派雇人员及总经理事人，遇因在局奉公被控者，所应得责任只归公局之产业，不自任其咎。

十二、会审公堂　界内由中国查照上海成案设立会审公堂一所，派委历练专员驻理。所属有书差人等，以资办公，该员应由厦门道暨总办福建全省洋务总局扎委。遇界内中国人民告干犯捕务章程之案，即由该员审判。倘所犯案重大、应由该员先行讯问，再行录送，交地方官审理。界内钱债、房屋等项词讼，如有中国人被告，亦归该公堂审办。案经该堂断定，须内地及厦岛地方官饬令遵断之处，该地方官不得推诿。凡案涉洋人，无论小节之词讼、或有罪名之案，均由该管领事自来，或派员会同公堂委员审问。倘会审之员与该堂承审之员意见不同，以致不能了案，其案可以上控，由厦门道会同该领事再行提审。凡案内人证有现受洋人雇倩，及住洋人寓处以内者，传拘票签，先期送由该领事签字，方准奉往传拘。此外中国人犯逃避界内者，应照上海章程，由委员选差径提，不必知照领事，亦毋庸会捕协拘。华民仅受洋人雇倩而被传时并不住在洋人寓处以内者，票签不用先送领事官，但是日送由该领事官，视何缘故，或签字或斟酌情形核销，其余该公堂听理词讼详细章程应由厦门道台妥拟。

十三、巡捕拘人　界内有人械斗肆行无忌，扰乱地方，适为巡捕侦见，虽未奉有票文，亦准随时拘究。各国领事官有传拘各该国人民之票，巡捕亦可奉行。惟案犯拘传，应随送各该管衙门按律惩治，不得任意稍迟。

十四、拘送人犯逃入界内　凡内地、厦地犯案后逃入界内，应由厦防厅出票，派差送由领袖领事官签押，方可由巡捕会同拘拿，送案究治。

十九、罚款追缴之法　此条例内罚外国人之款充公等项，如未指明如何追缴之处，可在该管领事署控追，该管领事查实，即饬犯例人照付，并酌令缴出堂费及公局控告之费。

一〇六、《黑龙江省铁路交涉总局章程》（1902 年中俄）

第二条　设立该局，为办理了结黑龙江省所有径涉、牵涉东省铁路公司各事。凡属铁路通事、服役、工匠并承揽各种料件、工程之人，以及居住铁路界内各色华人，有与径涉、牵涉之事，均归哈尔滨总局定断办理。倘遇关系重大，有干中国例禁与铁路现立章程相背之案，如命盗、犯上、聚众、强奸、窝匪、故烧房屋、贪赃、纵匪等等，以及窃盗逾中钱三百吊者，无论犯事距哈远近，均归哈总局查核办结。如各分段遇有以上各节或别项紧要事件，各该分局专员与各段监工亟宜各自呈报总局。至一切寻常细故，与中国律例及铁路现立章程无甚相背者，可由分段专员与分段监工和衷办结；如遇意见不合，不能定案，应即各具函电，呈报总局请示办理。所有径涉、牵涉铁路案件，凡属黑龙江地面，无论满、蒙、旗、汉均应一律遵照现立章程办理。

第三条　凡一切事件与第二条章程所载相符，而经各衙门官员已办未结之案，应将全案送交总局，会商东省铁路总监工酌办。

第四条　嗣后凡衙门、各官员遇有呈控、呈请新案，与第二条章程所载相符者，应即送交哈总局核办。此外，各衙门、各官员如有应行照会铁路公事，一律行文哈总局，转知铁路公司，不必径自照会，以免分歧，而归划一。

第五条　凡呈控、呈请有关第二条所载之事，既统归哈总局官员会同总监工或全权代理人查讯，则此项案件应如何定夺，亦同总监工或代理人彼此和衷办理。

一〇七、《天津比国租界合同》（1902 年中比）

附件：《天津比国租界合同附约》

（第四段）本附约甲方声明，所交乙方之契据均属有效；兹以本人名义并代表清国政府约定：倘该契据之效力发生争执，甲方将代表政府予以干预，代乙方负责赔偿该契据无效或发生问题所受之任何损失。

一〇八、《奉天省铁路交涉总局章程》(1902 年中俄)

第二条 设立该局，专为定办奉天省所有各事件，或正关涉铁路公司，或连涉铁路公司，再或正关涉或连涉东省铁路作工之人，并承办各种料件之各承包人、各匠人，又所有居住铁路界内或暂住或久住之华人，如买卖人、手艺人，或服役、或闲居诸色人等，虽不涉铁路差使，亦均归总局定断办理。现在各段皆有交涉官员，是辽阳总局可以派令该员，遇有不甚违背中国律例及铁路章程之事，就近与各该段监工商议办理；而遇有大项事件甚违中国律例及铁路章程，如命案、聚众犯上、强奸、窃盗逾中钱三百吊，以及贪赃并类此之案，无论犯事距哈远近，均应归总局查究，其应斩决及流罪者应禀呈将军府尹核准，倘遇出事地方之交涉局员不能定案之轻重，则应会同该处监工写简明信函，请示归何处定案。倘遇事件紧急，则请由该段监工转电总局请示：倘遇重大事件，尤须从速电陈总局。以上各节，凡在奉天地面，满、蒙、旗、汉均应一体遵照。

第三条 凡一切事件与第二条所载之事相符，或各衙门或各官员以前起首经办者，应从速行知总局，行文哈尔滨分局，转知总监工，拟定应否在该总局按拟定断，或交该处就近之铁路工段之交涉官查勘定办。

第四条 嗣后凡各衙门、各官员新有呈控、呈请各件，与第二条所载之事相关者，应即送交总局核办。此外，各衙门、各官员如有应行照会铁路公事，一律行文总局，转知铁路公司。

第五条 凡呈控、呈请在第二条所载之事，统归辽阳总局官员，会同东省铁路公司总监工或全权代理人查讯。再，凡一切事件应如何办理，亦同总监工或代理人彼此和衷办理，并随时禀报将军、府尹。

第七条　一切极重事件，凡应斩决及流罪以上之人，及辽阳总局与总监工有意见不同之处，均归将军、府尹按局员禀请并总监工照会核办。其余事件，即使甚关重要，均应由总、会办与总监工之代办商议定夺，随时发落，一面禀知将军查照，一面转知奉天交涉总局备案。

一〇九、《上海租界权限章程》（1902 **年中国与各国**）

三、钱谷案如原告为洋人并非法人，而被告为华人者：甲、如被告为华人住居公共租界者，即在公共租界控告；乙、原告如为法人，被告如华人在法租界居住者，即在法公堂公告；丙、如原告为外国人并非法人，被告为华人而在法租界居住者，应在公共租界之公堂审理，惟拘票则须由法总领事签名，然后由两租界公堂差役协提，毋庸在法租界先审；丁、如原告为法人，被告为华人而住居公共租界者，应在法租界公堂控告，惟拘票须经总领事签名，仍可由两界公堂差役协提，亦毋庸先在公共租界公堂提审。

四、形名之案如原告为外国人，并非法人，则在公共租界之公堂审讯；如原告为法人，则在法公堂提审。拘票亦须按照以上第三款先经领袖总领事签名然后由公堂差役协捕往提，与向日办法无异。

一一〇、《交还天津来往照会》（1902 **年中国与各国**）

附：《天津督署还津条款》

第十条　天津街市及各国军队屯扎处所，为顾全大局，各国所设卫戍兵，凡中国之警察官役，无论如何，不得逮捕、拘禁各国兵。

第二十八条 从前犯人册所载各犯交与中国，仍当按照所定罪案办理。

一一一、《芜湖租界租地章程》（1902 年中英）

第三条 界内地基，准各国正经殷实商民租赁、建造，惟目前在芜英商最多，欲租界内江滩近水之地，不得逾通界江滩之半，庶留余地，以备他用。至各国品行不端、行同无赖之人及中国不安本分、作奸犯案之人，概不准在界内居住。违者即行驱逐，不许逗遛，倘再故违，除华人由中国地方官自行拘办外，如系各国商民，由监督照会领事官惩办，以昭画一，而期整肃。

第九条 界内不准建造草房及下等板屋，恐易引火，贻害他人，有违犯者，立即勒令拆毁，惟未经出租之华人与现在承租建造各地相距较远者，暂免拆毁，仍由地方官劝令改换。至火药、炸药及一切有害人身家性命财产之物，概不准收藏、夹带、运送。倘有故违，由官察出或他人指诉，应查明华洋商民，分别拘传、照会各按本国律例惩办。设因工作必须，先开单禀明领事官或兼理各国领事官，查实照会监督函知税务司查验，方准起岸。起岸后，应择慎密之所收藏，并须速行用完不得任意收放或久搁不用。违者，由中国地方官照会领事官或兼理各国领事官，责令迁移界外，以安闾阎。

一一二、《续议通商行船条约》（1902 年中英）

第八款 第十一节 凡照此款有不合例之需索及留难情事，一经商人告发，即由中国派员一名，会同英国官员一名，及海关人员一名，彼此职位相等，查办其事；如经一多半人员查出，实有留难、受亏确情，即由最近通商口岸海关，在加税项下拨款赔还。舞弊之员应由该省大吏从严参办，开去其缺。倘查出实系被诬，原告商人应罚还查办一切费用。英国驻京大臣如得有凭据，致信该关等有不合例之需索或留难情事，应得照请中国查察。

第十二款　中国深欲整顿本国律例，以期与各西国律例改同一律，英国允愿尽力协助，以成此举，一俟查悉中国律例情形及其审断办法及一切相关事宜皆臻妥善，英国即允弃其治外法权。

一一三、《巴万油矿章程》（1902 年中法）

16. 如华、法定约后，倘彼此有不合之时，应按西洋调处商务章程办理。其法系由两总办各请公正人理断，如所请之人，意见亦不合，即由此两人再请第三人公断，两家不得异词。

一一四、《正太铁路借款详细合同》（1902 年中俄）

第十九款　（第五段）所有路工华洋人员，凡属于工程之事，均听总工程司号令；凡有品行不端，不遵约束，或侮慢地方官长，一经督办大臣察出，即可知照总工程司，立时斥革。中国总公司督办大臣可以派员到路工之处，委以全权，代办一切事宜。此委员之薪费，并上海总局之经费，自应在正太铁路项下开支，一如芦汉铁路办法。

第二十六款　中国国家或中国铁路总公司与华俄银行或其所派经理人倘有争执情事，由中国外务部大臣一员与俄国驻京大臣评断。

倘以上两位亦有意见不同，则由中国外务部大臣并驻京俄国大臣公同另请一公正人断定。

一一五、《汉口展拓法租界条款》（1902 年中法）

第二条　现议法国新界之地，所有租地章程均照旧界章程办理。若有各国商人之地在内，应由法领事自行妥商后，再照会监督立案。倘各国商人轇轕之地或其地全段在新界之内，又或有一地一段既分在新界之内，一段复分在新界之外，该商人若不就范围，亦应由法领事按章与该商人调理一切，概与中国地方官无涉。

一一六、《广东教务章程》（1902 年中国与美、法）

第二条 传道人及教主，不得彼此或与教民或他教之人互起大小争端。设有争论之事，两造应请绅耆善为调处妥结。倘欠公平，两造可将实在情形，禀控于县官。若县官办理不公，或判断未能平允，则各将全案原委实情，详细报知各该管教士，以凭秉公详慎查核，和衷会商，妥为持平办结。倘有两造争端，非因教务而起，教士仍应不允预闻。凡相类之案，均当坚持不为干预。教士及帮理人等应遵正理，极力扶持中国公道。

第三条 传道人及教主倘有滥理干涉教民、教徒以及他教暨平民大小争端，各该管教士应立即严加约束。如有教士以某传道人或教生不安本分，往诉于该管教士，该教士须虚心听纳，秉公详查。

第四条 同族械斗，无论因何起衅，教士、教民须竭力设法止息，并防息后再斗。倘有教民不遵教士诫谕，禁阻帮同械斗，或明或暗，均应重办，仍由该管教士严加约束。盖此等不守法之教民，乃教会中为患之人，不特有玷教声也。

第五条 案关真正教务，须查明的确证据，先由教士报知县官及地方各官，并须将案情按照应行款式，明白书写，使华官易于明晓。如县官判断不公，或不按办，可将该案控于领事官，惟须将全案原委报明。

第六条　某教民及冒在教者，于未入教之先，经与人有争案，领事官断不理此事，此款特阻无真心奉教者。

第七条　近闻常有水陆盗贼以及凶犯又有将铺屋黏贴教堂字样，以为瞒蔽该管牧师，教师务须于传教之时，谕知教民，不得黏贴。如有匪徒故意干犯黏贴者，该教士宜即告知地方官及领事官，即将犯此事之人，严拿究办。

一一七、《通商行船续订条约》（1903 年中美）

第二款　现因中国可派领事官员驻劄美国各地方，其所享分位职权并优例及豁免利益均与别国驻美领事官员一律，是以美国可按本国利益情形之所宜，派领事官员前往驻劄中国已开或日后开为外国人民居住及通商各地方。此等领事官遇有事故，应以平行之礼、互敬之道随事酌情，或会晤，或行文，可直与领事官员职守所及之地方官相商办理。凡华官遇此等官员均须以合宜之礼相待，至所享分位职权及优例豁免之事并裁判管辖本国人之权，应与现在或日后中国施诸最优待之国相等官员者无异。此国官员如被彼国官员有侮慢、欺藐等情，可将委曲情由禀报各该管上司，务使澈底根究，秉公办理。彼此所派领事官员亦不得率意任性，致与驻劄之国官民动多牴牾。美国领事按例妥派到中国各通商处之日，应由美国驻京大臣知照外务部，即由外务部按照公例认许该领事，并准其办事。

第四款　（第十段）凡用机器纺成之棉纱及织成之棉布，无论系洋商在通商口岸或系华商在中国各处纺织者，所应抽税项均须一律无异。惟各该机器厂制成之货物，于完税时所用之棉花若系外洋运来者，应将已完进口正税全数及进口加税三分之二发还，所用者若系土产棉花，须将已征之各项税银全数一并发还。

其出口正税、出口加税、复进口半税概行豁免。凡别项货物与洋货相同在中国用机器造成者，亦须按照以上章程办法办理。由每省督抚自行在新关人员中选定一人或数人，商明总税务司，由该督抚派赴常关当差，为监察常关之办法。凡有不合例之事，一经美国人民告发，即由中国派相当官员一名，会同美国官员一名，及新关人员一名，彼此职位相等，查办其事；如经该人员查出实有留难受亏各情，须由新关赔还。舞弊之员应责成该省大吏从严参办，开去其缺。倘查出实系琐渎或被诬，原告应罚还查办一切费用。

第八款 还税之存票须自美国商人禀请之日起，如查系应领者，限于二十一日之内发给，此等存票可用在发给之新关，按所载银数，除船钞一项外，以抵各项货税；至洋货入口后三年之内转运外洋，凡执持此等存票者，即准任便向发给之新关按全数领取现银。倘请发存票之人欲图混骗，一经新关查出，照美国天津条约第二十一款所载惩罚影射、夹带情事之办法办理。该货若已运出中国界外，则应由本国领事将犯事人罚一合宜款项，其所罚之银送交中国查收。

第十一款 无论何国若以所给本国人民版权之利益一律施诸美国人民者，美国政府亦允将美国版权律例之利益给与该国之人民。中国政府今欲中国人民在美国境内得获版权之利益，是以允许，凡专备为中国人民所用之书籍、地图、印件、镌件者，或译成华文之书籍系经美国人民所著作、或为美国人民物业者，由中国政府援照所允保护商标之办法及章程，极力保护十年，以注册之日为始，俾其在中国境内有印售此等书籍、地图、镌件或译本之专利。除以上所指明各书籍、地图等件不准照样翻印外，其余均不得享此版权之利益。又彼此言明，不论美国人所著何项书籍、地图，可听华人任便自行翻译华文，刊印售卖。凡美国人民或中国人民为书记、报纸等件之主笔、或业主、或发售之人，如各该件有碍中国治安者，不得以此款邀免，应各按律例惩办。

第十五款　中国政府深欲整顿本国律例，以期与各西国律例改同一律，美国允愿尽力协助，以成此举。一俟查悉中国律例情形，及其审断办法，并一切相关事宜，皆臻妥善，美国即允弃其治外法权。

——八、《通商行船续约》（1903 年中日）

第四款　中国人民与日本臣民为办正经事业，合股经营，或合办公司，应照其合同章程损益公任，并须照其自认合同章程办理，并愿按日本公堂解释该合同章程之办法。倘不照办，致被控告，中国公堂应即饬令中国人民，将其分内当为之事照合同章程办理。

日本臣民与中国人民合股经营，或合办公司，亦应照其合同章程损益公任。倘有不守合同章程分内当为之事，日本公堂亦须饬令一律办理。

第五款　中国国家允定一章程，以防中国人民冒用日本臣民所执挂号商牌，有碍利益，所有章程必须切实照行。日本臣民特为中国人备用起见，以中国语文著作书藉以及地图、海图、执有印书之权，亦允由中国国家定一章程，一律保护，以免利益受亏。

中国国家允设立注册局所，凡外国商牌并印书之权请由中国国家保护者，须遵照将来总共所定之保护商牌及印书之权各章程在该局所注册。

日本国国家亦允保护中国人民按照日本律例注册之商牌及印书之权，以免在日本冒用之弊。

凡日本臣民或中国人民为书籍、报纸等件之主笔或业主或发售之人，如各该件有碍中国治安者，不得以此款邀免，应各按律例惩办。

第十一款 中国深欲整顿本国律例，以期与东西各国律例改同一律，日本国允愿尽力协助，以成此举。一俟查悉中国律例情形及其审断办法及一切相关事宜皆臻妥善，日本国即允弃其治外法权。

一一九、《滇越铁路章程》（1903 年中法）

十四、所有厂内公司执事人员、工匠、人夫等均归总监工管理，或总监工所派之人经理，不准苛待。中国工匠人等，或有词讼、争论、人命、偷窃、吵闹、斗殴等事，均应由所管地方官查看，按律办理。或有犯事罪人经地方官达知公司，该公司人员即当将其人送交地方官办理，不得庇护阻挠，干预其事。如中国执事人等向铁路所用外国人有偷窃、殴戕情事，一经公司知照，地方官即应查拿该犯，按律办理。所用外国执事有违犯礼法或犯章程者，应按条约办理。凡中外各色匠役、执事人等，无论何国人，均不准擅入民房滋事，一经违犯，即行按律重办。无论购买何物并购粮食，均应按照随时行市，公道交易。

十五、该公司亦可会商驻蒙大员，自行出资招募本地土民充当巡丁，以保护各厂平安，并可延请中国人或外国人充当巡捕长、管带，择要驻扎，以资弹压；如遇事故本地巡丁不能弹压，一经该公司人员禀请，滇省大吏即当遣派官兵，前往弹压保护。该公同所招募本地巡丁，责任但为巡查各厂，弹压工匠、人夫。

一俟路成后，此起巡丁自可用以随时修补道路，其费亦由公司发给。倘有民情不平之事，保护铁路工程乃系地方官专责。无论出有何事，该公司总不得请派西国兵丁。

一二〇、《汴洛铁路行车合同》（1903年中比）

第二款　（第四段）凡行车人员，无论比公司代雇何国之人，如有品行不端，不遵约束，或损伤华人，或侮慢官长，一经查出，知会比公司，即须立时斥革。所有应用中国人员应由中国总公司所派监督代选派定，送交总工程司委用。每段已成陆工办理行车之后，凡有添购车辆或改良、推广轨道、车站工程应用之款均应在此路局开支。

第七款　中国国家或中国铁路总公司与比国公司有争执情事，仍按照借款合同第二十五款办理。

一二一、《比商世昌洋行在津创办电车电灯公司章程》（1903年中比）

八、车路筑在路之旁边不得占十三英尺之外。兴工筑路时，不能有碍行人车辆来往。如公司筑造新路专为车路用者，建修费用由公司自给。倘筑路时地方官欲令加阔以便行人车辆往返，地方官应贴补加宽之路价，该价凭天津工程局与该公司所派之人秉公议定。倘议不合，两造请一熟悉此项工程之公正人断定。

十七、该公司所有中外一切司事人员以及包工、小工人等均须遵守地方官所示公道合例规条，如有犯者，罚办剔革。

二十、如该公司违犯所订条款，秉公人议定之后，北洋大臣可以将其违犯之处通知公司，并不必知会领事，即可暂行掌执该公司全盘机器、车路，或停工或自行接办，均听其便。一俟公司将所犯之事调理妥当之后，该公司即可全盘领回，按照二十五款秉公人所议章程接办矣。

二十三、车路上如有伤人毙命、毁损产业等事，其祸出于该公司所用之人，公司必须格外赔恤。如受害之家，以公司所偿不足，控诸有司，地方官如准其禀，可以通知公司，教以办法。倘公司不能允从，即按二十五款请秉公人妥理。

二十五、凡公司或公司内之洋人与中国人民有所争执，除刑名案件不在此内，须请地方官会同公司所派之人秉公和平判断。倘彼此有意见不同之处，须各派一秉公人妥理。如此秉公人仍不能断，则由此二人另公举一人以决之。如公司与地方官有所争执，亦须照上由秉公人决断。无论与该公司交涉何事，倘该公司有不依合同者，地方官无须知会各国领事暨各国衙署，使该公司照约举行。倘有华人或某公司为该公司或该公司之代理人欺侮，此华人或某公司即可禀诉于中国地方官，转交该公司按照此款所订办理，不得交领事或外国衙署办理。

二十六、北洋大臣既准该公司始创兴办，允准鼎力保护，并派华董事代执督理之全权。至稽察该公司之进款、官利以定报效之多少，只凭所派之华董事办理为准。所有直督之意见与各项晓谕均由华董事转达。倘非实有碍公司利权者，该公同均应循礼遵听。倘此款中有争执不明之处，请秉公人定夺，与各董事无涉。

一二二、《安徽铜陵县矿改定合同章程》（1904 年中英）

九、凡开办所需机器、材料等件，除运自外洋照章归海关收税外，内地厘金概不重征。如在内地采买材料，经过关卡，停船听候查验。如查明实系运往开矿处所，准给执照，免厘放行。如有夹带别货走漏，一经查出，照章罚办。

二十一、该公司既在中国境内开矿，如有华人犯事，应交地方官照中国律办理，该公司毋得干预。倘有与外国人交涉事，照约章办理。

一二三、《通商条约》（1904 年中葡）

第三款　葡国愿允遵照光绪十三年十月十七日会定通商条约及办理洋药之专条所载各节，仍襄助中国征收由澳门运往中国洋药之税厘，并助防缉走私，且为此等襄助能有实效起见，兹声明：所有入澳门之洋药抵口时，必须在澳官专设之洋药衙门报明入册，澳官亦应设法，俾凡入澳门之洋药均囤于栈房一处以便由澳官专管，再行陆续搬出，以为贸易之需。凡澳门所辖地方食用之洋药，应每年由澳官会同光绪十三年商定办理洋药专条之第二款所指之税务司议明定数，此数以外，始终不得由该栈房再有搬出，以应该处之食用。凡洋药若在该栈房报明转运中国以外各处，亦应设法以防私行运往中国。所有应定各项章程，以资遵守本款之办法，应由彼此两国商订。

葡国应迅速定一律例，订明：如有犯彼此商定之约章者，即应分别惩办。

第五款　彼此两国为推广澳门及广东省所附近澳门之口岸来往行轮起见，现经商定如左：

一、所有葡国轮船若欲自澳门前往光绪二十三年中英会订缅约之专款及二十八年续议通商行船条约第十款所载之西江暂行停泊、上下客货并仅上下搭客之各处，即应遵守彼此两国为此事商定之专章办理。

二、所有轮船若特经注册按照内港行驶章程贸易者，除第一节所载广州府各处外，如欲自澳门来往广州府所辖之各埠，即应遵守彼此两国商之专章，在拱北关报明，以便查验收税。

三、此项船只如拖带民船、搭客、载货等情，均可承做，惟须遵守现行之一切章程，不得违背。

四、此款给予之利益，其本基全赖彼此先订专章，载明此项船只来往各处之详细办法，故该章未定以前，自不得援引此款办理，既定以后，如不遵守此章，仍不准照此款办理。

五、葡国应迅速定一律例，订明：如有犯彼此商定之约章者，即应分别惩办。

第十款　还税之存票须自葡国商人禀请之日起，如查系应领者，限于二十一日之内由海关发给。此等存票可用在发给之海关，按所载银数，除船钞一项外，以抵各项货税。至洋货入口后三年之内转运外洋，凡执持此等存票者，即准任便向发给之海关，按全数领取现银。倘请发存票之葡商欲图混骗，一经海关查出，须罚银照其所图骗之税数，不得逾五倍，或将其货物入官。该货若已运出中国界外，则应由本国领事将犯人罚一合宜款项。其所罚之银送交中国国家查收。

第十二款　葡国兹允，中国禁止莫啡鸦及刺入肌肤莫啡鸦之各针进口，惟中国亦须应允，凡葡国医生、药铺，如为医病所必须者，于其进口时请有专单，照章纳税，始准起岸，惟该医生、药铺等须先在本国领事署内出具妥当切结，声明非有两国医生药单，不得出售，即有此项药单，亦仅以些须小数出售，始将专单发给。倘有混骗之事，一经海关查出，即将拿获之莫啡鸦及莫啡鸦针罚缴入官，并禁止该混骗者以后不准再将莫啡鸦及莫啡鸦针贩运进口。

第十四款　凡商民为办正经事业，合股经营或合办贸易公司，应照其合同章程，所有损益一律公任，是以中国愿允，中国人民若与葡国人民为葡国合股经营贸易，或葡国合办合例之公司，须照其所立合同章程办理。倘不照办，致被控告，中国公堂应即饬令中国人民照中国商律，将其分内当为之事，按照合同章程办理。惟该合股华民分内当为之事应与合股葡民分内当为者一律无异，不得另有苛求。葡国人民与中国人民为中国合股经营贸易，或中国合办合例之公司，亦应按照合同章程办理。倘不照办，致被控告，葡国公堂应即饬令葡国人民照葡国商律，将其分内当为之事，按照合同章程办理。该合股葡民分内当为之事亦须饬令与合股华民当为者一律无异。惟照现行约章，不准洋商在中国内地居住、贸易，此项合股经营贸易公司自不得由中、葡商民在内地合办。

第十六款　中国政府深欲整顿本国律例，以期与各西国律例，改同一律，葡国允愿尽力协助，以成此举，一俟查悉中国律例情形及其审断办法及一切相关事宜悉臻妥善，葡国即允弃其治外法权。

一二四、《广州口船只停泊起下货物章程》（1904 年中国与各国）

三十一、违章即当究办凡各船载有以上第十三、第十四条章程内所列之轰炸危险各货物，如逾限定数目擅进界内，即由理船厅指示在界内应泊之处，该船即应遵命前往。违者，立将开舱、起货、下货各准单并出口红单暂停准发。如各船有不遵理船厅指示停泊处所，擅停他处，以致违犯第二、第五条章程者，亦可将开舱、起货、下货各准单并出口红单暂停准发，俟遵章停泊后，即行发给各单。再除第十三、第十四条及第二、第五条已定办法外，倘有船主违犯其余各条，即由该管领事官或由该管官员查办。至驳船并各小艇有违章者，即由应管官员将该船东家究办。

一二五、《续增上海洋泾浜设官会审章程》（1905 年中国与各国）

第四条　甲、除两造均系华人并未牵涉洋人案件外，其余各案均应有外国官员会审。此外国会审委员权限应照烟台条约第二款办理，并应视各国商民照约应得之利权，由各国领事官分别委派。

乙、中外堂官如有意见不合、未能结案之处，应请上海道及案内外国人之本国总领事官或领事官覆核。

第八条　凡审讯案件，本案之中外堂官如以为律师不遵命令，即可暂禁其在本堂充当律师。其暂禁期限，不出一个月，如经该律师之本国领事官允诺，则暂禁之限可展至六个月。

附:《公共租界会审公廨华务民事案件办法》

七、如华务案内有关系洋商者，应视关系洋商是何国商人，归何国陪审官到堂观审。所谓关系者，必须该洋商或公司、洋行与涉讼之两造胜负中有间接之利权关系是也。惟该洋商究与涉讼国实有关系与否，应由该洋商之该管领事解决之。

一二六、《道清铁路借款合同》（1905 年中英）

第二款　（第三段）行车总管及修路工程并各项人员，无论何国之人，如办理不妥，或有品行不端，不遵约束，或侮慢地方官长，中国铁路总公司可以饬令斥革，应于雇用洋人订立合同时即行声明。

第七款　中国国家或中国铁路总公司与福公司有争执情事，仍按照借款合同第二十款办理。

第二十款　中国国家或中国铁路总公司与福公司倘有争执情

事，由中国外务部大臣一员与英国驻京大臣评断。倘以上两位亦有意见不同，则由中国外务部大臣并驻京英国大臣公同另请一公正人断定。

一二七、《交收营口条款》（1906年中日）

三、按北京所订另单第三条载明："警察及卫生事务应归中国地方官管理，务期尽善，以保公共治安，为此兼用日本警察教习及医生。如有未尽妥洽之处，日本领事官可告知地方官随时酌办。"等语。现经两国委员商定，雇用日本警察教习及医生，除薪水外，一切章程均按天津雇用日本警察教习及医生一律办理。倘日后警察、卫生办理有未尽妥洽之处，一经日本领事官函告，应由地方官随时酌办。

四、凡军政时代内所判断讼事案件，毋庸中国地方官再为提讯。所有判断案件并登记等一切文卷应由军政官移交地方官存案。此项案卷另由军政官备一分，移存驻扎营口日本领事署。

一二八、《俄商借道伊塔运茶出口章程》（1906年中俄）

第二条　按光绪七年所订中俄陆路通商章程第二条内载："俄国商民只能由章程所附清单内指明卡伦过界。"等语。查塔城应以巴克图为入中国边界首卡，应由该卡查验天津盖印执照并东坝、张家口所给执照，必须货照相符，始准入卡。如无执照，应照光绪七年条约所附陆路通商章程罚办。至执照应用满、汉合璧文字，注明商人姓名、货色、包件、牲畜数目若干（或译出蒙古文、托忒文，但取卡伦官能辨认者均可）。此项执照，如取道博罗塔拉行走，该商行抵伊犁边境，应与伊犁、察哈尔领队大臣所属之哈普塔盖卡伦，将照呈验。如无执照呈验，该处卡官即照光绪七年约章所订，将货扣留，票报将军，饬由伊塔道照会领事，从严罚办。如查有原货抽换，或数目短少，与原照不符，即照条约将所报查验之货全行入官。倘沿途有私卖情事，按照条约，本应将货全行入官，即照领事官所言，除将茶斤充公外，并中俄局所存一分俄税，归中国公收。

第四条 饬知俄商，沿途断不准私行偷卖。倘有违者，一经查出，定照条约，从严罚办，以重定例，而杜弊端。

一二九、《广九铁路借款合同》(1907 年中英)

第六款 铁路开工时，总督即与广州设立总局一所，总理造路、行车各事。该局由总督派中国总办一人管理，佐以英国总工程司及总管账各一人。该两英人由公司荐举，并保能胜其职，由总督核准；倘该两英人办事总督以为不妥，可请公司将其撤退另举，如公司因故欲将伊等撤退，亦可禀商总督办理。彼等职司原为振兴中国国家及股东之利益，如有意见不合之处，应由总督与公司代表人和衷剖断。总工程司与总管账人之薪水，及与伊等所立之合同，均由公司酌拟，禀请总督核定；所有薪水等项，均由铁路总账内开支。凡关涉铁路专门重要职司，当雇用本门干练之西人充当，华人有能胜任者亦一律雇用。各该人等由铁路总办会商总工程司拟派，并定其职司，禀请督办核准；总账房处雇用西人，亦援照办理。所有各西人，如有行为不端或材不称职者，即由铁路总办会商总工程司，将其开除，禀候总督核准。至雇用西人合同款式，应按常规办理。所有造路、行车各项收支款目，均由总账房以中英文并记，总账房职司稽核、清查账目，应将一切账目详报铁路总办，转呈总督查核，并报告公司所有各项收支款目，总账房签字，由总办核准。至铁路工程人等，均由铁路总办会商总工程司选派，随时禀报总督查核。该总工程司之职任系为按省俭之法办理造路及养路之事，并会商铁路总办，督察各项事宜。凡于造路养路有益之事，总督有所指示，无论系面授，或由铁路总办转达，皆当敬谨遵办。该铁路总局须设立学堂一处，教授华人铁路事宜，当由该局总办禀请总督核准办理。

一三〇、《改订青岛租界制成货物征税新章》（1907 年中德）

附：《德境以内征税办法章程》

第十端　罚款

第三十条　充公入官、罚缴款项按照条约订立海关通行之理办理。至海关充公入官、罚缴款项，如有不服者，援照一千八百六十八年五月三十一日北京立定会讯章程办理。

一三一、《会订大连海关试办章程》（1907 年中日）

总纲

第二条　（第二段）又互相允许，试办俟期逾一年，即至明年春间，再行另议，以便谙悉该处一切情形及事体如何，即将现时所定以上两端撤销，另议一会订设关征税修改办法，并附晓谕一件。此修改办法应由日本驻京大臣会同总税务司商订，其晓谕一件应由租界内日本官员会同大连税务司商订。又互相允许，应由租界内日本官员设法删除由日本租地入中国内地一切偷漏、走私各弊，并中国官员防范由中国内地入日本租界一切偷漏、走私各弊，应由日本官员协助为理。

（甲）大连设关征税办法

第十七条　稽查走私、偷漏暨违犯关章等事之办法嗣后酌核另订，惟所有掌握查讯之大权自归日本国所设之衙署。

（乙）大连设关征税办法附件（内港行轮办法）

第四条　此项轮船出入大连时，该船主总须报关，请领各单，将出日、入口货物之舱口单呈验，并须声明欲往内地何处，归时亦须报明已到某处，仍须照例完纳税钞。至洋药一项及其余约禁货物，不准运入，亦不准运出。倘查该船有装运洋药及违禁货物情事，可将该货入官，并罚该船洋银五百元，若再犯，即将关牌撤销，亦不予以关牌上所有一切利益。凡有防范偷漏事宜，日本国自可襄办，其巡缉洋药走私及别项违禁货物，尤应襄助办理。

一三二、《大连海关试办章程》（1907 年中日）

第三条 土货由中国口岸进口，如无持有已完税之凭据，先将应征正税暂存本关，倘或查有偷漏情弊，将该货及暂存银项一并罚充入官。

第二十二条 凡转船之货，必先赴海关报明，俟海关允准方可转装，如未经允准私自转装者，将该货罚充入官，并将船长议罚。

第二十四条 如经海关税务司查验有应议罚或应罚充入官货物，倘该商等不服或有控诉等情，其查办之法应按西历一千八百六十八年五月三十一日北京协定查办罚金及充官之意，酌核办理。

一三三、《黑龙江铁路煤矿合同》（1907 年中俄）

第九条 凡铁路公司与该处中国官家或华民有尚未商定事件，将来就地商议，不合之事，均归哈尔滨铁路交涉总局查核定办。

一三四、《公共租界工部局越界拘人办法》（1907 年中国与各国）

第三条 租界内华人与华人、或洋人与华人如有涉讼而被告避住界外，应行传提，当由公廨委员发给印票，选派妥差持赴该处管区之警察局，呈候核明情节，在票上签字盖印，派探协提到局讯明，发交带回，如有关涉刑名重要案件，并准工部局探捕通融同往。

第五条 违章赴界之探捕差役由警局拘住之后，如系廨差，交廨讯办，如系华探、华捕，送廨由谳员会同西官讯办，如系西探、西捕，送廨转交领袖领事官究办，并由廨员观审。

一三五、《收回鸡公山地另议租屋避暑章程》（1908 年中国与各国）

七、警察及各项治安公举，归中国地方官办理，租住鸡公山之各国人不得有自治之权力。凡卫生、街灯、清道、修路、市集、家用净水等事，得由各租户公举代表，呈请地方官妥筹办理。以上各种公费，每年仍令居住各户按实纳租银十分之一完纳公益统捐。但由各租户所抽此统捐之总数，不得过每年警察及各种公费四分之三，其一分由两省自备，以抵付收地之价。

一三六、《天津浦口铁路借款合同》（1908 年中国与英、德）

第十七款 此铁路建造工程以及管理一切之权全归中国国家办理。中国国家选用公司认可之德、英总工程司各一人。若银行等以所选之总工程司为不合宜，须将其不合宜之缘由声明。此两总工程司须听命于总办或其代办。所有绘图、造路各事须遵照总局之意办理。其平日行为，须敬重督办大臣与总办。其聘用该两工程司合同，由督办大臣自行独订。至铁路上派用专门人员分派各该员应办各事以及辞退各该员，总办或其代办与该段总工程司商酌办理，遇有彼此意见不合，禀请督办大臣判断，判定后，彼此均不得异言。工程造竣后，中国国家即将南北两段合为一官办铁路，派一总工程司料理。此总工程司在借款期内须用欧洲人，但不须与银行等商酌。

一三七、《沪杭甬铁路借款合同》(1908 年中英)

第十七款 此铁路建造工程以及管理一切之权全归中国国家。办理建造工程之时，邮传部，或令此路总办选派英总工程司一人，此人须素有名望之工程专家，或在英国选择，或在中国铁路之工程人员选择。该总工程司须听命于总办，或总办他往所派之代办。其平日行为须敬重总办。其聘用该总、工程师合同条款，由邮传部或令此路总办订定。至铁路上派用专门人员，分派各该员应办各事，以及辞退各该员，应由总办或总办他往时所派之代办，与总工程司商酌办理。遇有彼此意见不合，由邮传部判断，判定后，彼此均不得异言。工程造竣后，中国国家用一总工程司料理，此总工程司在借款期内须为英国籍之人。

一三八、《井陉煤矿合同》(1908 年中德)

第十六款 遇有争执事宜，矿务总局暨井陉公司各请一秉公人判断，如所请之两秉公人不能判断，则由两秉公人另公举一人以决之，决定后，两面皆允遵守不得再争。

一三九、《修订藏印通商章程》(1908 年中英)

第二款 （第六段）凡英印人民欲租建筑地基，应转由英国商务委员向工部局声请租地文凭。其地基之租价、年限与合同，应由租客与地主自行和平商订。如地主与租客因租价、年限及合同等事意见不合，应由中藏官商同英国商务委员调处。其地基租定后，应由工部局中藏官会同英国商务委员勘定。又未经工部局给与租客建筑文凭，该租客不得兴工建筑；但约定，工部局给发建筑文凭，不得任意延宕。

第四款 如英印人民在各商埠与中藏人民有所争论，应由最近商埠之英国商务委员与该商埠裁判局之中藏官员会同查讯，面议办法；其会同面议之意，系为查明实情，公平办理。如有意见不合之处，应按照被告之国法律办理。凡属此种交涉案件，均由被告之国之官主审；其原告之国之官，只可会审。

凡英印人与英印人因身家产业之权利而起之事，俱归英国官管理。

英印人民在商埠及往各商埠之商道中有犯罪者，应由地方官送交最近犯罪之商埠英国商务委员，按印度法律审讯惩办；但地方官于此种英印人民，除应行拘禁外，不得格外凌虐。中藏人民有对于各商埠内或往各商埠之道中之英印人犯罪者，应由中藏地方官拿获，按律惩办。两面审办之法俱应至公且平。凡中藏人民到英商务委员处控诉英印人民，中藏官得有派员往英国商务委员公堂观审之权利。凡英印人民到商埠内裁判局控告中藏人民之案件，英国商务委员亦得有派员往裁判局观审之权利。

第五款　西藏大吏遵北京政府训令，深愿改良西藏法律，俾与各西国律例改同一律；英国允愿，无论何时，英国在中国弃其治外法权，并俟查悉西藏律例情形及其审断办法，及一切相关事宜皆臻妥善，英国亦即弃其治外法权。

第十款　凡官商往来藏印，其公私财产、货物，途中被劫，应即报明巡警官。巡警官应立即设法拿获劫盗，交地方官立即审办、追赃。如盗犯逃至巡警局、地方官权力不及之地，不能缉获，则巡警局及地方官成不任偿失之责。

一四〇、《满洲里并绥芬河两站中国税关暂行试办章程》(1908 年中俄)

分　目

进口货物

第二十七条 凡违禁之物（即不准运进中国之物）被关查出，入关充公。

出口货物

第三十五条 凡违禁之物（即不准由中国运出外洋之物），由中国税关充公。

复出口货物

第五十六条 若查出货与单不符，希图混骗，即将该货入官。

第五十七条 洋货请领存票，一经税关查出此等弊端，可照其图骗之数不逾五倍议罚，或将货物充公，均听关自便。

行李条款

第六十三条 如查验行李内有违禁之物（即不准进口出口之物），皆应入官。

第六十五条 由俄国所来之客人并其行李均由中国税关人员查验，俄国税关人员应随在其间。如查出有按俄国律条不准运往中国之物件，交俄国税关办理。由东三省赴俄国客人并其行李由俄国税关查验，中国税关人员亦应随在其间。如查出有由中国不准出口之物，交中国税关办理，如有应行完纳出税之物，由税关征收。

邮局包裹章程

分 目

运出中国包裹

第八十七条 查验之时，若查有包裹所装与清单所载不符，显有欺蒙税关之意，该包裹应行入官充公。

一四一、《改订枪弹进口新章》（1908 年中国与各国）

第三款 防身枪弹 甲、凡体面洋人附船或附车来华行李内只准携带防身枪一枝、手枪一枝、枪弹共五百颗，于进口时应报关查验放行，倘漏报查出，即行扣留入官。

第四款 猎枪猎弹 甲、凡体面洋人附船或附车来华行李内，只准携带猎枪三枝、猎弹共不得逾三千颗，于进口时应报关查验完税放行。如系旧枪，带有新弹，可准免税。倘漏报查出，即行扣留入官。

附：枪弹进口新章第十款清查洋商囤积军火办法改定甲条

凡各洋行商人所存之枪枝、子弹，除自用之防身手枪或猎枪以及手枪、猎枪之弹并作样枪枝、子弹外，其余无论何种式样及存在何处地方（租界亦包括在内），并无论何时经由某机关核准入口者，统限至民国五年正月三十一日止，由货主人、掌管人或经理人于此期限内将实存确数报明海关，并出具切结，声明并无以多报少情弊。倘有逾限未报，或匿报不实，一经查出，或被告发，应归中国政府没收充公。倘中国官吏必须入租界内清查者，可照会租界内洋员，邀请协助办理。此项清查应由华员相请由该管洋员施行，清查时若华员以为必须亲莅其地，亦可允行。

一四二、《通商条约》(1908 年中国与瑞、挪)

第十款 凡瑞典人被瑞典人或被他国人控告，均归瑞典妥派官吏讯断，与中国官员无涉。惟中国现正改良律例及审判各事宜，兹特订明：一俟各国均允弃其治外法权，瑞典国亦必照办。两国人民遇有因负欠钱债及争财产、物件涉讼之案，皆由被告所属之官员公平讯断，均应照最优待国人民控告相同案件之办法一律办理。如两国人民有被控犯罪各案，由被告所属之官员审讯，审出真罪，各照本国法律惩办，均应照最优待国人民控告相同案件之办法一律办理。

第十一款　瑞典人在中国犯罪或逃亡负债者，潜往中国内地，或潜匿中国人民房屋内或船上以避捕传，一经瑞典领事照请，中国官即将该犯交出，中国人在中国犯罪或逃亡负债者，潜匿在中国之瑞典人民所住房屋或中国水面瑞典船上，一经中国官照请，瑞典官即将该犯交出，均不得庇纵扣留。

一四三、《湖北湖南两省境内粤汉铁路鄂境川汉铁路借款草合同》（1909 年中国与各国）

第十七款　此铁路建造工程以及管理一切之权全归中国国家独自办理。其建造、管理一切规则均按照津浦铁路北段现时实行办法办理。建造工程之时，中国国家选用银行等认可之英总工程司一人，修湖北、湖南两省境内粤汉铁路，德总工程司一人，修鄂境川汉铁路。若银行等以所选之总工程司为不合宜，须将其不合之缘由声明。此两总工程司须听命于总办或其代办。所有绘图、造路各事须遵照总局之意办理。其平日行为，须敬重督办大臣与总办。其订用该两总工程师合同由督办大臣自行独订。至铁路上派用专门人员，分派各该员应办各事，以及辞退各该员，总办或其代办与该路总工程司商酌办理。遇有彼此意见不合，禀请督办大臣判断，判定后，彼此均不得异言。工程造竣后，在借款未清还以前，中国国家仍派一欧洲人作为各该铁路总工程司，但不须与银行等商酌。

一四四、《图们江中韩界务条款》（1909 年中日）

第四款　图们江北地方杂居区域内之垦地居住之韩民服从中国法权，归中国地方官管辖裁判。中国官吏当将该韩民与中国一律相待，所有应纳税项及一切行政上处分，亦与中国民同。至于关系该韩民之民事、刑事一切诉讼案件，应由中国官员按照中国法律秉公审判。日本领事官，或由领事官委派官吏，可任便到堂听审，惟人命重案则须先行知照日本国领事官到堂听审。如日本国领事官能指出不按法律判断之处，可讲中国另派员复审，以昭信谳。

一四五、《海龙府金矿合同》（1910 年中国与英、美）

第二条 （第五款）设理事或各员司被人控告，应由总公司详查；如查明实关重要，应即开除究办，另行派人接充。若总公司被人控告，应由劝业道呈请东三省总督、奉天巡抚派员查明办理。

第二十五条 倘彼此遇有争执，或因本合同内载条款译意不同，或因别项事端于此合同内未经载明者，劝业道与公司当于知照后一个月内，各举公判人一位，居中调处。倘仍不服公判人所发意见，应再公举一公正人判断，经此公正人判断之后，彼此即应行遵守，作为了结。此项判断公正人于两公判人意见不合时起一个月内派定。

一四六、《滇越铁路巡警章程》（1910 年中法）

第六条 各站有失窃情事，该公司得请警局于勘明后代为查缉。查获失物，无论贵贱，即交该公司验明领回。缉获窃贼如系中国人或未与中国立约通商之外国人，即交地方官按律审办，如系有约国之人，即照第十条办理。

第九条 警局于现定路警章程应先刷印多张，交由各车站主管之员，通告站上各项人等一律遵守。法国人及法国保护国人民如有违犯法律情事，警局应飞报路警督办查核，并报交涉司或关道照会领事按约办理。其公司雇用之中国人如犯寻常违警之罪，即由警官自行究罚，若犯人命词讼之案，应照造路章程第十四款交由地方官按律办理。又，中国人在火车及车站有违犯现定规则及不正之行为而警官未及查觉者，应由站员、车长告知警官，或送交查办，该公司人等，无论如何，不能自行责罚。如有公司洋员违犯规则有害于公司，应由法领事查照法国律例惩办。

第十条 凡法国人，或法国保护人，或有约之他国人，如有扰害情事，应由警员立即告知该处车站主管人，将其扣留，并一面设法解送省城、蒙自，由交涉司、关道转交领署办理，或先由领署派员提解，以速为宜。若中国罪犯乘搭火车，或逃匿车站房屋内，一经警局知会公司车站，应即照章将其交出，不得庇纵阻挠。

第十一条 查中法会订章程载明，火车不准载运饺盐及西国兵丁所用军火、粮饷，并不得装运中国例禁之物，本应由第一道进口税关盘查，难免无偷漏、隐瞒等弊，警察亦得帮同查验。但查验例禁之物，只能在出站之时。如车中确有违禁之物，应由警察知会站长，会同查验。至入境之外国人，曾否请有护照，入口时已经边界官查验，如有朦蔽混入者，警察亦不能不加以诘问。至外国人携带卫身军器及鸟枪等物，如呈明关道允准，护照内载明件数者，准其放行，否则警察亦须查究、扣留、禀报。除中国员弁确有公差者不计外，余均不准携带枪械、药弹，查出扣留究办。

第十二条 公司车站职司人等与搭车之中国客人如有争端，应由警官及公司主管，会同和平理处。如果情节重大，并应呈报路警督办查核，暨交涉司或关道照会领事按约办理。

附：《滇越铁路警察章程》

第四条 巡警责任以维持治安、查究不法为主，凡在车内搭客暨车站工役人等，无论内外国人均得随时稽查。当车到时须拦阻闲人，照料上下客货及防止运送丁夫喧嚷、争同。至各车站之厂房等处如有时警员须入内调查者，得随时知会站员入内调查之。

第六条　各车站有失窃情事，该公司得请警局于勘明后代为查缉，查获失物即交该公司验明领回。缉获窃贼如系本国人或未与本国立约通商之外国人，即交地方官按律审办，如系有约国之人，即照第十条办理。

第十条　警局所执行之违警律应先刷印多张，交由各车站主管之员，通告站上各项人等一律遵守。法国人，或法国保护人民，或未与本国立约通商之外国人如有违犯，其情节轻者即由警官知会车站主管之员分别处理。倘处理不公或所犯情事重大，警局应飞报巡警道查核，并报交涉司或关道照会领事，按约办理。其车站雇用之中国人，如犯寻常违警之罪，即由警官自行究罚，若犯人命词讼之案应照造路章程第十四款，交由地方官按律办理。又，中国人在火车及车场或铁路上有违犯规则及不正之行为而警官未及觉察者，应由站员、车长告知警官或送交查办，该公司人等不能私行殴罚。

第十一条　凡法国人，或法国保护人，或他国人如有扰害治安所犯情事重大者，亦准所在警官按照条约拘送交涉司或关道，送交就近领事讯办，并一面告知该处车站主管之人。若中国罪犯乘搭火车或逃匿车站房屋内，一经警局知会公司车站，该公司车站应即照章将其交出，不得庇护阻挠。

第十二条　查造路章程第一十四款载明，该公司火车不准载运佼盐及西国兵丁所用军火、粮饷，并不得装运中国例禁之物，沿途巡警自应照章稽查。至入境之外国人曾否请有护照，亦得随时查验。又，火车上如外国人有携带卫身手枪者，须呈明关道允准，领有护照，方准放行，否则警官亦得暂行扣留。其余中外人等，除中国官弁确有公差者不计外，均不准携带枪械、药弹，查出扣留究办。

第十三条 公司车站职司人等如对搭客有非礼举动者，应由警官就近告知公司车站主管之人，分别惩戒。如果情节重大并应禀报巡警道查核，暨报交涉司或关道照会领事，按约办理。

一四七、《松花江行船章程》(1910 年中俄)

附件一：《稽查松花江往来船只暨进出口货物暂行试办章程》

一、总纲

十、船内舱口，如有船主或该船有责任之经理人呈请封闭，可由关随意封闭，加上铅饼；俟该船已抵欲上下货物之埠，呈准后，方可毁撤铅饼，开舱。如未经请准，擅将铅饼移去，或私开封闭之舱，希图朦混，即可由关议罚，惟所罚之数，不得过关平银五百两。

十四、凡出入各船，如有违犯关章者，即行议罚，惟所罚之数，不得过关平银五百两。如俄国船只有被罚者，听其自便，可将所罚之款交关，随即立案，任赴领署呈诉。凡被罚之船未交纳罚款者，或重犯关章应罚五百两全数者，或应另行加重议罚者，若系俄国船只，应由中国江关函致俄领事办理。

二、税钞

十、凡船主或该船有责任之经理人呈递舱口单，如查有舛错，该船主等应认罚，推其数不得过关平银五百两。船内如查有舱口单未开列之货或违禁之货，均照通商条约，或酌照中国各通商口岸之办法办理。凡舱口单内开列之货未经运到者，应如数完税。

一四八、《津浦铁路续借款合同》（1910年中国与英、德）

第十七款　此铁路建造工程以及一切管理之权全归中国国家办理。其因建造南北段工程，中国国家既经选用公司认可之德、英总工程司各一人自应仍旧接办。若公司将来以所选之总工程司为不合宜，须将其不合之缘由声明此两总工程同须听命于总办或其代办。所有绘图、造路各事须遵照总局之意办理。其平日行为须敬重督办大臣与总办。其聘用该两工程司合同由督办大臣自行独订。至铁路上派用专门人员、分派各该员应办各事以及辞退各该员，总办或其代办与该段总工程司商酌办理。遇有彼此意见不合，禀请督办大臣判断。判定后，彼此均不得异言。工程造竣后，中国国家即将南北两段合为一官办铁路，派一总工程司料理。此总工程司在借款期内须用欧洲人，但不须与公司商酌。

一四九、《粤汉川汉铁路借款合同》（1911年中国与各国）

第十七款　此铁路建造工程以及管理一切之权全归大清政府独自办理。建造此项工程，大清政府自行选用英国人一名，为建造湖北、湖南两省武昌至郴州之宜章县境内粤汉铁路之总工程司，复自行选用德国人一名，为建造湖北省广水至宜昌境内川汉铁路之总工程司，又自行选用美国人一名，为建造宜昌至夔州府境内川汉铁路之总工程司，一面知照该银行等。若银行等以所选之总工程司为不合宜，须将其实在不合宜之切实理由声明。此总工程司一切自应听命于督办大臣及总办或其代办。所有布置造路各事须遵照邮传部之意办理。其平日行为须敬重邮传部与督办大臣，及总办。该总工程司合同由邮传部订立。至铁路上派用专门人员，分派各该员应办各事，以及辞退各该员，均由督办大臣及总办或其代办与总工程司商酌。若遇有意见不合，可商请邮传部判断，判定后，彼此均不得有异言。工程造竣后，在借款未清还以前，大清政府仍派欧洲人或美洲人作为各该铁路总工程司，但其选派不须与银行等商酌。

一五〇、《安东铁路与朝鲜铁路国境通车章程》（1911 年中日）

六、两国各派海关员同在安东车站验货场一处查验，各按本国海关税则并详订关章，分别遵守办理。凡由日本国境内运入清国之货，先经日本国海关员验毕后，再由清国海关员查验；由清国境内运入日本国之货，先经清国海关员验毕后，再由日本国海关员查验。

一五一、《天津俄租界内筑造京奉铁路支路协定》（1912 年中俄）

六、租界内铁路公司财产系供该支路之用者，租界内任何俄国官署不得予以扣押。俄国官署对铁路公司之申诉，应提请铁路总管理处或其他管理铁路之中国官署处理，不得于事先或在处理中干预该支路及其业务。

七、铁路雇员在租界内执行有关该支路之职务时，除有严重危害安宁之现行重大犯罪行为外，任何俄国官署均不得予以逮捕。违犯租界工部局条例者，应报告铁路公司，予以惩罚。

一五二、《陇秦豫海铁路借款合同》（1912 年中比）

第十六节　甲、工程（第十段）所有在工员司等非艺务人员如有过失，督办均可撤革。以外艺务人员及洋员等遇有过失，督办告知总工程司撤革，声明正当理由，总工程司应即遵办。在工各洋员对于督办并其所派之代表均应极为恭敬。

（第十二段）在工洋员须尊敬中国官员并不得无故干涉地方之事。凡铁路所经区域均与华人性情习惯期臻融洽。

第十九节　全路行车时特订条款　甲、（第四段）督办或斥革或辞退总工程司之时，应先期与公司商定。总核算一员，或比籍，或法籍，并兼稽查银钱事务，由督办选派，经公司同意。所有付款凭单及各项账单须经督办所派之代表及该核算双方签字为证。

（第六段）督办与总工程司有意见不合，当各具理由呈请交通部核定，不得再有争执。

参考文献

一、基本资料和工具书

1. 《大清法规大全》，1901—1909 年北京政学社印行，目前所见为台湾宏业书局 1972 年影印本。

2. （清）刘锦藻撰：《清朝续文献通考》，浙江古籍出版社 1988 年影印版。

3. 故宫博物院明清档案部编：《清末筹备立宪档案史料》，中华书局 1979 年版。

4. 高汉成主编：《〈大清新刑律〉立法资料汇编》，社会科学文献出版社 2013 年版；高汉成编著：《〈大清新刑律〉立法资料补编汇要》，中国社会科学出版社 2017 年版。

5. 《桐乡劳先生（乃宣）遗稿》，沈云龙主编：《近代中国史料丛刊》第 36 辑，台湾文海出版社印行。

6. （清）朱寿朋编，张静庐等校点：《光绪朝东华录》，中华书局 1958 年版。

7. 中华书局编辑部、李书源整理：《筹办夷务始末》（同治朝），中华书局 2008 年版。

8. 王彦威、王亮编，李育民等点校：《清季外交史料》，湖南师范大学出版社 2015 年版。

9. 郭廷以编著:《近代中国史事日志》，中华书局 1987 年版。

10. 《申报》（阅读范围：1872—1911 年）、《外交报》（阅读范围：1902—1910 年）和《东方杂志》（阅读范围：1904—1911 年），国家图书馆藏。

11. 宪政编查馆编:《刑律草案签注》，1910 年油印本，国家图书馆藏。

12. 《修正刑律案语》，修订法律馆 1909 年印刷，国家图书馆藏。

13. 《钦定大清刑律》，宪政编查馆 1911 年 6 月刊印，国家图书馆藏。

14. 《清实录》（德宗景皇帝实录），中华书局 1987 年影印本。

15. 钱实甫主编:《清代职官年表》（1—4 册），中华书局 1980 年版。

16. 吉同钧:《乐素堂文集》，中华印书局 1932 年版，国家图书馆藏。

17. 《张之洞家藏档案》，中国社会科学院近代史研究所图书馆藏。

18. 苑书义、孙华峰、李秉新主编:《张之洞全集》，河北人民出版社 1998 年版。

19. 刘清波主编:《杨度集》，湖南人民出版社 1986 年版。

20. 田涛、郑秦点校:《大清律例》，法律出版社 1999 年版。

21. 怀效锋主编:《清末法制变革史料》，中国政法大学出版社 2010 年版。

22. 黄源盛纂辑:《晚清民国刑法史料辑注》，台湾元照出版有限公司 2010 年版。

23. 李启成点校：《资政院议场会议速记录：晚清预备国会论辩实录》，上海三联书店 2011 年版。

24. 上海商务印书馆编译所编纂：《大清新法令》，商务印书馆点校本，2010 年至 2011 年陆续出版。

25. 徐世虹主编：《沈家本全集》，中国政法大学出版社 2010 年版。

26. 何勤华、李秀清主编：《民国法学论文精粹》（第四卷刑事法律篇），法律出版社 2004 年版。

27. 中国近代经济史资料丛刊编辑委员会：《辛丑和约订立以后的商约谈判》，中华书局 1994 年版。

28. 王铁崖编：《中外旧约章汇编》，生活 · 读书 · 新知三联书店 1957 年版，1982 年第 2 次印刷；王铁崖编：《中外旧约章汇编》，上海财经大学出版社 2019 年版。

29. 陈帼培主编：《中外旧约章大全》第一分卷（1689—1902 年），中国海关出版社 2004 年版；海关总署《中外旧约章大全》编纂委员会：《中外旧约章大全》第二分卷（1903—1919 年），中国海关出版社 2007 年版。

30. 海青编：《中国近代思想家文库：王韬卷》，中国人民大学出版社 2013 年版。

31. 孙应祥、皮后锋编：《〈严复集〉补编》，福建人民出版社 2004 年版。

32. ［日］志田钾太郎口述，熊元楷、熊仕昌、刘晓红点校：《清末民国法律史料丛刊 · 京师法律学堂笔记：国际私法》，上海人民出版社 2013 年版。

33. ［日］岩井尊闻口述，熊元翰、熊元襄编，李伟芳点校：《清末民国法律史料丛刊·京师法律学堂笔记：国际公法》，上海人民出版社 2013 年版。

34. 日本法政大学大学史料委员会编：《清国留学生法政速成科纪事》，广西师范大学出版社 2015 年版。

35. 汪翰章主编，陈颐点校：《清末民国法律史料丛刊·法律辞书：法律大辞典》，上海人民出版社 2014 年版。

二、专著

1. 李贵连：《沈家本传》，法律出版社 2000 年版；《沈家本评传》，南京大学出版社 2011 年版。

2. 李贵连编著：《沈家本年谱长编》，成文出版社 1992 年版；山东人民出版社 2010 年版。

3. 张晋藩总主编：《中国法制通史》，法律出版社 1999 年版。（见朱勇主编第九卷第八章，清末刑法，撰稿人田小梅。）

4. 苏亦工：《明清律典与条例》，中国政法大学出版社 2000 年版。

5. 朱勇：《中国法律的艰辛历程》，黑龙江人民出版社 2002 年版。

6. 李贵连：《近代中国法制与法学》，北京大学出版社 2002 年版。

7. 张生主编：《中国法律近代化论集》，中国政法大学出版社 2002 年版（总第一卷）；中国政法大学出版社 2009 年版（总第二卷）。

8. 张德美：《探索与抉择——晚清法律移植研究》，清华大学出版社 2003 年版。

9. 何勤华、李秀清：《外国法与中国法——20 世纪中国移植外国法反思》，中国政法大学出版社 2003 年版。

10. 黄源盛：《法律继受与近代中国法》，元照出版有限公司 2007 年版。

11. 林学忠：《从万国公法到公法外交：晚清国际法的传入、诠释与应用》，上海古籍出版社 2009 年版。

12. ［美］费正清、刘广京编：《剑桥中国晚清史》，中国社会科学出版社 1985 年版。

13. 俞江：《近代中国的法律与学术》，北京大学出版社 2008 年版。

14. 陈煜：《清末新政中的修订法律馆：中国法律近代化的一段往事》，中国政法大学出版社 2009 年版。

15. 赵晓耕主编：《中国近代法制史专题研究》，中国人民大学出版社 2009 年版。

16. 田涛：《国际法输入与晚清中国》，济南出版社 2006 年版。

17. 梁治平：《礼教与法律：法律移植时代的文化冲突》，上海书店出版社 2013 年版。

18. 张仁善：《礼·法·社会——清代法律转型与社会变迁》，天津古籍出版社 2002 年版；商务印书馆 2013 年版。

19. 李洋：《美国驻华法院研究（1906—1943）：近代治外法权的殊相》，上海人民出版社 2016 年版。

20. ［德］郎宓榭、费南山主编：《呈现意义：晚清中国新学领域》，天津人民出版社 2014 年版。

21. 蔡枢衡：《中国法理自觉的发展》，清华大学出版社 2005

年版；蔡枢衡：《中国刑法史》，中国法制出版社 2005 年版。

22. 王觐著，姚建龙勘校：《中华刑法论》，中国方正出版社 2005 年版。

23. 陈瑾昆著，吴允锋勘校：《刑法总则讲义》，中国方正出版社 2004 年版。

24. 罗荣渠：《现代化新论——世界与中国的现代化进程》，商务印书馆 2009 年版。

25. 刘禾：《帝国的话语政治：从近代中西冲突看现代世界秩序的形成》（修订译本），三联书店 2014 年版。

26. 杨焯：《丁译〈万国公法〉研究》，法律出版社 2015 年版。

27. 张世明、步德茂、娜鹤雅主编：《世界学者论中国传统法律文化》，法律出版社 2010 年版。

28. 李欣荣：《自创良法：清季新刑律的编修与纷争》，社会科学文献出版社 2018 年版。

29. ［美］柯文著，林同奇译：《在中国发现历史：中国中心观在美国的兴起》（增订本），中华书局 2002 年版。

30. ［英］赫德著，叶凤美译：《这些从秦国来——中国问题论集》，天津古籍出版社 2005 年版。

31. 沈国威编著：《新尔雅：附解题 · 索引》，上海辞书出版社 2011 年版。

32. 沈国威：《近代中日词汇交流研究：汉字新词的创制、容受与交流》，中华书局 2010 年版。

33. 安国胜：《外国在华领事裁判权史稿》，中国政法大学出版社 2014 年版。

三、论文

1. 黄源盛：《大清新刑律礼法争议的历史及时代意义》，载（台湾）法制史学会编：《中国法制现代化之回顾与前瞻——纪念沈家本诞辰 152 周年》，台湾大学法学院出版社 1993 年版。

2. 李秀清：《法律移植与中国刑法的近代化——以〈大清新刑律〉为中心》，载《法制与社会发展》2002 年第 3 期。

3. 俞江：《倾听保守者的声音》，载《读书》2002 年第 4 期。

4. 范忠信：《沈家本与新刑律草案的伦理革命》，载《政法论坛》2004 年第 1 期。

5. 赵晓耕：《试析治外法权与领事裁判权》，载《郑州大学学报》（哲学社会科学版）2005 年第 5 期。

6. 于建胜：《劳乃宣与清末修律述论》，载《历史教学问题》2007 年第 5 期。

7. 李欣荣：《如何实践“中体西用”：张之洞与清末新刑律的修订》，载《学术研究》2010 年第 9 期。

8. 李欣荣：《吉同钧与清末修律》，载《社会科学战线》2009 年第 6 期。

9. 陈兴良：《〈大清新刑律〉颁布暨罪刑法定原则引入中国百年祭》，载《法学》2010 年第 1 期。

10. 陈新宇：《〈钦定大清刑律〉新研究》，载《法学研究》2011 年第 2 期。

11. 冯申：《清末民初撤废领事裁判权的论争与实践》，中国政法大学法律史专业 2012 年博士学位毕业论文。

12. 张世明：《再论清末变法修律改革肇端于废除领事裁判权》，载《中国人民大学学报》2013 年第 3 期。

13. 高汉成：《大清刑律草案签注考论》，载《法学研究》2015 年第 1 期。

14. 李洋：《从词义到语境："治外法权"误读、误用及误会》，载《社会科学》2015 年第 2 期。

15. 颜丽媛：《近代中国"不平等条约"观念史（1895—1945）》，中国人民大学法律史专业 2016 年博士学位毕业论文。